Schwarz/Kaiser (Hgg.) · Die Zukunft des Mittelmeerraumes

CICERO-Schriftenreihe

Schriftenreihe des
Centre for International Cooperation in
Advanced Education and Research
an der Rheinischen Friedrich-Wilhelms-Universität Bonn

Band 1

Die Zukunft des Mittelmeerraumes

Bonner Botschaftervorträge

Herausgegeben von
Hans-Peter Schwarz und Karl Kaiser
unter Mitarbeit von Daniel Eisermann

Mit Beiträgen von:

Umberto Vattani (Italien)
Mohab Mokbel (Ägypten)
Ioannis Bourloyannis-Tsangaridis (Griechenland)
Andros A. Nicolaides (Zypern)
Fernando Perpiñá-Robert (Spanien)
Mohammed Haneche (Algerien)
François Scheer (Frankreich)
Volkan Vural (Türkei)
Suleyman Haddad (Syrien)
William Spiteri (Malta)
Mohamed Karboul (Tunesien)
Avraham Primor (Israel)
Werner Hoyer (Deutschland)

1997

BOUVIER VERLAG · BONN

ISBN 3-416-02635-7

 Umschlaggestaltung: Michael Fischer, Köln. Satz: Thomas Roth, Bonn. Printed in Germany. Druck und Einband: Druckerei Plump, Rheinbreitbach. Gedruckt auf säurefreiem Papier.

Inhalt

Einleitung

Der vorliegende Band enthält dreizehn Vorträge einer Reihe „Zukunftsprobleme des Mittelmeerraumes“, an der im Jahr 1996 Botschafter aus insgesamt zwölf Mittelmeerländern und als Vertreter des Auswärtigen Amtes, Staatsminister Dr. Werner Hoyer, teilnahmen. Veranstalter der Ringvorlesung waren das Seminar für Politische Wissenschaft und das Centre for International Cooperation in Advanced Education and Research, Universität Bonn (CICERO). Die Publikation knüpft außerdem an zwei im Jahr 1992 im Bouvier Verlag erschienene Bände „Zwölf Nachbarn - ein Europa“ bzw. „Europa im Umbruch“ an. Wer heute die seinerzeit ebenfalls aus Vorträgen Bonner Botschafter hervorgegangenen Beiträge über die europäischen Zukunftsprobleme nachliest, gewinnt aus diesen Zeitdokumenten interessante Aufschlüsse über die unterschiedlichen europapolitischen Erwartungen, Hoffnungen, teilweise auch Illusionen, die unter dem noch frischen Eindruck der Umbrüche von 1989/90 vorherrschten. Seitdem haben nicht nur die zähen Verhandlungen über den Fortgang der europäischen Integration oder die in den Details immer noch ungelöste Frage der NATO-Osterweiterung, ebenso wie wirtschaftliche Anpassungsprobleme sowohl im wohlhabenden Westeuropa als auch in den östlichen Transformationsländern gezeigt, daß der gemeinsame politische und wirtschaftliche Aufbau einer europäischen Friedensordnung noch viel Geduld beansprucht.

Mit den „Zukunftsproblemen des Mittelmeerraumes“ wird an dieser Stelle der Blick auf einen Gegenstand gerichtet, der in der ersten Euphorie über den Sieg der Demokratie in Mittel- und Osteuropa nach verbreiteter Auffassung zuwenig Beachtung fand. In der Zwischenzeit haben die Staaten der Europäischen Union die Einsicht gewonnen, daß den Problemen des Mittelmeerraumes größere Aufmerksamkeit geschenkt werden muß. Nach längeren Vorbereitungen erzielten die Bemühungen mit der Mittelmeer-Konferenz von Barcelona im November 1995 einen vorläufigen Höhepunkt. Das ehrgeizige Abschlußdokument der 27 Teilnehmerstaaten formulierte das ehrgeizige Ziel einer „Europa-Mittelmeer-Partnerschaft". Die angestrebte Aufwertung der euro-mediterranen Beziehungen umfaßt drei Dimensionen: eine politische und Sicherheitspartnerschaft, eine Wirtschafts- und Finanzpartnerschaft sowie eine Partnerschaft im sozialen, kulturellen und menschlichen Bereich. Gipfeln soll die Entwicklung vor allem in der Schaffung einer euro-mediterranen Freihandelszone mit rund 800 Millionen Menschen bis zum Jahr 2010.

Aus der jeweiligen nationalen Perspektive erschließen die Beiträge die voraussichtliche Spannbreite der Aufgaben einer Partnerschaft zwischen den EU-Staaten und den südlichen Mittelmeerländern. Zu den Hoffnungen gesellen sich Sorgen, die sich vorrangig auf die unübersehbare wirtschaftliche Kluft zwischen beiden Ufern des Mittelmeers und die zahlreichen ethnisch-nationalen und inneren Konflikte in dieser Weltregion beziehen. Kaum ein Redner versäumt es zugleich, auf die große zivilisations- und religionsstiftende Tradition der Mittelmeerregion hinzuweisen. Es gibt wohl keinen Teil der Welt, von dem über die Jahrtausende hinweg ein größerer kultureller Einfluß auf den Verlauf der Weltgeschichte ausgegangen ist. Das große Binnenmeer ist zumeist weniger Trennungs- als Verbindungslinie gewesen, doch nur die Römer haben es zeitweilig geschafft, alle Ufer des Mittelmeers in einer imperialen Einheit zusammenzufassen. Die nationale und religiös-kulturelle Heterogenität ist das eigentlich hervorstechende Merkmal der Region und wird den künftigen Teilnehmern der Europa-Mittelmeer-Partnerschaft ein Höchstmaß an gegenseitiger Toleranz für nationale und kulturelle Besonderheiten abverlangen.

Zu den Konflikten, welche die Entwicklungsaussichten im Mittelmeerraum weiterhin hemmen, zählen in erster Linie der israelisch-arabische Konflikt, die Zypernfrage und die gespannte innere Situation in Algerien. Es ist verständlich, daß einige Autoren, darunter die Botschafter Zyperns, Syriens und Israels es deshalb vorzogen, die Analyse einzelner Konflikte und deren Auswirkungen auf die Region in den Vordergrund ihrer Ausführungen zu stellen. Demgegenüber wurden die - nach jahrelangen militärischen Auseinandersetzungen - im Herbst 1995 friedlich beigelegten Konflikte in Kroatien und Bosnien-Herzegowina und die daraus resultierenden spezifischen Probleme der Adria-Region ausgeklammert. Trotz der unterschiedlich gesetzten Akzente sind sich alle Redner einig gewesen, daß ohne ausgewogene und dauerhafte Lösungen für alle betreffenden Konflikte ein Schatten über dem geplanten Ausbau der euro-mediterranen Beziehungen liegen wird. Gleichzeitig wird deutlich, daß bei der Friedenssuche z.B. im Nahen Osten oder in Zypern hohe Erwartungen an die Außenpolitik der Europäischen Union gerichtet werden.

Als besonders sensibel ist das Verhältnis der westlichen Länder zur islamischen Welt anzusehen. Das Anwachsen des politischen Islamismus in einem Land wie der Türkei, das bis dahin als Musterbeispiel einer westlich-säkularisierten Gesellschaft auf islamischer Grundlage angeführt wurde, verstärkt die westliche Furcht vor einer politischen Destabilisierung des Mittelmeerraumes. Mit gängigen Vereinfachungen wie der Warnung vor dem islamischen Fundamentalismus und der meist verkürzten These Samuel Huntingtons vom „Kampf der Kulturen“ ist es allerdings - dies zeigen einige der hier versammelten Beiträge nachdrücklich - nicht getan. Als tiefere Ursache für den wachsenden religiösen Fanatismus werden statt dessen vorrangig soziale und ökonomische Ursachen in den nordafrikanischen Ländern und den Staaten des Nahen Ostens geltend gemacht. Dies führt zu dem Problem der unübersehbaren ökonomischen Kluft zwischen den reichen nördlichen EU-Mittelmeerländern und den armen

Staaten des Südens. Dieses Nord-Süd-Gefälle begünstigt nicht zuletzt das überhöhte Bevölkerungswachstum im Süden, das die sozioökonomischen Schwierigkeiten zusätzlich verschärft und den Migrationsdruck in Richtung Europa verstärkt.

Wie in diesem Problemkreislauf sind auch andere Krisenfaktoren des Mittelmeers - vom Terrorismus über den illegalen Waffenhandel und Drogenschmuggel bis hin zu den gestiegenen Umweltbelastungen des dicht bevölkerten Mittelmeerraumes - nicht auf einen Teil der Region beschränkt und zwingen alle Anrainerstaaten zu einer Intensivierung der gegenseitigen Zusammenarbeit. Welche Bedeutung haben folglich die erwähnten Problemfelder für die zukünftige Außenpolitik unseres Landes? Schon aus den meisten Botschaftervorträgen, die die Rolle Deutschlands nachdrücklich betonen, wird das Ausmaß der an die deutsche Außenpolitik gerichteten Erwartungen ersichtlich. Der gestiegenen außenpolitischen Verantwortung kann sich der wirtschaftlich stärkste EU-Staat, die europäische Zentralmacht Deutschland, nicht entziehen. Aus Sicht der Bundesregierung umriß Staatsminister Dr. Werner Hoyer am Ende der Ringvorlesung in einer Bilanz der behandelten Probleme das Ausmaß des Bonner Engagements im Rahmen der geplanten Europa-Mittelmeer-Partnerschaft.

Daß die genaue Festlegung der gemeinsamen europäischen Mittelmeerpolitik in Zukunft nicht ganz spannungsfrei vonstatten gehen wird, legen schließlich die Beiträge der Botschafter der drei führenden EU-Mittelmeerländer Spanien, Italien und Frankreich nahe. Noch herrscht nämlich über das langfristige Ausmaß der EU-Finanzhilfen an die südlichen Mittelmeerstaaten ebenso Ungewißheit wie über die schwierig zu beantwortende Frage, ob die Union einen gleichmäßigen Ausbau der Beziehungen zu den Ländern am Südufer einer denkbaren Schwerpunktbildung vorziehen soll oder nicht. Angesichts knapper Kassen in den meisten EU-Staaten wird vor allem der Zielkonflikt zwischen dem Vorrang einer Osterweiterung der Europäischen Union und einem parallel auszugestaltenden, vermutlich kostspieligen Ausbau der Mittelmeer-Partnerschaft nicht an Aktualität verlieren. Eine kontroverse Debatte über die zukünftige europäische Mittelmeerpolitik ist daher unumgänglich, und an ihr sollten möglichst alle betroffenen Mitgliedstaaten und Partnerländer gleichberechtigt teilnehmen. Wenn die vorliegende Publikation hierzu anregt, hat sie ihren Zweck erfüllt.

Der Vortragscharakter der Beiträge wurde größtenteils beibehalten, außerdem erfolgt der Abdruck in chronologischer Reihenfolge. Allen Beteiligten, vor allem den Teilnehmern der Vortragsreihe und dem Rektor der Universität, Prof. Dr. Max Huber, gilt unser Dank. Vorbereitet wurde die Publikation von Herrn Dr. Daniel Eisermann, der außerdem die Vorträge der Botschafter Ägyptens, Zyperns, Algeriens und Maltas vom Englischen ins Deutsche übersetzte. Dem Bouvier-Verlag sei gleichfalls für die gute Zusammenarbeit gedankt.

Bonn, im Januar 1997

Hans-Peter Schwarz
Karl Kaiser

Umberto Vattani
Botschafter der Italienischen Republik
(16. Januar 1996)

Kein anderes Gebiet der Welt hat im Laufe der Geschichte derart im Zentrum so zahlreicher und wichtiger Entwicklungen gestanden wie das Mittelmeer. Seine Bedeutung erschöpft sich nicht in den Kontrollmöglichkeiten der Zugangs- oder der Kommunikationswege. Es ist ein geschlossenes Becken, das durch die politischen und geistigen Kulturen der Anrainervölker beherrscht wird. Daraus ergibt sich ein dichtes Netz von Interessen, die teilweise miteinander verflochten, teilweise überlagert und teilweise wiederum gegeneinander gerichtet sind. Der Mittelmeeraum ist ein gigantisches geopolitisches Theater: Einerseits umfaßt er die Länder des westlichen Europa und reicht durch deren Integration in das NATO-Bündnis bis hin zu den Vereinigten Staaten. Auf der anderen Seite liegt der Süden: Vom Norden wie mit einer Axt getrennt durch eine lange Linie entlang des Maghreb, welche die islamischen und arabischen Völker miteinander verbindet und schließlich zum Balkan und zum ehemaligen Jugoslawien führt.

In diesem Sinne kann das Mittelmeerbecken eigentlich eher als eine Ansammlung unterschiedlichster Komponenten bezeichnet werden, die lediglich eine geographische Nähe gemeinsam haben: Es ist also keineswegs ein homogenes und kohärentes politisch-kulturelles System. Denn tatsächlich ist dieses Binnenmeer weder eine Brücke zwischen dem südlichen und dem nördlichen Ufer noch ein Bindeglied zwischen den drei Kontinenten geworden. Die Trennungslinie durchschneidet den Mittelmeerraum sowohl kulturell und religiös (Islam und Christentum), sprachlich (Arabisch, Romanisch, Slawisch) als auch politisch und wirtschaftlich.

Von einer einheitlichen Region kann man deshalb lediglich mit Blick auf die Probleme und Interessen sprechen, von denen die gesamte westliche - europäische und nordamerikanische - Welt betroffen ist: Probleme stellen sich im Mittelmeer in wirtschaftlicher, demographischer, ökologischer Hinsicht. Hinzu kommen weitere Probleme im Bereich von Sicherheit und Stabilität wegen „länderübergreifender Störelemente“ wie religiöse Intoleranz, Konflikte und Migrationsbewegungen. Es handelt sich dabei nicht um rein militärische, sondern um globale Probleme, nicht nur für die Staaten im Süden Europas, sondern auch für die gesamte Europäische Union und die gesamte NATO. Die Region liegt nur scheinbar an unserer Peripherie. In Wirklichkeit ist sie eng verbunden mit dem Alten Kontinent und seinen Institutionen. Aus diesem Grunde bedarf es eines geopolitischen Ansatzes, der alle Probleme in ihrer Gesamtheit einbezieht: die Wirtschaft ebenso wie die Sicherheit, die langfristigen Ziele ebenso wie die unmittelbaren Erfordernisse.

Leider ist es so, daß sich die politische und strategische Diskussion in Europa bisher vorrangig auf die Perspektiven der Osterweiterung von Europäischer Union und NATO konzentriert hat. Auf diese Weise sind die Entwicklungen im Süden Europas, also im Mittelmeerraum und den benachbarten Regionen, eher vernachlässigt worden. Nach wie vor werden sie als „Interessenzonen“ und nicht als „Verantwortungszonen“ des Westens gesehen. Nach dem Zusammenbruch des Kommunismus in Osteuropa und dem Einsetzen der Reformprozesse in den östlichen Ländern auf ihrem Weg zurück nach Europa tut sich der Westen schwer mit der Erkenntnis einer neuen, dringenden Problematik im Süden. Dabei verläuft heute gerade im Mittelmeer die echte und vielleicht einzige Grenze. Durch sie rückt eine Region auch kulturell weg von Europa, die eigentlich die Wiege der westlichen und europäischen Zivilisation darstellt.

Es besteht ein enormes und zunehmendes Nord-Süd-Gefälle im Mittelmeerraum, das viel größer ist als beispielsweise zwischen den Vereinigten Staaten und Mexiko. Zwischen dem Maghreb und der Türkei leben 200 Millionen Menschen in elf islamischen Ländern. Ihr Einkommen ist fünfzehnmal niedriger als in der Europäischen Union.

Die Länder in Nordafrika und im Nahen Osten weisen derzeit ein extremes demographisches Wachstum auf. Es wird Jahrzehnte brauchen, bis es sich auf eine normale Rate einpendelt. In dreißig Jahren werden über 300 Millionen Menschen zur islamischen Welt gehören. Die Hälfte dieser Bevölkerung ist schon heute unter 25 Jahre alt. Dieses Phänomen verschlechtert die Lage der Sozialdienste und der öffentlichen Infrastrukturen und führt in der Folge zu politischer und sozialer Instabilität. Die meisten Länder des jenseitigen Mittelmeerufers teilen das Schicksal, das den anderen Entwicklungsländern der Welt gemein ist. Hinzu kommen jedoch zwei erschwerende Faktoren. Das Bevölkerungswachstum ist stärker; der reiche Norden liegt sozusagen direkt um die Ekke - oder jenseits des Meeres - und ist damit leichter erreichbar. Daraus ergibt sich die Gefahr von Wanderungsbewegungen. Das soziale Gefüge nicht nur der südeuropäischen Staaten ist gefährdet, die keinesfalls als Pufferzone dienen können. Ins Wanken geriete die gesellschaftliche Struktur in ganz Mittel- und Nordeuropa, zumal dort bereits heute zahlreiche islamische Gemeinden angesiedelt sind.

Unsere Öffentlichkeit ist besonders sensibel gegenüber derartigen Gefahren geworden. Das ist nicht nur ein Ausdruck von Intoleranz. Viele der rund zehn Millionen Einwanderer können sich nur schwer integrieren. Mangelnde Ausbildung und Qualifikation erschweren den Zugang zum Arbeitsmarkt. Ihre Situation erweckt Unverständnis in ihrer Heimat. Als unmittelbare Auswirkung schrecken wiederum potentielle Investoren vor diesen Ländern zurück. Auf diese Weise wird ihr Weg zum Fortschritt verbaut. Die Entwicklung erfordert deshalb neue und vor allem solidarische Maßnahmen seitens aller Mitglieder der Europäischen Union. Unerläßlich ist hierbei außerdem die Zusammenarbeit mit den Herkunftsländern der Migranten.

Der Handel zwischen beiden Ufern des Mittelmeers ist Teil der Weltgeschichte. Nicht einmal die Kreuzzüge konnten ihn unterbinden. Und doch ist der Warenaustausch der Europäischen Union mit den südlichen Anrainerstaaten eher unbedeutend in Hinblick auf den gesamten Außenhandel der EU-Staaten. Auch stellen die Investitionen europäischer Unternehmen im südlichen Mittelmeerraum lediglich drei Prozent ihrer Investitionen in der Dritten Welt dar. Die innenpolitischen Probleme der südlichen Mittelmeerregionen komplizieren wiederum den wirtschaftlichen Fortschritt. Doch nur ökonomisches Wachstum und allgemeiner Wohlstand können die Migrationsbewegungen bremsen, einen Geburtenrückgang bewirken und dadurch den demographischen Druck absenken.

In den südlichen Ländern des Mittelmeerbeckens bleibt die Konsolidierung der demokratischen Institutionen ein komplizierter Prozeß. Die Instrumentalisierung der Religion in der politischen Auseinandersetzung erschwert die Festigung der demokratischen und pluralistischen Institutionen in den islamischen Ländern. Sie erleichtert zudem nicht eine friedliche und tolerante Koexistenz mit den Werten der westlichen Welt. Die südlichen Anrainer haben teilweise nicht nur innenpolitische Probleme, sondern leben oft auch im Streit untereinander. Damit sind zusätzlich eine interregionale Zusammenarbeit und eine horizontale Integration erschwert. Vor allen Dingen war seit fünfzig Jahren der Konflikt zwischen Israel und den arabischen Staaten ein gefährlicher Herd der regionalen Instabilität, der die Emanzipationsmöglichkeiten des gesamten Mittelmeerraums erheblich beeinträchtigt hat. Für die zu Verhandlungen bereiten arabischen Staaten hat dieser Konflikt bisweilen Komplikationen verursacht. Sie wurden zur Zielscheibe der Kritik nicht nur seitens der extremistischen Vertreter des Islam, sondern auch der gemäßigteren Kräfte. Diese fürchten, daß Israel nach Abschluß des Friedensvertrages Hauptnutznießer von Hilfeleistungen der Europäischen Union sein wird.

Doch auch andere Krisenpunkte sind ernste Hindernisse für eine positive Entwicklung und schaffen ständige Spannungen zwischen den Ländern der Region. Die Konflikte im Mittelmeerraum sind von außen nicht leicht zu beeinflussen. Lösungen erscheinen viel schwieriger als bei den Grenzstreitigkeiten und den Minderheitenproblemen in Mittel- und Osteuropa nach dem Zusammenbruch des Kommunismus. Ein wichtiger Umstand ist das Fehlen von „kollektiven Sicherheitsinstitutionen". Zwischen den Staaten des Mittelmeerraumes bestehen praktisch keine institutionellen Bindungen. Zumindest sind sie weit weniger bedeutend als ihre Bindungen zu Europa und den Vereinigten Staaten. Darüber hinaus fehlt es auch an „kollektiven politischen und wirtschaftlichen Institutionen". Der Maghrebinisch-Arabischen Union und der Arabischen Liga gelingt es nicht immer, sich mit ihrem Instrumentarium der Konzertierung durchzusetzen.

Nur eine generelle Projizierung der Stabilität des Nordens auf den Süden kann aber die Entwicklung guter Beziehungen in den südlichen Regionen fördern. Dabei hat die NATO bisher positive Wirkung gezeigt: Über Griechenland bemüht sie sich um Stabilisierung des Balkans; und durch Unterstützung der Türkei kann sich die westliche Welt den islamischen Ländern annähern. Eine Verbesserung der Situation des Mittelmeers ist auch notwendig, um den Friedensprozeß im Nahen Osten nicht zu beeinträchtigen.

Neben diesen wirtschaftlichen, sozialen, politischen und demographischen Problemen müssen auch die islamischen Bewegungen berücksichtigt werden: Sie werden Mittel zum Zweck. Dabei handelt es sich um Phänomene, die oft falsch verstanden werden. In jedem Fall zeigen sie von Land zu

Land unterschiedliche Charakteristika: Es gibt vermutlich keinen homogenen Islam, ebensowenig wie es ein homogenes Christentum gibt.

Manch einer in Europa ist der Auffassung, daß der Islam eine Gefahr für die westliche Zivilisation darstellt. In Wahrheit sind gewisse antiwestliche Einstellungen eine Reaktion auf eine Modernisierung der herrschenden Klassen, die aus unterschiedlichen Gründen keine positiven Ergebnisse hervorgebracht hat und bei breiten Massen der Bevölkerung auf Kritik gestoßen ist. Die Religion wird daher in der innenpolitischen Auseinandersetzung ein Instrument zur Mobilisierung der Bevölkerung. Die Menschen flüchten sich in die Vergangenheit, in irrationale Sicherheiten. Sie wollen den Schwierigkeiten, den Enttäuschungen des Heute entgehen. Das beruht auch auf der Entwicklung des Islam, der - anders als Europa - gleichsam erst die Renaissance und dann das Mittelalter durchlaufen hat. Das Risiko, das aus dieser Situation erwachsen kann, besteht weniger in der angeblichen Gefahr eines Kreuzzuges gegen den Westen, wie sie der amerikanische Politologe Samuel Huntington in seinem Buch „Kampf der Kulturen“ schildert. Es artikuliert sich eher in einer Schwächung der staatlichen Institutionen, der Zerstörung moderner Strukturen, einer Auswanderung der fortschrittlichen Elite, dem Export des politischen Konfliktpotentials in die Länder Westeuropas und einer wachsenden Aufrüstung.

Zu berücksichtigen sind auch die Unterschiede zwischen dem sunnitischen und dem schiitischen Islam. Im Gegensatz zu einer verbreiteten Auffassung erscheint der erstere noch unberechenbarer in seinen Programmen. Im Bereich der Familie und der Stellung der Frau in der Gesellschaft gewinnt er zunehmend an Radikalität. Der zweite hingegen verfügt über eine hierarchische Organisation, die zumindest gewisse Spielregeln im Kampf um die Macht respektiert. Es ergibt sich ein äußerst vielschichtiges politisches Bild. In einigen Ländern scheinen die islamischen Parteien, die gesetzlich anerkannt und im Parlament vertreten sind, weniger problematisch. In anderen Ländern sieht es so aus, als sei die Situation zumindest unter Kontrolle. In wiederum anderen Ländern verschlechtert sich die Lage zusehends. Die für November 1995 in Bonn auf deutsche Initiative geplante Islam-Konferenz hätte Gelegenheit zu einer Analyse und Interpretation dieser vielen Probleme bieten können. Der Gedanke einer vertiefenden Untersuchung der Beziehungen zur islamischen Welt bleibt jedenfalls aktuell, wenn unser Ziel ein besseres gegenseitiges Verständnis sein soll.

Das Ende des Ost-West-Konflikts hat dazu geführt, die Region des Mittelmeers von den ideologisch bedingten Fesseln der Vergangenheit zu befreien. Dies kann einerseits positive Folgen für die Stabilisierung der Region haben. Der Europäischen Union bietet sich damit die Gelegenheit, eine aktivere und effizientere Rolle in der Region zu spielen. Auf der anderen Seite wurde im Mittelmeerraum auf diese Weise jenes statische Gleichgewicht verändert, das zuvor durch die Konfrontation der sechsten amerikanischen Flotte und der fünften Eskadra des Warschauer Paktes gewahrt wurde: Die neue Lage ist strategisch diffus und damit ungewisser. Die überwiegend militärische Vorstellung von Sicherheit ist einem globalen Verständnis gewichen. Die Faktoren innerer Instabilität, das wirtschaftliche und demographische Gefälle sind aus westlicher Sicht zur Ursache strategischer Gefahren geworden. Rein militärisch gesehen, ergeben sich die größten Risiken aus der Verbreitung von Raketen und Massenvernichtungswaffen und aus lokalen Konflikten, die westliche Interessen beeinträchtigen können.

Diese Gefahren werden jedoch nicht zur echten Bedrohung werden, wenn der Westen hinreichend geeint und in der Lage ist, eine konsequente globale Politik zu verfolgen und das Vertrauen der arabischen Länder zu gewinnen. Ein solches Vorgehen erscheint insbesondere angebracht, um den Friedensprozeß im Nahen Osten zu vollenden. Hiervon hängen zudem die Aussichten auf konkrete Fortschritte bei der Rüstungskontrolle im Mittelmeerraum ab. Eine Aufweichung der Geschlossenheit innerhalb des westlichen Lagers hätte deshalb negative strategische Folgen. Eine wesentliche Aufgabe der Europäischen Union im Hinblick auf den Balkan und den gesamten Mittelmeerraum ist daher eine Verringerung der möglichen Unstimmigkeiten sowohl innerhalb der Mitgliedstaaten als auch zwischen Europa und den USA. Die Europäische Union muß hier als ergänzende, nicht als konkurrierende Institution zur NATO agieren. Bei innenpolitischen Konflikten und ihren außenpolitischen Auswirkungen hat der Westen wenig Einflußmöglichkeiten und kann lediglich auf nichtmilitärische Mittel zurückgreifen: Er muß einen qualitativ neuen Dialog mit den Ländern jenseits des Mittelmeerufers anbahnen und deren wirtschaftliche Entwicklung unterstützen, indem er für ihre Produkte die westlichen Märkte öffnet.

Eine Bewertung der europäischen Interessen kommt nicht um die Feststellung herum, daß der Mittelmeerraum nicht nur Risiken, sondern auch Möglichkeiten für die reifen Wirtschaftssysteme des Westens bietet, wenngleich erst auf lange Sicht - und zwar nicht allein mit Blick auf Erdöl- und Gasvorkommen, sondern auch auf den Faktor Arbeitskraft. Tatsächlich besteht kein Zweifel, daß die Integration der Länder Mittel- und Osteuropas in die westlichen Strukturen in kurzer Zeit zu einer Stärkung der europäischen Wirtschaft führen wird: Hier bieten sich größere Märkte und kostengünstigere Arbeitskräfte. Wenn aber das ökonomische Wachstum und die Verteilung des Reichtums in den ehemals kommunistischen Ländern des Ostens unweigerlich zu einem Anstieg der Löhne und einer allgemeinen Verbesserung der Lebensbedingungen führen, wird sich die Lage von Grund auf ändern.

Dann kann Europa nur im Süden neue Märkte und notwendige Arbeitskräfte zur Aufrechterhaltung der Wettbewerbsfähigkeit seiner Wirtschaft im Vergleich zu den anderen Makroregionen wie Nordamerika und Südostasien finden. Aus diesem Grund muß Europa aus dem Mittelmeerraum mittelfristig nicht nur weiterhin seine Energieversorgung, sondern auch notwendige Arbeitskraft schöpfen. Europa sollte dem Süden daher mit einer geopolitischen und geoökonomischen Vision entgegentreten - vergleichbar mit dem Ansatz, welcher der Freihandelszone in Nordamerika (Nafta) zugrunde liegt. Das Beispiel zeigt deutlich, daß sich die wirtschaftlichen Makroregionen mehr in Nord-Süd-Richtung entlang der Breitengrade als in West-Ost-Richtung entlang der Längengrade entwickeln. Die Schaffung einer euro-mediterranen Makroregion ist eine längerfristige Perspektive und kann nur realisiert werden, wenn der Süden nicht in Destabilisierung verharrt. Der Westen muß bereits heute tätig werden, um eine Verschlechterung der Lage zu verhindern. Vorrangiger und unmittelbarer Umsetzung bedarf eine Politik zur Bekämpfung der politischen und religiösen Radikalisierung im Mittelmeerraum.

Radikale Tendenzen sind übrigens auch bei den säkularen Regimen in Albanien und der Türkei erkennbar. Gerade das Beispiel dieser beiden Länder zeigt, wie notwendig eine weitsichtige Politik des Westens ist. Albanien verfügt über eine strategisch wichtige Position in der Adria. Italien hat sich in der Vergangenheit intensiv darum bemüht, den Reformprozeß des Landes auf dem Weg zu Demokratie und Marktwirtschaft zu erleichtern. Aber die Situation verändert sich derzeit, was deutlich wird an der wachsenden Zahl von Moscheen und islamischen Schulen. Die historischen und kulturellen Bindungen sowie die unmittelbare geographische Nähe zu Europa können die Integration der albanischen Gesellschaft in den Westen erleichtern. Eine Beschleunigung der Zusammenarbeit der Europäischen Union mit Albanien wäre ein deutliches Signal dafür, daß der Westen insgesamt die Beziehungen zu den Mitgliedsländern der Islamischen

Konferenz intensivieren will. Die Entwicklung der Zusammenarbeit mit Albanien ist zudem erforderlich, um eine Ausweitung des Konflikts auf dem Balkan zu vermeiden.

Die Türkei ist das traditionelle Bindeglied zwischen islamischer und europäischer Welt. Mit dem Zerfall der Blöcke hat sich freilich die statische, aber fundamentale Rolle der Türkei als Garant der NATO-Südflanke und Bollwerk gegen die sowjetische Expansion im Schwarzen Meer und im Mittelmeer verändert. Heute kann das Land statt dessen eine dynamische, vielleicht noch wichtigere Rolle einer Brücke zwischen dem Westen, der Kaukasusregion und dem Persischem Golf spielen. Die Präsenz und die historischen Interessen der Türkei auf dem Balkan sind für den Westen von evidentem Interesse. Churchill hat gesagt, daß „der Balkan immer mehr Geschichte produziert, als er konsumieren kann". Er meinte damit, daß die immanente Instabilität der Region sich auf die innere Situation der Mittelmeeranrainer auswirkt, wo sie dem Konfliktpotential und den antiwestlichen Gefühlen Nahrung gibt.

In diesem Sinne ist hinsichtlich der Türkei ein Tätigwerden der Europäischen Union angesagt. Ankara bleibt ein wertvoller Verbündeter nicht nur rein militärisch, sondern auch in politischer und ideologischer Hinsicht. In einer von Unruhen geschüttelten islamischen Welt ist das Land - trotz mancher Schwierigkeiten - eine Insel religiöser Toleranz und moderner Sitten. Es wäre deshalb ein großer Fehler, den türkischen Erwartungen nicht zu entsprechen. Die Europäische Gemeinschaft hat diesem Land nicht immer das erforderliche Verständnis entgegengebracht. Die aktuellen Umstände raten zur politischen und wirtschaftlichen Integration der Türkei in die europäischen Institutionen. Das Inkrafttreten des Zollabkommens mit der Europäischen Union ist nur ein erster Schritt in diese Richtung. Die Beispiele der Türkei und Albaniens zeigen außerdem, daß die Stabilität des gesamten Balkan und nicht zuletzt der Wiederaufbau im ehemaligen

Jugoslawien von vitaler Bedeutung für die friedliche Entwicklung des gesamten Mittelmeerraumes sind.

Die italienische Politik entwickelt sich traditionellerweise in drei unterschiedlichen Kreisen: dem atlantischen Kreis, der die Sicherheit des Landes garantiert; dem europäischen Kreis, der die wirtschaftliche Entwicklung gewährleistet; und dem mediterranen Kreis, der der italienischen Außenpolitik einen gewissen Grad an Eigenständigkeit verleiht und ihr Entfaltungsspielraum für eine sozusagen ökumenische, auf die Dritte Welt gerichtete Rolle bietet. Beispiele für die mediterrane Dimension der italienischen Diplomatie, welche die atlantische und europäische Grundorientierung ergänzt, sind die Initiativen der italienischen Regierung im Zusammenhang mit dem Nahostkonflikt ebenso wie das Bemühen um enge Beziehungen zu allen Ländern der Region - frei von ideologischen Vorurteilen. In Italien ist ein Gedanke fest verankert, den der französische Historiker Fernand Braudel so formulierte: „Alle Völker des Mittelmeeres teilen ein gemeinsames Schicksal."

Innerhalb der Europäischen Union ist Italien das Land, das sich am stärksten darum bemüht hat, den eindeutig nach Norden verschobenen Schwerpunkt Europas auszupendeln. Wegen ihrer geopolitischen Position neigen die nördlichen EU-Mitgliedsländer dazu, dem Süden nicht die erforderliche Aufmerksamkeit zu widmen. Sie haben vorwiegend die Pflege der handelspolitischen Verbindungen im Auge. Die Optik der Vereinigten Staaten wiederum konzentriert sich auf das Problem der Erdöllieferungen und den israelisch-arabischen Friedensprozeß. Aus diesem Grund war die Mittelmeerpolitik der USA immer vorrangig auf den Nahen Osten gerichtet, wo seit den siebziger Jahren versucht wurde, einen großen Einflußbereich zu stabilisieren. Grundanliegen war dabei die Gewißheit und Regelmäßigkeit der Energielieferungen. Das Engagement der amerikanischen Diplomatie bei den Friedensvereinbarungen zwischen Israel und der arabischen Welt, die Schaffung eines neuen Militärkommandos (Central Command) nach dem Zusammenbruch des Schah-Regimes im Iran, die Unterstützung des antisowjetischen Widerstandes in Afghanistan, der Golfkrieg, die militärische Präsenz in Saudi-Arabien und diejenige der Fünften Flotte im Mittelmeer sind allesamt Belege für ein und dieselbe Politik.

Die ideologischen Blöcke, die sowjetische Präsenz in der Mitte Europas und die entsprechenden politischen Grundorientierungen für die atlantische Solidarität zwangen die Europäische Gemeinschaft, ihr Hauptaugenmerk auf die östlichen Grenzen zu richten. Anders gesagt: Die deutsche Frage hat bis 1990 die strategischen Interessen in Europa beherrscht, wogegen die Trennungslinie quer durch das Mittelmeer stets im Schatten der Aufmerksamkeit blieb. Die Wende im Jahr 1989 hat bisher keine wirklich sichtbaren Veränderungen in den Beziehungen der Union zum Mittelmeer gebracht. Im Gegenteil, die Priorität für die drängenden Transitionsprobleme der Reformstaaten im Osten und die Strategie ihrer Annäherung an die europäischen und atlantischen Institutionen könnte dazu verleiten, die Konsequenzen zu vernachlässigen, die sich aus einer Ausgrenzung des südlichen Europas ergeben.

Die Neuordnung der Sicherheitskonzeption unter Einbeziehung der östlichen Nachbarländer ist zweifellos eine notwendige Operation: Sie zementiert das Ende der Trennung des Kontinents. Wie jedes europäische Land kann auch Italien nicht umhin, dieses Ziel zu unterstützen. Darüber hinaus jedoch wurde versäumt, eine gleichfalls notwendige Analyse der Probleme zu erstellen, die sich in den letzten Jahren im Süden abzeichneten, und eine politische Antwort der Europäischen Union zu formulieren. Es hat nicht an Stimmen gefehlt, die zu bedenken gaben, daß eine Ausweitung der europäischen und atlantischen Bündnisse nach Osten „exklusiven" Charakter haben könnte. Damit ist gemeint, daß eine solche Ausdehnung zwar auf der einen Seite einigen Ländern eine

Sicherheitsgarantie bietet, auf der anderen Seite aber für die Länder des Südens eine Isolierung bedeuten könnte. Auch unsere Partner werden sich dessen bewußt werden, daß eine Aufnahme der Visegrad-Staaten in die Union den Ausschluß oder zumindest die verzögerte Integration der Länder Südosteuropas bedeuten kann, für die der Eintritt in den Binnenmarkt in die Ferne rücken würde. Entsprechend könnte eine Aufnahme der Visegrad-Staaten in die NATO auch eine gewisse Isolierung der südosteuropäischen Länder bewirken.

Italien möchte, daß der von ihm stets geforderte umfassende Ansatz in der Mittelmeerpolitik stärkere Unterstützung durch die internationale Gemeinschaft findet. Es ist ganz natürlich, daß Italien eines der Länder ist, die sich dieser Notwendigkeit besonders deutlich bewußt sind. Tatsächlich nimmt Italien in dieser Region eine ganz eigene Position ein, die nicht nur durch geographische und kulturelle, sondern auch durch sicherheitspolitische Faktoren bestimmt wird. Man kann diese Situation mit der Lage der Bundesrepublik Deutschland in der Zeit des Ost-West-Konflikts vergleichen. Die Verbindungslinien quer über das Mittelmeer sind für ganz Europa von höchster Bedeutung, denn die Hälfte seines Seehandels wird auf diesem Weg bewältigt. Für Italien sind sie lebenswichtige Adern, über die zwei Drittel seines Warenaustausches abgewickelt werden.

Aus diesem Grunde hat Italien zu Beginn der neunziger Jahre gemeinsam mit Spanien die Initiative für eine „Konferenz über Sicherheit und Zusammenarbeit im Mittelmeerraum“ (KSZM) ergriffen. Das Projekt unterscheidet sich deutlich von der Konferenz über Sicherheit und Zusammenarbeit in Europa (KSZE, heute: OSZE). Es berücksichtigte in erster Linie lokale Besonderheiten und die Veränderungen im internationalen Kontext. Zudem ging man von der Grundlage aus, daß die Ursachen für Instabilität und Spannungen im Mittelmeerraum in den gesellschaftlichen und kulturellen Unterschieden liegen. In Europa hingegen waren die Auseinandersetzungen während des Kalten Krieges eine direkte Konsequenz der ideologischen Gegensätze. Der Gedanke der KSZM ist bisher noch nicht realisiert worden. Es scheint jedoch, als habe er zumindest die Leitlinien gewiesen, an denen sich die Strategie in der Erklärung von Barcelona (November 1995) orientiert. Tatsächlich sind dort drei Aktionsbereiche aufgezeigt: der politische und sicherheitspolitische Dialog, die wirtschafts- und finanzpolitische Kooperation, die soziale und kulturelle Zusammenarbeit. Die Konferenz von Barcelona ist ein wichtiger Beitrag zur Korrektur des Gleichgewichtes der europäischen Politik nach Süden. Während seiner EU-Präsidentschaft hat Italien verschiedene Initiativen ergriffen, die verdeutlichen sollten, warum die Zielsetzungen der Konferenz den Erfordernissen der gesamten Union entsprechen. Der in Barcelona erstellte Rahmen muß mit konkreten Inhalten gefüllt und der Dialog mit den südlichen Nachbarn intensiviert werden.

Natürlich kann Europa nicht daran denken, die komplexe Problematik des Mittelmeerraumes im Alleingang zu lösen. Unerläßlich ist auch der Beitrag der Vereinigten Staaten, der NATO, der WEU und der internationalen Währungs- und finanzpolitischen Institutionen.

Bei näherer Betrachtung ergeben sich zwei mögliche Strategien, die jeweils die „Römische Strategie" und die „Bisanzio-Strategie" genannt werden sollen. Die „Römische" Strategie betrachtet den Mittelmeerraum als eine Region mit unmittelbaren und eng mit Europa verknüpften Interessen. Es gibt für die Drittländer im Mittelmeerraum Perspektiven einer Integration in die westlichen Institutionen. Zugleich erinnert uns die Geschichte an die kulturellen Bindungen, die die Völker des gesamten Mittelmeerraumes untereinander verbanden, bevor es zu den gegenwärtigen Trennungen kam. Man sollte daher einen umfassenden politischen und wirtschaftlichen Dialog und eine entsprechende Kooperation eröffnen. Dabei haben Europäische Union und NATO sich die Aufgaben zu teilen. Auf diese Weise kann ein mehr oder weniger institutionalisiertes Beziehungssystem zum Süden geschaffen werden. Es gilt also, die europäische Stabilität auf den Süden zu projizieren, wie es bereits derzeit mit dem Osten geschieht. Durch Konsultationen mit den südlichen Mittelmeerländern, eine eventuelle Ausweitung des militärischen Kooperationsprogramms „Partnerschaft für den Frieden“ sowie eine Zusammenarbeit im Rahmen des Nordatlantischen Kooperationsrates kann die NATO das Vorgehen der Europäischen Union begleitend unterstützen. Das Ende der bipolaren Ordnung und der direkten militärischen Bedrohung hat die strategische Ordnung im Mittelmeer durcheinander geworfen. Aus diesem Grunde ist ein globaler und einheitlicher Ansatz beider westlicher Bündnisse der beste Weg, um den Gefahren eines Aufbrechens des fragilen sozialen Gefüges der mediterranen Länder und neuer Konflikte im Süden zu begegnen.

Diese Strategie lag der italienischen Initiative für eine KSZM zugrunde. Wie erwähnt, fand sie Eingang in die Erklärung und den Aktionsplan der Europäischen Konferenz von Barcelona. Auch die Konferenz von Casablanca im Oktober 1994 hatte einen entsprechenden Ansatz. Ausgangspunkt ist die Feststellung, daß das Mittelmeerbecken eine einheitliche geopolitische Region bildet. Deshalb bedarf es eines offenen, globalen Kooperationssystems, das alle geographisch betroffenen Staaten einbezieht. Eine solche Strategie setzt allerdings die Überwindung von psychologischen und kulturellen Schranken voraus, die in der Vergangenheit den Dialog zwischen dem Westen und den arabischen Anrainern des Mittelmeers erschwert haben. Was die europäischen Länder und die Nachbarn jenseits des Mittelmeers kennzeichnet, ist nicht allein das Gefälle der wirtschaftlichen Entwicklung, sondern auch eine unterschiedliche Konzeption der Gesellschaft und der Institutionen. Wenn der politische Dialog und die wirtschaftliche Zusammenarbeit zwischen diesen beiden Welten eine qualitativ neue Dimension gewinnen soll, müssen wir vermeiden, daß diese Unterschiedlichkeit Anlaß zu Gegensätzen bietet. Statt dessen sind Voraussetzungen dafür zu schaffen, daß die Verschiedenheiten zwischen den beiden Welten verringert und die echten gemeinsamen Interessen und Probleme verdeutlicht werden.

Die „Bisanzio-Strategie" betrachtet im Gegensatz dazu das Mittelmeer als eine Art Grenze, die den Norden und den Süden voneinander trennt. Bei diesem Ansatz überwiegen die unmittelbaren Überlegungen der Sicherheit gegenüber der Zusammenarbeit. Man bemüht sich um Verhinderung einer geschlossenen antiwestlichen Koalition und setzt auf westlich orientierte Regime sowie auf die Rivalitäten innerhalb der einzelnen Staaten. Das vorrangige Interesse liegt hier in den geographischen Gegebenheiten des Mittelmeers als Kommunikationsweg von Gibraltar bis Suez und zum Schwarzen Meer. Es ist der typisch merkantilistische Ansatz jener Großmächte, die das Mittelmeer beherrscht haben, ohne Anrainer zu sein. Die Anhänger dieser Strategie halten die Integration der südlichen Völker für schwierig. Sie neigen dazu, mehr die Probleme als die Gemeinsamkeiten der beiden Ufer des Meeres herauszustellen. Die wirtschaftlichen, kulturellen und religiösen Unterschiede bestehen in der Tat. Sie verleiten viele dazu, einer Strategie der Ausgrenzung anstelle der Öffnung zu folgen.

Bedenken wir, wie unmöglich es ist, unüberwindbare Schranken gegen die Einwanderung zu errichten; denken wir an die Globalisierung der Weltwirtschaft und an die Erfolgsaussichten einer euro-mediterranen Partnerschaft - dann sollten wir der ersten Strategie den Vorzug geben. Setzen wir jedoch auf die Unterschiede und auf die Probleme des Zusammenlebens, dann werden wir der zweiten Strategie folgen. Angesichts des demographischen Mißverhältnisses zwischen beiden Ufern des Mittelmeers stünde das Ergebnis bereits fest: Die Demographie ist oft der Faktor gewesen, der das Schicksal aller Kulturen langfristig bestimmt hat, ebenso wie sich ökonomische Faktoren mittelfristig und militärische Faktoren kurzfristig auswirken.

Eine Entscheidung zwischen beiden Strategien ist schwierig. In jedem Fall wird sie nie eindeutig und definitiv sein können. Natürlich wird die Art und Weise, in der sich die europäische Integration vollzieht, die Entscheidung zwischen den beiden Strategien beeinflussen: Falls es zu einem „Europa mit hartem Kern“ oder zu einem „Europa der konzentrischen Kreise“ oder einer „Festung Europa“ kommt, wird die zweite Strategie wahrscheinlich die Überhand gewinnen. In der Folge befänden sich die mediterranen Mitgliedsländer am Rande der Union. Ihre Funktion würde die eines einfachen Puffers gegen die Gefahren aus dem Süden. Gelangen wir jedoch - wie wir hoffen - zu dem in Maastricht vorgezeichneten Europa mit einer gemeinsamen Politik aller fünfzehn Staaten, so wird sich vermutlich die erste Strategie behaupten.

Im Blick auf das zweite große westliche Bündnis, würde eine Stärkung der NATO dazu führen, der ersten Strategie den Vorzug zu geben. Eine größere Präsenz der Vereinigten Staaten in Europa würde der europäischen Politik in der Tat eine festere Einheit vermitteln. Es wäre auch ein wichtiges Bindeglied zwischen Mitteleuropa und Mittelmeer. Zudem wären die südeuropäischen Staaten weniger isoliert, und die Türkei könnte fest im Westen verankert bleiben.

Auch die Westeuropäische Union (WEU) hat hier eine wichtige Rolle zu spielen in Ergänzung zur Europäischen Union und zur NATO. Ihre Zukunft und ihre Aktionsmöglichkeiten werden in jedem Fall von der Entwicklung von Europäischer Union und NATO bestimmt. Wenn es also zu einer Schwächung von NATO und Union käme, würde die WEU zwangsläufig an den Rand gedrängt. Ein Tätigwerden der WEU als europäischer Pfeiler der NATO aber könnte der Atlantischen Allianz zu größerer Flexibilität verhelfen. Auf diese Weise würden zwei Ziele erreicht: Man könnte bei der amerikanischen Öffentlichkeit durch einen größeren Anteil

Europas am „burden sharing“ eine stärkere Unterstützung für die Präsenz der USA in Europa und im Mittelmeer erreichen. Nach den Erfahrungen des Konflikts im ehemaligen Jugoslawien erscheint diese Notwendigkeit gegeben. Daneben würde Moskau dann einer künftigen NATO-Süderweiterung - unter Ausnahme Bulgariens - vermutlich geringere Widerstände entgegensetzen. Bekanntlich wehrt sich Moskau nach wie vor gegen jede Form einer NATO-Osterweiterung, die ja praktisch vor seiner Haustüre stattfände.

In jedem Fall wäre eine Ausdehnung der Stabilität der europäischen und atlantischen Strukturen auf den Süden zunächst in Form einer verteidigungs- und sicherheitspolitischen Zusammenarbeit ein Zeichen des westlichen Willens, die Probleme am südlichen Rand konstruktiv anzugehen. Zugleich wäre es ein erster Schritt zur Errichtung eines „kollektiven Sicherheitssystems“ unter Einschluß des Mittelmeerraumes. Es gibt viele Gründe, weshalb NATO und Union im Mittelmeerraum leichter zu einem gemeinsamen Vorgehen finden können als in Mitteleuropa. Zum einen liegt es daran, daß Amerika hier vitale Interessen wie die Energiequellen und die Lage Israels, der Türkei und Ägyptens hat. Zum anderen, weil - wie angedeutet - ein stärkeres und ergänzendes Zusammengehen von NATO und WEU im Mittelmeer nicht auf derart starke Besorgnisse Moskaus wie im Osten Europas stoßen würde.

Ein globaler und einheitlicher Ansatz der europäischen und atlantischen Institutionen zur Verbreitung von Stabilität und Fortschritt auf den gesamten Krisenbogen im Mittelmeer einschließlich des Balkans sollte einer präzisen Aufgabenteilung der drei Bündnisse folgen. Die Europäische Union muß bei den nichtmilitärischen Aspekten der Sicherheit im Rahmen einer Partnerschaft ansetzen. Auf diese Weise sollten die Voraussetzungen für einen wirtschaftlichen Aufschwung der Mittelmeerländer geschaffen werden. Die NATO sollte die Mittelmeerländer in Konsultationsformen einbeziehen, wie dies frühzeitig mit den Staaten Mittel- und Osteuropas geschehen ist. Die Westeuropäische Union muß ergänzend zur NATO tätig werden und sich um die Annäherung auch von Ländern des Balkans und des Mittelmeerraumes bemühen - dies vor allem dann, wenn sich deren Integration in die NATO als undurchführbar erweisen sollte.

Die meisten Konflikte, von denen der Westen nach dem Ende des Zweiten Weltkrieges betroffen war, spielten sich im Mittelmeerraum ab. Es sieht nicht so aus, als würde sich das in Zukunft ändern. Aus diesem Grund müssen atlantische und europäische Sicherheit untrennbar miteinander verbunden sein. Der vorbeugende Dialog ist allemal besser als die Intervention. Die militärische Antwort, die dem Osten gegenüber ihre Gültigkeit hatte, kann hier keine Anwendung finden. Obwohl die militärische Bedrohung nicht mehr existiert, hat das Bedürfnis nach Sicherheit bei den Menschen zugenommen. Also ist eine Ausschöpfung aller politischen Mittel erforderlich. Vor allem die Europäische Union verfügt über jenes Instrumentarium, das im beiderseitigen Interesse dazu beitragen kann, daß die Risiken der Region nicht zu echten Gefahren werden: Warenaustausch, Entwicklungshilfe, Investitionen, Migrationspolitik und Dialog zum gegenseitigen Verständnis beider Seiten des Mittelmeers. Hier liegt die historische Mission Europas, das nicht gleichgültig gegenüber seiner großen zivilisatorischen Tradition bleiben darf. Es gilt, den Horizont der Eigeninteressen einzelner Staaten zu überwinden, um das Mittelmeer zu einer Region des Friedens, der Sicherheit und des Fortschritts zu machen.

Mohab Mokbel
Botschafter der Arabischen Republik Ägypten
(23. Januar 1996)

Der Mittelmeerraum nimmt eine besondere Stellung in der Weltgeschichte ein. Diese Wiege der Zivilisationen hat die drei bedeutendsten monotheistischen Religionen hervorgebracht. Die alten Ägypter, Griechen, Römer, Araber und die Europäer insgesamt haben sämtlich zum Aufstieg dieser Zivilisationen beigetragen. Der Wettstreit der Großmächte um die Vorherrschaft in diesem Raum kennzeichnet die Geschichte, besonders immer dann, wenn einzelne Mächte eine Welthegemonie angestrebt haben. Griechen und Römer, Araber, Kreuzfahrer, Türken, Franzosen, Briten, Russen, Amerikaner und andere Mächte kämpften um ihre vitalen Interessen in dieser geopolitisch bedeutsamen Region.

Zu Beginn möchte ich an einige wichtige Aspekte erinnern, welche die heutige Situation im Mittelmeerraum charakterisieren. Hierbei sollen die großen Herausforderungen angesprochen werden, denen sich die Region gegenübersieht. Das Mittelmeerbecken ist heutzutage durch einen vielfältigen Dualismus gekennzeichnet, der zahlreiche Aspekte betrifft, das Niveau der wirtschaftlichen Entwicklung, demographische Trends, religiöse und ethnische Herkunft, politische und soziale Stabilität. Der erste Dualismus betrifft Europa nördlich und die vorwiegend arabischen Gebiete südlich und östlich des Beckens. Dieser Ethnodualismus hat bereits in der Vergangenheit viele Konflikte hervorgerufen, wie zuletzt die europäische Kolonialgeschichte im 19. und frühen 20. Jahrhundert gezeigt hat.

Den zweiten Dualismus bildet der Gegensatz des relativen Wohlstandes im Norden und dem niedrigen Entwicklungsniveau bzw. geringen Pro-Kopf-Einkommen in den südlichen Ländern, das in den meisten Fällen nur fünf Prozent des

Durchschnitts in den nördlichen Staaten der Europäischen Union beträgt. Die Ökonomien des Nordens sind gut entwikkelt, hochmodern und gehören zur prosperierenden industrialisierten Welt. Auf der anderen Seite leiden die Volkswirtschaften der meisten südlichen Länder an hoher Arbeitslosigkeit, Wasserknappheit und einer ungenügenden agrarischen Produktion, an einem wenig fortschrittlichen Industriesektor und dem unausgeglichenen Außenhandel, hohen Auslandsschulden, einem zumeist ineffizienten öffentlichen Sektor und an einer tiefverwurzelten Regierungsbürokratie. An dieser Stelle kann auf die Ursachen dieser Zustände nicht näher eingegangen werden. Immerhin sei daran erinnert, daß große Teile des südlichen Mittelmeerraumes bis in die zweite Hälfte unseres Jahrhunderts hinein unter kolonialer Herrschaft standen. Außerdem wirkt sich für die meisten Staaten der südlichen Region die unausgeglichene Verteilung von Wasser und anderen natürlichen Ressourcen nachteilig aus.

Ein dritter Dualismus wird durch das demographische Gefälle innerhalb des Mittelmeerbeckens hervorgerufen, also das minimale Bevölkerungswachstum im Norden und die hohen Wachstumsraten im Süden. Gegenwärtig sind die Prozentanteile der Gesamtbevölkerung nördlich bzw. südlich des Mittelmeers etwa gleich groß, aber bereits im Jahr 2000 wird sich die Waage mit 55 Prozent nach Süden neigen, und im Jahr 2025 werden sich 73 Prozent der Mittelmeerbevölkerung südlich und östlich des Beckens befinden. Nach diesen statistischen Voraussagen wird also die numerische Bevölkerungsmehrheit im Mittelmeerbecken in naher Zukunft von Nichteuropäern gestellt.

Ein weiteres Charakteristikum ist die stetig zunehmende wirtschaftliche Interdependenz zwischen den Ländern nördlich und südlich des Mittelmeers. Die südlichen und östlichen Staaten des Mittelmeerraums stellen den EU-Ländern deren drittgrößten Auslandsmarkt mit einem gewaltigen Handelsüberschuß zur Verfügung. Die europäischen Länder wiederum bilden für die südlichen Staaten das wichtigste Zielgebiet für Ausfuhren. Im Jahr 1994 betrugen die Exporte der Europäischen Union in die südlichen Mittelmeerländer 58,5 Milliarden Dollar, die entsprechenden Importe 47,45 Milliarden Dollar. Dies ergibt einen Handelsüberschuß von mehr als elf Milliarden Dollar zugunsten der EU-Staaten. Die Kapitalrückflüsse der europäischen Arbeitsmigranten bedeuten außerdem eine wichtige Devisenquelle für die südlichen Länder der Mittelmeerregion. Die europäischen Staaten sind im höchsten Maße abhängig von Öl und Erdgas aus den arabischen Ländern einschließlich der Golfstaaten, die Europa im Jahr 1994 mit 54 Prozent des von ihm benötigten Öl und Erdgas versorgten. Nach einer neueren Studie wird die diesbezügliche Abhängigkeit Europas von den arabischen Ländern in den kommenden Jahren sogar noch beträchtlich anwachsen.

Der Zusammenbruch der Sowjetunion und das Ende des Ost-West-Konflikts haben den Bedrohungen und Herausforderungen für den Mittelmeerraum nicht, wie erwartet, ein Ende gesetzt. Politische Instabilität in vielen Mittelmeerstaaten, das Anwachsen von Extremismus und Terrorismus, die Gefahren einer ansteigenden Süd-Nord-Zuwanderung und das Problem der Verbreitung von Massenvernichtungswaffen haben es für Europa nur um so wichtiger gemacht, seine Prioritäten und Beziehungen zu den Mittelmeerländern zu überprüfen. Die Idee einer abgeschlossenen Festung Europa hat sich dabei als ebenso unhaltbar wie unpraktisch erwiesen, vor allem wegen des gewachsenen Interdependenzniveaus im Mittelmeerraum, das sowohl natürlich, wünschenswert als auch unumkehrbar ist. Die Bevölkerungsexplosion und das beachtliche ökonomische Ungleichgewicht zwischen nördlichen und südlichen Anrainern hat das Problem der Arbeitsmigration verstärkt, was im Norden als eine Bedrohung des eigenen Wohlstandes angesehen wird. Die Zahl der geschätzten legalen Arbeitsmigranten in Europa beträgt zwölf Millionen Menschen, von denen weniger als die Hälfte (4,6 Millionen) aus den südlichen Mittelmeerländern stammen. Ägypten geht davon aus, daß der einzige praktische Weg zur Abschwächung der Arbeitsemigration aus den südlichen Mittelmeerstaaten in der Verbesserung des dortigen Lebensstandards zu finden ist.

Eine weitere europäische Sorge betrifft das Phänomen des religiösen Extremismus. In den letzten Jahren ist von westlichen Akademikern viel von einem bevorstehenden Religionskrieg gegen den Westen gesprochen worden. Einige Vertreter erwarten mit Samuel Huntington einen unvermeidlichen Zusammenstoß zwischen der islamischen bzw. westlich-europäischen Kultur. Vorsicht ist jedenfalls bei der Verwendung des Begriffs „Islamischer Fundamentalismus" zu üben, denn der Fundamentalismus - der ursprünglich eine protestantische Geistesbewegung war, welche die Unfehlbarkeit der Heiligen Schrift hervorhob - ist fälschlicherweise mit religiösem Extremismus gleichgesetzt worden. Tatsächlich handelt es sich bei islamischen Fundamentalisten um Muslime, die die Grundprinzipien ihres Glaubens streng beachten. Deswegen wäre es ein Fehler, fromme Muslime (d.h. Fundamentalisten) als Extremisten anzusehen, die Gewalt auszuüben bereit sind. Wir sollten daran arbeiten, dem Extremismus in seinen verschiedenen gewalttätigen Formen Widerstand zu leisten bzw. ihn zu verurteilen, nicht jedoch den Fundamentalismus, der unschuldig an Gewalt oder Extremismus ist.

Es ist wichtig hinzuzufügen, daß das Phänomen des Terrorismus nicht auf islamische extremistische Gruppen beschränkt ist. In den vergangenen Jahrzehnten waren wir Zeuge - und hierbei beschränke ich mich auf die Mittelmeerregion - einer Reihe ideologischer, religiöser, ethnisch-extremistischer und terroristischer Bewegungen. Und wenn wir das Mittelmeerbecken im Uhrzeigersinn betrachten, kann ich als Beispiele zitieren: ethnische Bewegungen in Frankreich, den Terrorismus der Algerienfranzosen bzw. der Roten Brigaden in Italien, die Massaker im ehemaligen Jugoslawien, die kommunistische Aufstandsbewegung in Griechenland, ethnische Probleme in der Türkei, die Ereignisse im Libanon, den zionistischen Terrorismus gegen die Briten in Palästina und später den palästinensischen Widerstand gegen die Besatzung, terroristische Aktivitäten in Nordafrika. In diesem Zusammenhang ist darauf aufmerksam zu machen, daß die Weltmedien sich in übertriebener Weise auf terroristische Akte konzentriert haben, die von kriminellen Elementen im vorwiegend islamischen Süden begangen wurden. Die westlichen Massenmedien begingen darüber hinaus manchmal den schweren Fehler, Extremismus und Terrorismus mit dem Islam zu identifizieren. Es sei betont, daß der Islam eine nichtgewalttätige Religion ist, die Terrorismus und Gewalt in allen Formen untersagt.

Das Ziel der meisten extremistischen Gruppen ist es, Regierungen zu destabilisieren und den betroffenen Ländern ihre fremdartige totalitäre Interpretation des Islam aufzuzwingen. Wir sollten zu verstehen versuchen, warum die Anführer solcher Gruppen die Religion zur Verfolgung ihrer politischen Ziele ausnutzen: Erstens ist die Religion ein effektives Mittel, große Zahlen von Anhängern zu mobilisieren, die ursprünglich zumeist politisch inaktiv sind. Zweitens sind die Menschen in den meisten südlichen Staaten ungeduldig und frustriert über die langsame Geschwindigkeit, mit der sich in ihren Ländern wirtschaftliche und soziale Reformen vollziehen, zumal wenn sie in ihren Fernsehgeräten die Lebensqualität ihrer Nachbarn im Norden betrachten. Die Situation wird ferner mitunter durch politische Probleme verschlechtert, die zu den wirtschaftlichen und sozialen Problemen hinzutreten und einen Nährboden für die Eingliederung frustrierter junger Menschen in die Reihen der Terroristen liefern.

Dialog sollte im Mittelmeerraum an die Stelle von Konfrontation und Konflikt treten. Extremismus muß als eine Übergangsform des Protests gegen ökonomische und politische Ungerechtigkeiten verstanden werden. Auch wenn viele Ursachen dieser Ungerechtigkeiten unbestritten endogener Natur sind, haben die meisten ihre Wurzeln in der Kolonialära. Ägypten glaubt, daß der beste Weg, um den Extremismus zu überwinden, darin besteht, die primär politischen und ökonomischen Ursachen dieses Phänomens zu beseitigen. Die islamischen Länder im südlichen Mittelmeerraum führen strukturelle Wirtschaftsreformen zusätzlich zu einer wachsenden Demokratisierung ihrer politischen Systeme durch. Diese Staaten brauchen die Hilfe ihrer Partner im Norden für die Beschleunigung der weitreichenden Reformprogramme, um die Wachstumsziele zu erreichen und sozialer Ungleichheit abzuhelfen.

Ein anderer politisch und wirtschaftlich destabilisierender Faktor im Süden ist der Rüstungswettlauf als Folge des arabisch-israelischen Konflikts. Sollte sich der Friedensprozeß verfestigen, muß der Rüstungswettlauf und das Machtungleichgewicht beendet werden, um diese keimende Entwicklung in Gang zu halten. Die nukleare Proliferation markiert eine der größten Gefahren für Sicherheit und Stabilität im Nahen Osten und in der gesamten Mittelmeerregion. Ägypten glaubt, daß Nuklearwaffen den internationalen und regionalen Frieden bedrohen und gegen die Grundsätze der Menschenrechte verstoßen. Unser Land hat zahlreiche Anstrengungen unternommen, um Afrika und den Nahen Osten vor der nuklearen Gefahr zu bewahren: Ägypten nahm mit anderen afrikanischen Staaten aktiv an der Erklärung teil, den afrikanischen Kontinent für nuklearwaffenfrei zu erklären, in Antwort auf die Forderung des ersten Afrika-Gipfels in Kairo im Jahr 1964. Ägypten zählte zu den ersten Unterzeichnerstaaten des Nonproliferationsvertrages. Seit 1974 hat Ägypten zur Schaffung einer nuklearwaffenfreien Zone im Nahen und Mittleren Osten aufgerufen. Im April 1990 präsentierte der ägyptische Präsident Mubarak seine Initiative, im Nahen und Mittleren Osten eine Zone einzurichten, die frei von sämtlichen ABC-Massenvernichtungswaffen sein soll.

Das Thema Nuklearrüstung im Nahen Osten gibt für Ägypten weiterhin Anlaß zur Besorgnis. Die Existenz eines Nuklearprogramms außerhalb des Nichtverbreitungsregimes an unserer unmittelbaren Ostgrenze - in Israel - konfrontiert uns mit einer höchst gefährlichen Situation. Andauernde Zweideutigkeiten um das israelische Nuklearprogramm würden zu einer Proliferation von Massenvernichtungswaffen in der Region führen und könnten leicht den Grundstock zu einem neuen regionalen Wettrüsten mit schwerwiegenden Auswirkungen legen. Ägyptens Bekenntnis zu einem umfassenden Frieden im Nahen Osten und folglich im Mittelmeerraum steht außer Frage. Wir glauben, daß die Stabilität in der Region angesichts sicherheitspolitischer Ungleichgewichte keinen Bestand haben kann. Der Nahe Osten durchlebt eine historische Periode äußerster Bedeutung, in der die Grundlagen künftiger friedlicher Beziehungen in der Region gelegt werden. Dies kann nicht erreicht werden, wenn einer Partei auf Kosten einer anderen ein privilegierter Status eingeräumt wird. Ich glaube, daß Europa eine bedeutsame Rolle spielen kann, indem es dazu beiträgt, einen von Nuklearwaffen freien Nahen Osten zu schaffen, wo Sicherheit, Stabilität und Frieden für alle garantiert sind.

Der Umweltschutz ist eine andere bedeutende Herausforderung. Das Mittelmeer ist eines der am meisten verschmutzten Meere in der Welt, da aufgrund seiner natürlichen Beschaffenheit eine angemessene Wasserzirkulation behindert ist. Das Becken ist Verschmutzung aus zahlreichen Quellen ausgesetzt wie Öl, Industrieabfällen, Düngemitteln und Pestiziden ebenso wie Abwässern, die meist gar nicht oder nur teilweise geklärt in das Mittelmeer abgelassen werden. Die Bevölkerungsexplosion und die Geschwindigkeit der Urbanisierung belasten die natürliche Umwelt in nachhaltiger Weise: Luftverschmutzung, die Erosion von Ackerfläche wegen des Wachstums der Städte, die Ausbreitung der Wüste sowie der Überverbrauch natürlicher Ressourcen.

Um das Mittelmeer vor einem ökologischen Desaster zu bewahren, glaubt Ägypten, daß unverzüglich kollektive Anstrengungen unternommen werden müssen, um die betreffenden Probleme der Region zu untersuchen und ein Notprogramm zur Rettung des Beckens auszuarbeiten.

Ägypten hat eine etwa tausend Kilometer lange Küstenlinie am Mittelmeer und eine einzigartige Lage im Becken. Der Suez-Kanal ist die einzige Seeverbindung zwischen dem Mittelmeer und dem Roten Meer. Hierdurch führt der kürzeste Weg von Europa zum Persischen Golf ebenso zum Fernen Osten, wohin die Strecke um 9000 Kilometer im Vergleich zur Kap-Route abgekürzt wird. Die Lage Ägyptens hat das Land stets einer sorgfältigen Beobachtung durch die Großmächte unterworfen. Seit der Morgendämmerung der Geschichte hat Ägypten aufgrund seiner strategischen Position eine maßgebliche Rolle in jeder das Mittelmeer betreffenden Entwicklung gespielt, ebenso wie im politischen, wirtschaftlichen und kulturellen Leben des Nahen Ostens und Afrikas. Unser Land stand hinter der Errichtung und Vorbereitung vieler regionaler und internationaler Organisationen wie z.B. die Arabische Liga (1945), die Blockfreien-Bewegung (1955), die Organisation für Afrikanische Einheit (1963), die Organisation der Islamischen Konferenz (1968) und viele andere.

Die Mittelmeerpolitik gehört zu den allerersten Prioritäten der ägyptischen Außenpolitik, weil das Becken als eine Zone vitalen Interesses eingestuft wird. Wir erkennen, daß das Heraufziehen eines neuen Abschnitts in den internationalen Beziehungen auf der Basis von Kooperation und Dialog - nicht Konfrontation und Konflikt - positive Auswirkungen auf den Mittelmeerraum haben sollte. Im Dezember 1991 besuchte Präsident Mubarak das Europäische Parlament. Er kündigte eine Initiative an, die die Kooperation im Mittelmeerbekken betraf, und rief dazu auf, wie er es nannte, ein „Forum für Dialog und Kooperation im Mittelmeerraum“ zu gründen, das dem Dialog auf allen Gebieten, ob auf Regierungs- oder Nichtregierungsebene, dienen soll. Der Hauptzweck des Forums bestünde darin, neue Horizonte der Kooperation innerhalb des Beckens und darüber hinaus zu eröffnen. Ägyptens Sicht der Aufgaben des Forums ist weitreichend genug, um alle Felder gemeinsamen Interesses einzuschließen, ehrgeizig genug, um tief in die Zukunft zu blicken, sowie realistisch genug, um spürbare Resultate zu erzielen.

Ägypten hat die Entscheidung der Europäischen Union zum Ausbau der Mittelmeerpolitik begrüßt, die auf dem Europäischen Gipfeltreffen in Lissabon im Juni 1992 bekanntgegeben wurde. Die Europäische Kommission hat zu diesem Thema im Jahr 1994 einen Bericht vorgelegt und empfohlen, eine neue euro-mediterrane Partnerschaft zu begründen als langfristige Strategie im Hinblick auf eine Zone der Stabilität, Sicherheit und nachhaltigen wirtschaftlichen Entwicklung im Mittelmeerraum. Der Essener Gipfel im Dezember 1994 hat den Bericht angenommen und für das Jahr 1995 eine Mittelmeerkonferenz in Aussicht genommen. An der Vorbereitung der Barcelona-Konferenz (November 1995) hat Ägypten aktiv teilgenommen. Kairo empfing die Delegation der EU-Troika, welche die Mittelmeerländer im April und Mai 1995 bereiste, um die erste euro-mediterrane Konferenz vorzubereiten; und wir drückten unsere entschiedene Unterstützung aus zugunsten der drei Säulen der Kooperation in der vorgeschlagenen Erklärung zur Kooperation.

Die ägyptischen Anregungen wurden in der Abschlußerklärung von Barcelona angemessen berücksichtigt, die einen Markstein in der Geschichte der Beziehungen zwischen Europa und den Mittelmeerländern darstellt. Die Erklärung ist sehr ausgewogen und stimmt mit den Haupttendenzen der ägyptischen Politik überein. Wir sehen sie als einen guten Beginn einer ausgedehnten euro-mediterranen Kooperation im Sinne des allseitigen Interesses, eine Zone des Friedens, der Stabilität und des Wohlstandes sowie des kulturellen

Verständnisses zu schaffen. Nach unserer Auffassung wird die in der Barcelona-Erklärung in Aussicht genommene Kooperation den Entwicklungsprozeß in den Mittelmeerländern fördern und dazu beitragen, viele Ursachen von Spannung und Agitation abzubauen, die die gesamte Region bedrohen wie Terrorismus, Radikalismus, organisiertes Verbrechen usw.

Meine Ausführungen will ich mit einigen persönlichen Gedanken schließen, wie die gegenwärtigen und künftigen Mittelmeerprobleme am wirkungsvollsten angegangen werden können. Es ist in unserem Zusammenhang wesentlich, sich daran zu erinnern, daß die Bewohner des Mittelmeerraumes vor einem gemeinsamen Schicksal stehen. Unsere gemeinsamen Interessen verlangen deswegen, daß wir jedem Antagonismus entgegenwirken ebenso wie Furcht und Ignoranz, die gelegentlich die Beziehungen zwischen den beiden Ufern des Mittelmeers kennzeichnen. Wir benötigen dringend mehr Kooperation und Verständnis. Es ist erforderlich, daß Europa eine maßgebliche Rolle bei der Beschäftigung mit den Problemen der südlichen Mittelmeernationen spielt. Eine solche Rolle kann nur wahrgenommen werden, wenn sich auf europäischer Ebene ein starker politischer Wille festigt. Die europäischen Regierungen und Massenmedien können dazu beitragen, das Bewußtsein der Europäer für die Probleme des Mittelmeerraumes und die Dringlichkeit, sich ihrer anzunehmen, zu schärfen.

Trotz bedeutender Finanzhilfen Europas für die südlichen Mittelmeerländer ist zu betonen, daß Europa aktiver als bisher den technologischen und wissenschaftlichen Fortschritt in den südlichen Mittelmeerländern fördern sollte. Die Schließung der technologisch-wissenschaftlichen Kluft zwischen Europa und den südlichen Mittelmeerländern ist eine wichtige Voraussetzung für die erfolgreiche Durchführung von Wirtschaftsreformen. Kooperation in Sicherheitsfragen ist ebenfalls von größter Wichtigkeit. Ägyptens Aufruf, eine Zone frei von Massenvernichtungswaffen zu schaffen, kann sich nur positiv auf die Sicherheit des Mittelmeers und damit Europas auswirken.

Unter der europäischen Bevölkerung muß das Verständnis des Islam und der arabischen Welt verbessert werden. Hierdurch würde den Europäern bewußt, wie viele Wertvorstellungen sie mit den südlichen Mittelmeervölkern teilen. Die europäischen Massenmedien können eine konstruktivere Rolle dabei spielen, ein besseres Verständnis des Islam zu fördern. Die Identifizierung des Terrorismus mit dem Islam, wie es in Europa vielfach dargestellt wird, muß korrigiert werden. Terrorismus ist eine universelle Erscheinung, die der Islam scharf verurteilt. In dieser Hinsicht bin ich durch die Ankündigung von Bundesaußenminister Kinkel angenehm berührt, daß die „Europa/Islam-Konferenz“ immer noch auf der Tagesordnung steht und in absehbarer Zukunft stattfinden wird. Dies wäre ein positiver Schritt, das Verständnis zwischen Europa und dem Islam auszubauen und den sogenannten „Kampf der Kulturen“ zu vermeiden. Lassen Sie mich zum Abschluß Rudyard Kipling zitieren: „Osten ist Osten, und Westen ist Westen, und niemals werden die beiden zusammenkommen“ - im Gegensatz zu dem, was Goethe sagte: „Wer sich selbst und andre kennt / Wird auch hier erkennen: / Orient und Occident / Sind nicht mehr zu trennen.“

Ioannis Bourloyannis-Tsangaridis
Botschafter der Griechischen Republik
(30. Januar 1996)

Das Mittelmeer ist immer ein Raum des friedlichen Handelsverkehrs und der Begegnung der Kulturen, aber auch der Kolonisierung und der Religionskriege gewesen. Die strategische Bedeutung der Seewege und später des Erdöls im Nahen Osten rief die Großmächte auf den Plan. Nach dem Zweiten Weltkrieg wurde der Ost-West-Konflikt auf den Mittelmeerraum projiziert. Nach der Wende von 1989 und dem Fall des Kommunismus stellt sich die Frage, ob man jetzt im Mittelmeer einem Nord-Süd- bzw. einem religiös-kulturellen Konflikt gegenübersteht. Der Golfkrieg im Jahr 1991 und die Entwicklungen in Algerien seit 1992 haben die Tatsache in den Vordergrund gestellt, daß ein großes Konfliktpotential in der Region existiert. Daher erscheint es als wichtige Aufgabe der EU, den Frieden, den Wohlstand und die Zusammenarbeit mit den Staaten rund um das Mittelmeer zu fördern. Wie Außenminister Kinkel zutreffend sagte, es „darf zu keiner religiösen oder kulturellen Spaltung der Welt kommen. Das würde uns bei der Lösung der globalen Herausforderungen weit zurückwerfen."

Das Mittelmeer ist seit der Antike eines der wichtigsten Aktionsfelder der Griechen. Die ersten Kolonien vom Schwarzen Meer bis nach Gibraltar wurden von Griechen gegründet. Griechische Schiffe befuhren das Mittelmeer und brachten Völker und Kulturen näher zueinander. Die griechischen Gemeinden in fast allen Mittelmeerländern - nicht nur im Osmanischen Reich, sondern auch im westlichen Kern, z.B. Triest, Venedig, Marseille usw. - haben dort wesentlich zur gesellschaftlichen Entwicklung beigetragen. Ohne Übertreibung kann festgestellt werden, daß das Mittelmeer zum Selbstverständnis der Griechen, zu ihrer offenen Kultur, zu ihrem menschennahen und menschenfreundlichen Wesen gehört.

Im Gegensatz zu den Staaten des nördlichen Mittelmeers, zu deren wesentlichen Merkmalen Demokratie und Marktwirtschaft gehören, sind die politischen Systeme der anderen Mittelmeerstaaten überwiegend durch unterschiedliche politische Strukturen und Traditionen gekennzeichnet. Die meisten Länder des südlichen Mittelmeerraumes gehören zum arabischen Kulturkreis. Der Kampf für die arabische Befreiung hat nicht zu einem vereinten arabischen (National-)Staat geführt, sondern zu einer Fragmentierung der Region in mehrere Staatsgebilde. Das Ergebnis der zwischenarabischen Konflikte war ein Alleingang der arabischen Staaten in ihrer Außenpolitik sowie mangelnde Kooperations- und Integrationsfähigkeit untereinander. Gelegentliche Einigungsversuche haben zu nichtlebensfähigen Gebilden geführt, die innerhalb kurzer Zeit aufgelöst wurden. Die in den letzten Jahren erreichte politische Annäherung der fünf Maghrebstaaten (Marokko, Mauretanien, Algerien, Libyen, Tunesien) und die Gründung der Maghreb-Union sind eher als Antwort auf zunehmende interne und außenwirtschaftliche Probleme und den europäischen Einigungsprozeß zu verstehen.

In der Region schwelen nach wie vor hochbrisante Konflikte: Von der türkischen Besetzung eines großen Teils des souveränen Territoriums von Zypern über den keineswegs ruhigen Nahen Osten bis zum algerischen Bürgerkrieg und zur Kurdenfrage. Im folgenden sollen einige dieser Konflikte herausgegriffen werden.

Der gleichzeitige Anspruch des palästinensischen und des jüdischen Volkes auf das Gebiet des heutigen Staates Israel hat sich zu einem vorrangigen Problem in der Region entwickelt. Nach jahrelanger gewalttätiger Auseinandersetzung ist der Weg zu einer einvernehmlichen Lösung des Palästinenser-Problems beschritten worden. Viele Fragen sind jedoch noch ungelöst, die Erwartungen beider Seiten noch nicht in Erfüllung gegangen. Der arabisch-israelische Konflikt stellt über die Palästinenser-Frage hinaus einen der Hauptgründe für die Instabilität in der Region dar. Der Rückzug Israels aus dem Golan und die Beteiligung Syriens am Friedensprozeß sowie die innere Befriedung des Libanon sind wichtige Elemente einer friedlichen Lösung.

Ein weiterer wichtiger Faktor für die Instabilität des Mittelmeerraumes ist das ungelöste Zypernproblem. Zwei Punkte sind hierbei besonders wichtig. Erstens handelt es sich in Zypern um Invasion, Besatzung und „ethnische Säuberung“, also um jene Prinzipienverletzungen, über die sich die internationale Gemeinschaft im ehemaligen Jugoslawien empört hat. Zweitens stellt das immer noch ungelöste Zypernproblem nach den Worten von Bundeskanzler Kohl einen Anachronismus dar. Es ist unannehmbar, daß Europa und die internationale Gemeinschaft nach der Auflösung des Warschauer Paktes und der Wiedervereinigung Deutschlands, dem angefangenen Friedensprozeß im Nahen Osten, der Wahl eines schwarzen Präsidenten in Südafrika und der Annäherung der Konfliktparteien in Nordirland dem Drama auf Zypern kein Ende setzen kann.

Unsicherheit führt zu einem Rüstungswettbewerb zwischen den Mittelmeerstaaten, der die produktive Verwendung von Ressourcen wesentlich behindert. Auf der anderen Seite gefährdet die massive konventionelle Aufrüstung einzelner Staaten die regionale Stabilität, und Europa gerät durch die Anhäufung von Massenvernichtungswaffen und Trägersystemen in die Reichweite strategischer Waffen. Mit dem italienischen Vorschlag einer - zur KSZE analogen - „Konferenz über Sicherheit und Zusammenarbeit im Mittelmeerraum“ (KSZM) und der französischen „Fünf-plus-Fünf“-Gesprächsinitiative (Frankreich, Italien, Spanien, Portugal, Malta, Mauretanien, Marokko, Algerien, Tunesien, Libyen) gab es zwar bisher einige europäische Kooperationsansätze, die diesen Aspekt berücksichtigten. Der KSZM-Vorschlag war aber zu komplex, um ernsthaft umgesetzt werden zu können. Eine direkte Einbeziehung von Mittelmeerländern in den KSZE-Prozeß war auch nicht möglich.

Bei aller Instabilität in der Region kann nicht ernsthaft behauptet werden, daß von dort eine strategische Drohung („threat") für die Sicherheit Europas ausgeht, obwohl mit erheblichen Sicherheitsrisiken zu rechnen ist. Jede Art von Konflikt ist in dieser Region vorhanden. Europa ist keine Festung, es ist der Außenwelt offen. Seine Grenzen werden zwar bewacht, unpassierbar sind sie jedoch nicht. Konflikte und Probleme außerhalb des europäischen Kontinents können durchaus Europa gefährden. Zu den strategischen Risiken des Mittelmeerraumes zählen im einzelnen:

- Bevölkerungswachstum und Migration: Zwischen den Jahren 1990 und 2000 wird die Bevölkerung der südlichen Mittelmeerstaaten mindestens um 20 Prozent, d.h. um fünfzig Millionen Menschen anwachsen. Wegen dieses Bevölkerungswachstums sind die Staaten nicht in der Lage, ihre Bevölkerung zu ernähren bzw. für jeden Staatsbürger eine angemessene Beschäftigung zu garantieren. Auf der anderen Seite hindert die hohe Arbeitslosigkeit insbesondere junge Menschen daran, eine Existenzgrundlage aufzubauen. Es kann also zu einer Migrationswelle nach Europa kommen, die einer Völkerwanderung gleichkäme.
- Islamischer Fundamentalismus: Alle Staaten des südlichen Mittelmeers sind von einem Zuwachs religiösen Einflusses betroffen. Es handelt sich dabei nicht nur um eine religiöse Wertorientierung eines wachsenden Teils der Gesamtbevölkerung, sondern um den Anspruch einiger Gesellschaftsgruppen, die gesamte Staatsführung zu übernehmen und das oberste islamische Gesetz, die Scharia, als einzigen Handlungsmaßstab des politischen und sozialen Lebens einzuführen. Dieser Anspruch, zusammen mit der inhärenten Tendenz solcher Gruppen, ihre Sichtweise zu exportie-

ren, stellt eine große Gefahr für die innere Stabilität der Mittelmeerländer dar. Der Islam an sich kann nicht als Gefahrenquelle eingestuft werden. Gefährlich ist die Machtergreifung durch extremistische Gruppierungen, die die Gesellschaft totalitär zu organisieren versuchen und antiwestliche Ressentiments unter der Bevölkerung nähren.

- Terrorismus: Terrorismus ist eines der größeren Übel unserer Zeit, zumal er alle Mittel benutzt, um seine Ziele zu erreichen. Der Nahe Osten und der Mittelmeerbereich gehören zu den am meisten von Terrorismus gefährdeten Gegenden; gleichzeitig gehört die Region zu den wichtigsten Quellen von Terrorismus.
- Drogen und Kriminalität: In den Anrainerstaaten des Mittelmeers floriert die Produktion von und der Handel mit Drogen. Indem der traditionelle Weizenanbau keinen wesentlichen Ertrag mehr bringt, verspricht man sich von Drogen einen hohen Gewinn, der sich durch den Einsatz des eigenen Lebens erwirtschaften läßt.
- Wasser: Der Mangel an Wasser hat eine besondere Bedeutung für das Überleben der Staaten der Region. Der Kampf ums Wasser kann sich als gefährlich erweisen, weil der Kampf um eine angemessene Wasserversorgung aller Länder der Region unumgänglich ist. Im Mittleren Osten spielt Wasser eine enorm wichtige Rolle für die Sicherheit, Stabilität und wirtschaftliche Entwicklung, insbesondere für Pflanzenbau und Agrarproduktion.
- Dürre und Verwüstung: Der Bevölkerungszuwachs, der Mangel an Wasser und das Fehlen von umweltschonenden Entwicklungsprogrammen sowie die Nachbarschaft zur Sahel-Region haben unter anderem zur Folge, daß das Land nicht mehr bebaubar ist, die Pflanzendeckung geschwächt und die Pflanzenentwicklung behindert wird.
- Umweltschutz: Das Mittelmeer läuft Gefahr, noch schmutziger zu werden, wenn die Bemühungen um seine Reinhaltung nicht an allen Ufern gesteigert werden.

- Soziale Not und schwache wirtschaftliche Strukturen sind wesentliche Merkmale der meisten Mittelmeeranrainerstaaten. Es bestehen erhebliche Einkommens- und Entwicklungsunterschiede zwischen den Staaten der Region, und das Wohlstandsgefälle zwischen Nord- und Südmittelmeerländern ist erheblich. Bei unvermindertem Bevölkerungswachstum reicht das wirtschaftliche Wachstum in den meisten Ländern nicht aus, um Arbeitsplätze zu schaffen und den Lebensstandard zu sichern, geschweige denn zu erhöhen. Es wird von zunehmender Bedeutung sein, daß alle Mittelmeerländer unter dem Druck der internationalen Finanzinstitutionen und im Hinblick auf eine verbesserte Integration in die Weltwirtschaft weitgehende Wirtschaftsreformprogramme verfolgen. Nach dem Scheitern der staatswirtschaftlichen Experimente öffnen sich diese Länder für Importkonkurrenz und versuchen, die staatlichen Eingriffe in den Wirtschaftsablauf zu reduzieren. Die Strukturanpassungspolitik verlangt jedoch Opfer: Arbeitsplätze werden abgebaut, Betriebe entstaatlicht, Kürzungen im Staatsbudget vorgenommen.

Die grundlegenden Veränderungen in Europa nach 1990 haben das Mittelmeer in den Vordergrund des politischen Interesses in der EU gerückt. Vitale Interessen der Mitgliedstaaten wären direkt berührt, wenn es hier zu einer Destabilisierung käme. Die weitgehende Globalisierung und der Zusammenhang zwischen politischen, wirtschaftlichen, sozialen und kulturellen Entwicklungen in der Welt erlauben es keinem Staat oder Region, vom Geschehen in anderen Staaten oder Regionen der Welt unberührt zu bleiben. Die EU ist besorgt über die anhaltenden Spannungen in der Mittelmeerregion und hat ihre Bereitschaft erklärt, mit friedlichen Mitteln zu gerechten und dauerhaften Lösungen offener Fragen auf der Grundlage der OSZE-Prinzipien beizutragen. Die verstärkte Zusammenarbeit der EU mit den Staaten des südlichen Mittelmeerraumes wird mit dem Ziel fortgesetzt, die wirtschaftliche und soziale Entwicklung zu fördern und dadurch die Stabilität in der Region zu erhöhen. Zu diesem Zweck werden sich die EU-Staaten gemeinsam mit diesen Ländern bemühen, das gegenseitige Wohlstandsgefälle zu verringern.

Man hat in verschiedener Weise an die Probleme des Mittelmeerraumes und die Kooperation zwischen Europa und den Mittelmeerländern heranzugehen versucht. Innerhalb von NATO und WEU werden die Sicherheitsprobleme dieser Region analysiert und Methoden zu ihrer Bewältigung gesucht. Auf multilateraler Basis wurden darüber hinaus verschiedene Initiativen ergriffen, die jedoch bisher zu keinem konkreten Ergebnis geführt haben. Von besonderer Bedeutung ist meines Erachtens das Mittelmeerforum, das aus einer französisch-ägyptischen Initiative des Jahres 1993 hervorgeht und dem die Mittelmeerstaaten der EU sowie Marokko, Algerien, Tunesien, Ägypten, die Türkei und Malta angehören. Es ist das einzige bisher institutionalisierte Organ und hat zum Ziel, die Modalitäten der euro-mediterranen Zusammenarbeit zu koordinieren. Durch einen informellen, freien politischen Dialog und Meinungsaustausch in den Bereichen von Wirtschaft und Kultur wird versucht, sich über die allgemeinen Stabilitätsbedingungen Klarheit zu verschaffen.

Der Gedanke an eine europäische Mittelmeerpolitik ist nicht neu und geht auf die frühen sechziger Jahre zurück, als die EWG-Assoziierungsabkommen mit Griechenland und der Türkei abgeschlossen wurden. 1972 wurde eine „globale Mittelmeerpolitik“ angenommen, die auf der Basis bilateraler Kooperationsabkommen Handelserleichterungen und Finanzierungshilfen vorsah. Seit 1990 unternimmt die EG den Versuch, ihre Mittelmeerpolitik umfassend zu gestalten, indem sie alle politischen, wirtschaftlichen, sozialen und kulturellen Aspekte berücksichtigt. Diese „neue Mittelmeerpolitik“ der EU/EG verfolgt die folgenden Ziele:

- Erstens, die politische Instabilität im Mittelmeerraum zu verringern.
- Zweitens, die Mittelmeerländer an Europa zu binden.
- Drittens, den Mittelmeerländern zu helfen, ihre wirtschaftlichen und sozialen Probleme erfolgreich zu bewältigen, d.h. soziale Not und schwache wirtschaftliche Strukturen zu überwinden.
- Viertens, die Möglichkeiten zum gegenseitigen Handel zu verbessern. Trotz der vorgesehenen Handelsliberalisierung blieben der Agrarhandel und für diese Länder wichtige Industriesektoren - z.B. der Textilsektor - von der Liberalisierung ausgenommen.
- Fünftens, die Absorptionsfähigkeit dieser Länder beim Einsatz von EU-Finanzmitteln zu steigern.
- Sechstens, die Notwendigkeit, den Gefahren entgegenzuwirken, die von dieser Region ausgehen. Dies verlangt eine Politik, die keine Symptombehandlung betreibt, sondern bei den Ursachen der Probleme ansetzt. Die Verbesserung der Lebensbedingungen für die Menschen in diesen Ländern und die Förderung der zwischenstaatlichen Kooperation wird den Migrationszustrom anhalten und die Menschen ermutigen, in ihrer Heimat zu bleiben.
- Siebtens, wird die Mittelmeerpolitik zum politischen Gleichgewicht innerhalb der EU beitragen und einen innergemeinschaftlichen Nord-Süd-Konflikt vermeiden: Die europäischen Mittelmeerländer verlangen nämlich eine balancierte Interessengewichtung der EU zwischen Mittel- und Osteuropa einerseits und dem Mittelmeer andererseits.

Um die „neue Mittelmeerpolitik" zu verwirklichen, stehen folgende Mittel zur Verfügung:

- Erstens, die weitere Liberalisierung des Handels mit den Mittelmeerländern.
- Zweitens, die Finanzierung: Es wird dabei wie folgt unterschieden: (a) Bilaterale Finanzierungsprotokolle zur Förde-

rung der Ernährung, Entwicklung der Industrie und zum Schutz der Umwelt; (b) Unterstützung der Strukturanpassungsprogramme, die diese Länder mit Hilfe der internationalen Finanzinstitutionen angenommen haben; (c) „horizontale“ Finanzierung zur Verwirklichung gemeinsamer Programme, zur Entwicklung von Menschenpotential und zur Förderung von Unternehmensgründungen.

Die „globale Mittelmeerpolitik“ sowie die „neue Mittelmeerpolitik“ konzentrieren sich hauptsächlich auf den westlichen Teil des Mittelmeerraumes - den Maghreb. Bis Anfang der neunziger Jahre wurden die Möglichkeiten der EG gering eingeschätzt, im konfliktträchtigen Osten des Mittelmeerraumes einen bedeutenden Einfluß auszuüben. Deswegen waren auch die Ergebnisse des euroarabischen Dialogs eher dürftig. Das Ende einer jahrzehntelangen ideologischen und machtpolitischen Auseinandersetzung zweier Blöcke und der Übergang vom Industrie- ins Informationszeitalter haben den Aktionsradius der EU erweitert. Durch die neuen Entwicklungen ist den politisch Verantwortlichen in der EU klargeworden, daß man über die komplexen Probleme und Herausforderungen des Mittelmeerraumes nur durch eine Gesamtstrategie Herr werden kann. Es kann nicht im europäischen Interesse sein, daß die Ost- bzw. die Südgrenze auf Dauer eine Grenze zwischen Arm und Reich bleibt. Europa hat hier erhebliche wirtschaftliche und kulturelle Interessen. Die Vollendung des Schengen-Abkommens macht eine übergreifende europäische Politik gegenüber den Mittelmeerländern notwendig.

Die Treffen des Europäischen Rates von Lissabon (1992), Korfu und Essen (1994) haben die Weichen für ein breit angelegtes Konzept der europäischen Mittelmeerpolitik gestellt. Der Europäische Rat von Cannes (Juni 1995) spricht von einer „neuen Dimension der Beziehungen zwischen der EU und ihren Partnern im Mittelmeerraum“. In seiner „Position“

zur Mittelmeerkonferenz von Barcelona formulierte der Europäische Rat den Standpunkt der EU zur Mittelmeerpolitik in folgender Weise:

> „Die EU ist entschlossen, ein dauerhaftes Schema für die Beziehungen zu den anderen Mittelmeerländern im Zeichen der Partnerschaft festzulegen. Eine ehrgeizige Kooperationspolitik im Süden ist das Gegenstück zur Politik der Öffnung nach Osten und verleiht den außenpolitischen Maßnahmen der EU ihre geopolitische Geschlossenheit ... [Die EU] hat sich zum Ziel gesetzt, Stabilität und Wohlstand im Mittelmeerraum zu gewährleisten. Zu diesem Zweck ist die EU bereit, diese Länder bei ihren Bemühungen, die Region schrittweise zu einem Gebiet des Friedens, der Stabilität, des Wohlstands und der Zusammenarbeit zu machen, zu unterstützen und hierzu eine Europa-Mittelmeer-Partnerschaft zu gründen. Dies erfordert einen politischen Dialog, eine dauerhafte und ausgewogene wirtschaftliche und soziale Entwicklung, die Bekämpfung der Armut und ein besseres Verständnis zwischen den Kulturen durch Stärkung der menschlichen Dimension im Austausch zwischen den beiden Regionen."

Die Konferenz von Barcelona (27. bis 29. November 1995) bringt die Diskussion über die europäische Mittelmeerpolitik zum Abschluß: Es wird eine neue interregionale Partnerschaft gegründet, die die bisherigen Kooperationsabkommen der EU mit den Mittelmeerländern ergänzt, und ein Dialog über alle wichtigen politischen, sicherheitspolitischen, wirtschaftlichen, sozialen und kulturellen Fragen eingeleitet. Hierzu zählen insbesondere die Förderung rechtsstaatlicher und demokratischer Prinzipien, die Achtung der Menschenrechte und die Vereinbarung vertrauensbildender Maßnahmen. Auch die gemeinsame Bekämpfung von Terrorismus, Drogenhandel, internationalem Verbrechen und illegaler Immigration wird ein Schwerpunkt der künftigen Zusammenarbeit sein.

Die Förderung gegenseitiger Handelsbeziehungen sowie die Stärkung der regionalen wirtschaftlichen Zusammenarbeit ebnet bis zum Jahre 2010 den Weg zur Gründung einer Freihandelszone für Industriegüter und zur Erleichterung des Marktzugangs in den EU-Binnenmarkt für Agrarerzeugnisse aus den Mittelmeerländern. Angemessene Maßnahmen hinsichtlich der Wettbewerbspolitik sowie zum Schutz des geistigen Eigentums sollten ergriffen werden, die Priorität bei der Modernisierung der Wirtschafts- und Sozialstrukturen dem Privatsektor eingeräumt werden. Kernelement der Kooperation sind die bereits im Gipfel von Cannes bewilligten Finanzhilfen zur Modernisierung der Wirtschaft der südlichen Mittelmeeranrainer, die sich auf 4,6 Milliarden ECU belaufen.

Es fragt sich nun, wie sich dieses Mittelmeerkonzept entwickeln wird. Auf folgende Fragen bzw. Faktoren kommt es an: (a) Ob es der EU gelingt, im Rahmen der Gemeinsamen Außen- und Sicherheitspolitik eine gemeinsame Position gegenüber den einzelnen Mittelmeerländern und der gesamten Region einzunehmen; (b) ob die EU insgesamt eine weltoffene Richtung einnimmt, oder ob sie sich zu einer „Festung Europa" entwickelt; (c) ob als Folge der Osterweiterung genug Ressourcen für den Mittelmeerraum übrigbleiben; (d) ob es der EU gelingt, sich - vor allem in den Bereichen Reform der Agrarpolitik und Währungsunion - an veränderte globalwirtschaftliche Strukturen erfolgreich anzupassen; (e) ob die Mittelmeerländer bei der Modernisierung ihrer politischen, wirtschaftlichen und sozialen Strukturen erfolgreich sein werden; (f) ob sich der Friedensprozeß im Nahen Osten als lebensfähig erweist.

Griechenland hat ein berechtigtes außenpolitisches Interesse an der Mittelmeerregion, und es besteht eine sicherheitspolitische und ökonomische Interdependenz zwischen Griechenland, den sonstigen Staaten Europas und dem Mittelmeerraum. Die Beziehungen zwischen Griechenland und dem

Mittelmeer beruhen auf dem, was ich als den mediterranen Faktor bezeichnen möchte. Nach alter Überlieferung sagte Pompeius, als er dieses Meer sah: „Navigare necessarium est, vivere non est necessarium." Dieses Meer war und ist eine der bedeutendsten Handelsrouten der Welt, es verband und verbindet Völker und Kulturen, es ermöglicht eine kosmopolitische Lebensweise und einen interkulturellen Dialog, der die nationalen und religiösen Grenzen überwindet.

Die Griechen waren und sind ein nicht mehr wegzudenkender Bestandteil dieser Region. In fast jedem Mittelmeerland existierten bis Anfang der sechziger Jahre und teilweise darüber hinaus griechische Gemeinden, die das wirtschaftliche und kulturelle Leben dieser Länder prägten. Auch wenn die politischen Entwicklungen für die dort lebenden Griechen verhängnisvoll wurden, lebt immer die Erinnerung an eine blühende Vergangenheit griechischen Wirkens fort. Hinzu kommt, daß Griechenland nie eine Kolonialmacht war. Die Erfahrung mit der griechischen Präsenz ist immer mit Menschen verbunden, nicht mit der Durchsetzung von staatlichen Machtinteressen. Außerdem brachte die griechische hauptsächlich kommerzielle Tätigkeit diesen Ländern Arbeitsplätze und Wohlstand. Griechische Verbundenheit mit der Region unterscheidet nicht nach Nationalität oder Religion.

Der Durchbruch in den Friedensgesprächen zwischen Israel und den Palästinensern wurde in Griechenland als einmalige Möglichkeit begrüßt, eine globale, dauerhafte und gerechte Lösung zu erreichen. Griechenland war immer der Auffassung, daß eine faire Lösung des Palästina-Problems zur eigenen Sicherheit des Staates Israel beitragen würde. Der Dialog muß jetzt fortgeführt werden, damit das auf dem Verhandlungstisch Erreichte in die Praxis umgesetzt wird. Auf der anderen Seite sollte die internationale Gemeinschaft und insbesondere die EU die Mittel zur wirtschaftlichen Entwicklung der autonomen Gebiete bereitstellen. Griechenland hat 167 Millionen Dollar zu diesem Zweck beigetragen. Griechenland hofft, daß die Friedensgespräche zwischen Israel und Syrien fortgesetzt und erfolgreich abgeschlossen werden.

Darüber hinaus hat Griechenland selbstverständlich ein großes Interesse an einem Beitrag der EU zur Lösung des Zypern-Problems. Seine Lösung wird ein Schritt zur Normalisierung im gesamten Ostmittelmeerraum sein. Inzwischen befindet sich Zypern nach dem Beschluß des Europäischen Rates vom 6. März 1995 auf Beitrittskurs. Es wäre gut, wenn dem Beitritt eine endgültige, faire und dauerhafte Lösung des Zypernproblems vorausgehen würde; eine Voraussetzung ist dies jedoch keinesfalls. Weiterhin befürwortet die griechische Regierung ein größeres und eigenständigeres Engagement der EU in Zypern. Noch ein Wort zur Rolle der Türkei. Die Türkei ist ein Land, das eine wichtige Rolle in der Region spielen könnte. Allerdings muß sie vorerst einige Probleme lösen. Wie der griechische Ministerpräsident Costas Simitis in seiner Regierungserklärung sagte, erkennt Griechenland die Notwendigkeit der Europaorientierung der Türkei an, wobei aber eine solche Perspektive direkt mit der Achtung der Menschenrechte, der demokratischen Prinzipien und der politischen Werte Europas verbunden sei. Er fuhr fort, daß die griechisch-türkischen Beziehungen weiterhin auf den Regeln des Völkerrechts und den internationalen Abkommen basieren und daß Griechenland entschlossen ist, seine Souveränität zu verteidigen.

Die griechische Präsidentschaft wirkte intensiv bei der Vorbereitung und Durchführung des Europäischen Rates von Korfu mit, der eine neue Phase der europäischen Mittelmeerpolitik eingeleitet hat. Der Europäische Rat von Korfu erteilte nämlich dem Ministerrat den Auftrag, gemeinsam mit der Kommission die gesamte Politik der EU im Mittelmeerraum zu bewerten und Vorschläge zur kurz- bzw. langfristigen Unterstützung dieser Politik zu unterbreiten. Griechenland tritt für eine balancierte Gestaltung der Außenbeziehungen der EU ein. Die Öffnung der EU nach Osten ist durch ihr

Engagement im Süden zu ergänzen; die EU sollte konkrete, realisierbare Verpflichtungen übernehmen. Unser vorrangiges Ziel ist die Schaffung einer mediterranen Gemeinschaft der Sicherheit und Stabilität. Es ist daher notwendig, (a) alle Probleme global anzufassen, (b) jedes einzelne Land nach eigenen Bedürfnissen und seiner Faktorausstattung gemäß zu behandeln und (c) Flexibilität beim Einsatz der Mittel zu bewahren. Die EU sollte ihre Stabilitätsfunktion im Mittelmeerraum fortsetzen. Eine unabdingbare Voraussetzung für den Ausbau der EU-Mittelmeerbeziehungen ist die Förderung demokratischer Strukturen und der Respekt von Menschen- und Minderheitenrechten. Stabilität und Sicherheit im Mittelmeerraum sind mit der wirtschaftlichen und sozialen Entwicklung verflochten und können nicht getrennt voneinander verwirklicht werden. Handelsliberalisierung allein kann nicht der Zweck der europäischen Mittelmeerpolitik sein. Dazu soll die angemessene Finanzierung von Entwicklungsprojekten sowie technische Hilfe und wirtschaftliche Zusammenarbeit hinzukommen. Zu den wirtschaftlichen Bedingungen einer euro-mediterranen Wirtschaftszone gehören die Handelsliberalisierung und die europäische Unterstützung zur makroökonomischen Stabilisierung und Anpassung. Die EU hat inzwischen Liberalisierungsabkommen mit Israel, Tunesien und Marokko abgeschlossen; der Abschluß von solchen Abkommen steht allen Staaten der Region offen. Zypern und Malta befinden sich seit dem Beschluß des Rates vom 6. März 1995 im Beitrittsprozeß.

Handelsliberalisierung und wirtschaftliche Integration zwischen den Ländern der Region werden zu ihrer Entwicklung erheblich beitragen. Dies soll aber schrittweise verwirklicht werden unter Berücksichtigung der inhärenten Probleme, die den Staaten der Region innewohnen. Es ist durchaus möglich, daß gewisse politische Regime durch übereilte Integrationsversuche zusammenbrechen. Im Bereich der Finanzierung bedürfen wir erhöhter und flexibler Mittel, die der jeweiligen

Situation in jedem einzelnen Land angepaßt werden können. Die Schaffung eines PHARE-ähnlichen Finanzierungsmechanismus wäre in diesem Zusammenhang zu empfehlen. Die Finanzierungszusammenarbeit würde Multiplikatoreffekte haben, wenn sie durch private und öffentliche Investitionen ergänzt würde. Dies erfordert jedenfalls, daß die Regierungen der Mittelmeerstaaten ihre Wirtschaftspolitik und -gesetzgebung so umgestalten, daß den Unternehmen die notwendigen Signale gegeben werden. Dies heißt unter anderem, daß Subventionen abgebaut, der staatliche Einfluß auf die Wirtschaft reduziert, der Wettbewerb ermutigt und die Repatriierung von Gewinnen erleichtert werden sollen. Insgesamt ist ein unternehmens- und investitionsfreundliches Klima unabdingbar.

Von großer Bedeutung ist die Zusammenarbeit im Humanbereich, d.h. die wissenschaftliche und technische Ausbildung von Menschen, der Transfer von technischem Wissen, der Austausch von Wissenschaftlern, der Kontakt zwischen Universitäten usw. Im Nachgang der Barcelona-Konferenz sollte man der Berufs- und der allgemeinen Ausbildung besondere Aufmerksamkeit schenken. Die wirtschaftliche Zusammenarbeit sollte sich zum Ziel setzen, den Ausbau von komplementären Strukturen zu unterstützen. Bekanntlich konkurrieren viele Mittelmeerprodukte mit europäischen Erzeugnissen, so daß der Handel durch Ausnahmeklauseln und protektionistische Maßnahmen behindert wird. Im Rahmen der Zusammenarbeit sollten die Produkte und Sektoren ausgesucht und gefördert werden, die der Faktorausstattung und den Kostenvorteilen jeder Region entsprechen. Großes Interesse verspricht weiterhin die Zusammenarbeit im Bereich der Industrie und der Forschung und Entwicklung. Dazu ist die gegenseitige Anpassung und Harmonisierung von Gesetzgebung und Verwaltungspraxis und die Ermöglichung freien Wettbewerbs erforderlich. Umwelt, Dienstleistungen, Transport, die Verwertung von Wasser- und Energieressourcen sind Bereiche, in denen die gegenseitigen Kooperationsmöglichkeiten selbstverständlich sind.

Hier ist zu unterstreichen, daß die Kostensenkung des innermediterranen Transports von ausschlaggebender Bedeutung für das Zustandekommen des euro-mediterranen Wirtschaftsraumes ist. Es ist daher erforderlich, die Regelungen hinsichtlich des Seetransports, der Einfuhr, Ausfuhr und der Zollabfertigung von Waren zu vereinheitlichen und zu koordinieren. Darüber hinaus wird die Ergänzung und Restrukturierung der bestehenden Seetransportlinien notwendig sein. Langfristig sollte man die Finanzierung von Projekten vorsehen, die die Verbesserung der Infrastruktur sowohl in den Mittelmeerhäfen als auch beim Zugang zum Binnenland bezwecken.

Inwieweit kann nun die Zugehörigkeit Griechenlands zur EU positive Auswirkungen auf die europäische Mittelmeerpolitik haben, und zwar in politisch-strategischer ebenso wie in wirtschaftlicher Hinsicht? Nach griechischer Vorstellung bildet das Mittelmeer einen einheitlichen strategischen Raum, von dem keine prinzipielle Bedrohung für die Sicherheit der EU ausgeht, potentielle Risiken jedoch nicht ausgeschlossen werden können. Ist im Westen der Region der Migrationsdruck groß, ist Terrorismus im Osten eine wesentliche Sorge. Im gesamten Mittelmeerraum machen soziale Not, schwache wirtschaftliche Strukturen und Umweltverschmutzung Überlegungen erforderlich, wie die Gefahren abzuwenden sind.

Der wirtschaftliche und soziale Aufbau der autonomen palästinensischen Gebiete wird in naher Zukunft ein besonderes Anliegen der EU sein. Griechenland ist das einzige Land im Ostmittelmeerraum, das der EU und gleichzeitig der NATO und der WEU angehört. Die ausgezeichneten Beziehungen Griechenlands zu Israel, den Palästinensern und zur arabischen Welt insgesamt verschaffen ihm eine Vermittlerposition, die es in die Lage versetzt, die Interessen und die Politik der EU gegenüber den Völkern und Staaten der Region wahrzunehmen und zu vertreten. Athen könnte seine Kontakte nicht nur zu den Kanzleien, sondern auch zu den Völkern der Region zu Verfügung stellen. Im militärischen Bereich ist Griechenland ein Knotenpunkt zur Gewährleistung der Schiffahrtsfreiheit im Ostmittelmeer. Die in Griechenland zu errichtenden NATO-Hauptquartiere - insbesondere das Seekommando - und die Beteiligung Griechenlands an der Schnellen Eingreiftruppe der NATO („Rapid Reaction Force") unterstreichen die Bedeutung des Landes für die Verteidigung des Westens und insbesondere die Offenhaltung der Meere.

Im wirtschaftlichen Bereich stellt der einheitliche Mittelmeer-Wirtschaftsraum für Griechenland aus folgenden Gründen eine große Herausforderung dar: Erstens wird der griechische Agrarsektor Verluste aufgrund der Konkurrenzsituation mit Agrarerzeugnissen aus dem Mittelmeerraum hinnehmen (z.B. Orangen, Mandarinen, Oliven, Öl, Wein, Tabak, Schnittblumen u.a.); man könnte allerdings versuchen, die Auswirkungen der gesteigerten Konkurrenz durch Verbesserung der Qualität und Differenzierung der eigenen Produkte, durch Erschließung neuer Märkte usw. zu mildern. Zweitens werden der griechischen Industrie, insbesondere im Textilsektor, erhebliche Schwierigkeiten durch Billigimporte aus den Mittelmeerländern erwachsen. Indes hat die griechische Textilindustrie bewiesen, daß sie durchaus imstande ist, in das Geschäft mit Qualitätsprodukten einzusteigen. Drittens werden angesichts der vorauszusehenden Kürzungen im EU-Budget die Ausgaben für die Mittelmeerpolitik den Zufluß von Finanzmitteln an Griechenland vermindern. Daraus ergibt sich, daß die griechische Wirtschaftspolitik ihren harten Anpassungskurs fortsetzen wird.

Griechenland stimmte trotz der zu erwartenden Schwierigkeiten einer weitgehenden Handelsliberalisierung gegenüber den Mittelmeerländern zu, einmal aus politischen Überlegungen, zum anderen weil aus der freien Wirtschaftszone auch erhebliche Vorteile für die Unternehmen zu erwarten sind. So verfügt Griechenland über die größte Handelsflotte der Welt, die modern und leistungsfähig ist; sie könnte einen großen Teil des intramediterranen Gütertransports übernehmen. Ferner verfügen griechische Baufirmen über große Erfahrungen im Mittelmeerraum; sie sind immer noch im Irak, in Syrien, Tunesien und Algerien tätig. Diese Unternehmen werden die Chancen wahrnehmen müssen, die ihnen die Mittelmeerpolitik trotz des erhöhten Wettbewerbsdruckes anbietet. Ebenso können griechische Dienstleistungs- und vor allem Touristikunternehmen erhebliche Vorteile erzielen. Schließlich sind die leistungsfähigen griechischen Banken aufgefordert, die Chancen des Mittelmeerraumes zu nutzen. Die Öffnung der EU gegenüber dem Mittelmeerraum und dem Balkan bedeutet nicht nur für den griechischen Privatsektor, sondern auch für die staatliche Wirtschaftspolitik eine Herausforderung. Der Staat trägt die Verantwortung für die Überleitung der Gesamtwirtschaft in neuere gesundere Strukturen. Außerdem soll der Staat durch eine gezielte sektorielle Politik den Unternehmen ermöglichen, ihre Chancen im neuen Markt wahrzunehmen.

Im Dezember 1995 schrieb der britische „Economist":

> „Es gibt etwas, was die Mittelmeeranrainer verbindet, und das ist die Angst. Europa hat Angst vor dem islamischen Fundamentalismus und dem Flüchtlingsstrom. Nordafrika und den Nahen Osten bedrückt die Angst, daß Europa seine Grenzen verschließen bzw. die Flüchtlinge zur Rückkehr zwingen könnte, wobei sich die Situation in den jeweiligen Ländern verschlimmern würde."

Die Frage ist, ob wir keine andere Alternative haben, als die Angst in unseren Begegnungen mit anderen Völkern und Menschen walten zu lassen. Ist es nicht Aufgabe der menschlichen Vernunft und der Politik, Auswege aus der Angst zu schaffen? Ich glaube, in den letzten Jahren haben wir sowohl in Europa als auch in der Welt große Schritte gemacht, um diese Angst abzubauen; die europäische Mittelmeerpolitik gehört zu diesen Schritten.

Samuel Huntington hat mit der Behauptung Aufruhr gestiftet, die zwischenstaatlichen Konflikte würden in der postmodernen Epoche nach dem Kalten Krieg von kulturellen Unterschieden geprägt; er hat vom „Kampf der Kulturen“ gesprochen. Es ist das Verdienst von anderen, bewiesen zu haben, daß diese Behauptung in ihrer Totalität nicht stimmt. Ich beschränke mich auf den Mittelmeerraum, der in vielerlei Hinsicht die europäische Identität prägt. Einige der Mitglieder der EU sind Mittelmeeranrainerstaaten. Das semitische Element sowie das arabische Denken sind gemeinsam mit griechischer Philosophie, römischer Tradition, Christentum, Renaissance und Menschenrechten, dem kategorischen Imperativ und der hegelianischen Dialektik und nicht zuletzt der Marxschen Entfremdungslehre Bestandteil des gemeinsamen europäischen Kulturerbes. Die Mittelmeeridee bedeutet einen Kampf für Vielfalt, Offenheit und Verschiedenheit.

Andros A. Nicolaides
Botschafter der Republik Zypern
(2. Februar 1996)

Der Gegenstand der Vortragsreihe „Zukunftsprobleme des Mittelmeerraumes“ ist ein höchst aktuelles und wichtiges Thema. Dies zeigte die Barcelona-Konferenz über die euromediterrane Partnerschaft, ein herausragendes Ereignis in der Geschichte der Beziehungen der Mittelmeerstaaten, und ebenso die Tatsache, daß drei aufeinanderfolgende EU-Präsidentschaften, Frankreich, Spanien und gegenwärtig Italien, den Problemen des südlichen Europa und des Mittelmeerraumes viel Beachtung geschenkt haben. Die ehrwürdigen Redner vor mir haben sich mit den Themen bereits eingehend auseinandergesetzt - politische Stabilität, Frieden und Sicherheit, Schließung der ökonomischen und sozialen Kluft zwischen Nord und Süd, Freihandel, Bevölkerungsentwicklung und Migration, Menschenrechte, das Verständnis zwischen den Kulturen, Terrorismus und Drogen, internationales Verbrechen und Korruption, Wasser und Umwelt - , die die Region betreffen und dringend Aufmerksamkeit verdienen. Diese Probleme erfordern einen umfassenden und koordinierten Ansatz, was nur mittels Dialog und Kooperation unter den Staaten der Region und der EU erreicht werden kann. In dieser Hinsicht stellt die Barcelona-Erklärung ein zukunftsweisendes Dokument dar, welches die Mittelmeerländer zu dem gemeinsamen Ziel verpflichtet, die Region in eine Zone des Friedens, der Stabilität und des Wohlstandes zu verwandeln.

Im folgenden ziehe ich vor, mich mit Zypern und seiner Rolle in der östlichen Mittelmeerregion zu befassen, und bin besonders angetan durch den Umstand, daß ich vor einem überwiegend deutschen Publikum spreche. Die Regierung und das Volk Deutschlands können im Lichte der eigenen historischen Entwicklung einen unterrichteten Blick auf Zypern werfen, unseren Wunsch nach einem EU-Beitritt und unseren parallelen Anstrengungen, die lange anhaltende Teilung und Besetzung unserer Insel zu beenden. Diese Ziele verheißen eine bessere Zukunft für Zypern und die gesamte Region, und ihre Verwirklichung würde zu Frieden und Stabilität in diesem sensiblen Gebiet, dem östlichen Mittelmeer, beitragen.

Regierung und Bevölkerung in Zypern messen der Unterstützung durch die deutsche Regierung und das deutsche Volk für unser Streben nach einer EU-Vollmitgliedschaft und einer gerechten und dauerhaften Zypernlösung große Bedeutung zu. Wir würdigen hierbei den wichtigen Beitrag Deutschland und anderer EU-Mitgliedstaaten, ohne den es nicht möglich gewesen wäre, eine Reihe höchst bedeutsamer und definitiver, Zypern betreffender EU-Entscheidungen zu erzielen. Wir sind besonders dankbar für Deutschlands entschiedenen Einsatz zugunsten von Zyperns EU-Beitrittsprozeß, wie er auf höchster Ebene und von allen maßgeblichen Spitzenpolitiker zum Ausdruck gebracht wurde. Bundeskanzler Kohl hat in der Bundestagsdebatte im Vorfeld der Madrider Konferenz von 1995 betont, daß Deutschland die EU-Erweiterung nach Osten und Süden wünscht, und dabei festgestellt, daß die Beitrittsverhandlungen mit Zypern sechs Monate nach der Regierungskonferenz beginnen werden. Im gleichen Zug erklärte Außenminister Kinkel, daß nach Abschluß der Regierungskonferenz Verhandlungen mit Zypern aufgenommen werden sollten, und der SPD-Fraktionsvorsitzende Scharping meinte unter Bezug auf die EU-Verhandlungen mit Zypern, daß unser Beitritt zur Union unbeschadet der politischen Regelung der Zypernfrage stattfinden sollte.

Ebenfalls zu Beginn sei daran erinnert, daß Zypern das einzige geteilte Land in Europa bleibt, mit einem großen Teil seines Gebietes unter ausländischer Besatzung, welche sein Volk mit Gewalt trennt. Die Türkei hat bekanntlich durch ihre Invasion im Jahr 1974 insgesamt 37 Prozent des Territoriums von Zypern besetzt. Seine Hauptstadt Nikosia zeichnen ein Stacheldrahtwall und Zementbefestigungen aus, was der Lage in Berlin vor 1989 sehr ähnelt. Friedensanstrengungen sind zwar bislang erfolglos geblieben, doch erwarten wir ein erneuertes internationales Interesse an einer Zypernlösung und weiteren konkreten Schritten hin zu einem EU-Beitritt Zyperns.

Die amerikanische Regierung hat im Rahmen der UNO ihre Zypern-Friedensinitiative erneuert. Der ursprünglich angekündigte Besuch von Unterstaatssekretär Holbrooke und dem US-Sondergesandten Beattie in Zypern, Griechenland und in der Türkei wird jedoch durch die Bildung einer Regierung in der Türkei und die jüngste Krise in der Ägäis verzögert. Im Anschluß an das Dayton-Friedensabkommen für Bosnien wurde Holbrooke damit zitiert, daß 1996 einen großen Fortschritt für Zypern bringen werde. Wir begrüßen die US-Initiative und sehen ihr froher Erwartung entgegen. Außerdem hat die Europäische Union erst kürzlich ihr intensives Interesse bekräftigt, bei einer Lösung des Zypernproblems zu helfen, und wir hoffen, daß die EU gemeinsame Anstrengungen mit den USA unternehmen wird.

Im Rahmen der italienischen EU-Präsidentschaft hat Außenministerin Susanna Agnelli - im Anschluß an Besuche des Sondergesandten, Botschafter Scamacca, in Zypern, Griechenland und der Türkei - die Ernennung eines EU-Koordinators für Zypern vorgeschlagen. Wir sind sehr zufrieden, daß der EU-Ministerrat daraufhin am 29. Januar 1996 auf Initiative der italienischen Präsidentschaft entschieden hat, einen EU-Vertreter für Zypern zu ernennen, Botschafter Frederico di Roberto, der die Region besuchen und einen Bericht mit Empfehlungen an den Rat vorlegen wird. Diese Entscheidung ist sehr bedeutsam, weil wir glauben, daß sich die EU bei der Friedenssuche in Zypern entscheidend beteiligen sollte. Ferner hat der stellvertretende Ministerpräsident und Außenminister Irlands, Dick Spring, Zypern vom 9. bis 11.

Januar 1996 besucht, um sich im Vorfeld der kommenden irischen EU-Präsidentschaft ein Bild von der Lage zu verschaffen. Ebenso wird der EU-Kommissar für Auswärtige Angelegenheiten, van den Broek, Zypern im März besuchen und sich mit dem Beitrittsprozeß und dem Stand der Zypernfrage befassen. Meine Regierung hat im Zusammenhang der Beitrittsfrage die kürzlichen Schlußfolgerungen des Madrider EU-Treffens begrüßt, wonach die Beitrittsverhandlungen mit Zypern und Malta auf der Basis der Vorschläge der Kommission sechs Monate nach Ende der EU-Regierungskonferenz beginnen sollen.

Zypern besitzt eine mehr als achttausend Jahre alte Geschichte und liegt an der Wiege westlicher Zivilisation und westlichen Denkens. Im östlichen Mittelmeerbecken gelegen, am Schnittpunkt der drei Kontinente Europa, Afrika und Asien, war Zypern für Europa stets von geostrategischer Bedeutung. Bevor ich direkt auf das Zypernproblem eingehe, möchte ich hervorheben, daß wir uns zum Ende unseres Jahrhunderts in einer Ära der UNO befinden, der Ost-West-Gegensatz historisch abgeschlossen ist, symbolisiert durch den Fall der Berliner Mauer und die deutsche Wiedervereinigung, und größere Weltprobleme friedlich geregelt werden, wie der Nahost-Friedensprozeß, die Abschaffung der Apartheid in Südafrika, die Entwicklungen in Nordirland und das Ende des Konflikts im ehemaligen Jugoslawien zeigen. In deutlichem Kontrast hierzu steckt das Zypernproblem in der Sackgasse dank der wohlbekannten unnachgiebigen Positionen der türkischen Seite. Wie Bundeskanzler Kohl unlängst feststellte, bleibt das Zypernproblem ein Anachronismus, der einer Lösung bedarf. Nach Abschluß des Bosnien-Friedensabkommens besteht jetzt ein gewachsenes Interesse der internationalen Gemeinschaft, die Zypernfrage friedlich und dauerhaft zu lösen.

Für die Europäische Union stellt es eine Gelegenheit und Herausforderung dar, sich aktiv mit der Zypernfrage als europäischem Problem zu beschäftigen und maßgeblich zur Friedenssuche beizutragen. Darüber hinaus sollten der UN-Sicherheitsrat, der mit dem Zypernproblem fortlaufend befaßt ist, und besonders seine fünf ständigen Mitglieder die notwendigen Schritte ergreifen, um die Umsetzung der Zypern betreffenden Resolutionen sicherzustellen. Seitens des Sicherheitsrates haben kürzlich hochrangige Besuche offizieller Vertreter der fünf ständigen Mitglieder in Zypern stattgefunden, und der UN-Generalsekretär unternahm unermüdliche Versuche im Rahmen seiner offiziellen Vermittlungsmission, um eine Lösung auf der Grundlage der UN-Resolutionen zu erreichen. Deutschland hat als führendes Mitglied der Europäischen Union und aufgrund seines Anspruchs auf eine ständige Mitgliedschaft im UN-Sicherheitsrat eine besondere Rolle bei der Suche nach einer Zypernlösung zu spielen. Deutschlands aktive Einflußnahme durch die EU und den UN-Sicherheitsrat würde außerdem seinen wichtigen Aufgaben und Verantwortlichkeiten gerecht werden, die aus der neuen Situation in Europa nach dem Fall der Berliner Mauer und der Wiedervereinigung erwachsen.

Eine Anzahl von UN-Resolutionen haben wiederholt auf die Lage in Zypern Bezug genommen. Sie befassen sich mit dem Zypernproblem in all seinen Aspekten und sehen eine gerechte und dauerhafte Lösung vor. Die Resolutionen verlangen einen Rückzug der türkischen Besatzungstruppen, die sichere Rückkehr der Flüchtlinge in ihre Heimatorte, die Wiederherstellung der Menschenrechte für alle Bewohner Zyperns einschließlich der Suche nach vermißten Personen sowie das Ende der Plünderung des kulturellen Erbes und Eigentums in dem von der Türkei besetzten Teil Zyperns. An dieser Stelle möchte ich betonen, daß Zypern in seiner langen Geschichte als Teil der griechisch-hellenistischen Welt seit 1500 vor Christus vielen Eroberern und Herrschern in die Hände fiel - Römern, Arabern, den Lusignans, Venezianern, Osmanen und den Briten - , die ihre Spuren hinterließen. Trotzdem hat die Insel niemals zuvor die gegenwärtigen tragischen Folgen erlitten, welche durch die türkische Invasion und Besatzung hervorgerufen wurden, einschließlich der schändlichen Akte ethnischer Säuberung und der Versuche, den gewachsenen demographischen Charakter der Insel zu verändern.

Die UN-Resolutionen bekräftigen, daß die Lösung des Zypernproblems auf einem unabhängigen und territorial unversehrten Staat mit einer einzigen Souveränität und Völkerrechtspersönlichkeit beruhen muß. Weiterhin hat die UNO den Versuch, eine sezessionistische Gebietseinheit im besetzten Gebiet zu errichten, verurteilt und für rechtlich nichtig erklärt sowie alle Staaten dazu aufgerufen, keine wie auch immer geartete Unterstützung oder gar Anerkennung zu leisten. Es existiert zu Zypern eine Vielzahl von UN-Resolutionen. Unter ihnen möchte ich namentlich an die einmütig - auch von der Türkei - angenommene wegweisende Resolution 3212 der Generalversammlung aus dem Jahr 1974 erinnern, die zum Abzug aller ausländischen Streitkräfte aus Zypern und einer gesicherten Rückkehr der Flüchtlinge in ihre Heimat aufruft. Dies wurde später durch die verbindlichen Sicherheitsrat-Resolutionen 365 (1975), 541 (1983) und 550 (1984) gutgeheißen - die widerrechtliche Errichtung einer sezessionistischen Gebietseinheit im besetzten Gebiet bzw. deren Nichtanerkennung betreffend -, und kürzlich die Resolution 939 (1994), in der der Rat

> „seine Haltung bekräftigt, daß eine Zypernlösung auf einem Staat Zypern mit einer einzigen Souveränität und internationalen Rechtspersönlichkeit und einer einzigen Staatsangehörigkeit, unter Bewahrung seiner Unabhängigkeit und territorialen Integrität, basieren und zwei politisch gleichgestellte Gemeinschaften, wie in den relevanten Resolutionen des Sicherheitsrates beschrieben, in einer bikommunalen und bizonalen Föderation umfassen muß, und daß eine solche Regelung einen Zusammenschluß im ganzen oder teilweise mit jedem anderen Land oder jede Form der Teilung oder Sezession ausschließen muß."

Die Türkei verhält sich in flagranter Verletzung dieser Resolutionen, und der UN-Generalsekretär führte vor kurzem in einem Bericht unmißverständlich aus, daß es die türkische Seite ist, welche die Wünsche der internationalen Gemeinschaft offen schmäht und den politischen Willen vermissen läßt, das Zypernproblem zu lösen. Die substantielle Haltung der EU zum Zypernproblem, wie sie bei vielen Gelegenheiten bekundet wurde, lautet, daß eine Lösung die Souveränität, Unabhängigkeit, territoriale Integrität und Einheit des Landes in Übereinstimmung mit den relevanten UN-Resolutionen respektieren muß. Sie muß außerdem die Anerkennung und Ausübung der politischen, Menschen- und Bürgerrechte für alle Zyprioten ohne jede Diskriminierung oder Einschränkung gewährleisten, in Übereinstimmung mit den fundamentalen Prinzipien der EU. Die EU hat zuletzt in der Dubliner Erklärung zu Zypern bekräftigt, daß der Status quo auf der Insel unannehmbar ist und daß das Zypernproblem die Beziehungen der Union zur Türkei berührt. Vor noch jüngerer Zeit wiederholte der Europäische Rat auf dem EU-Gipfel von Madrid die Bedeutung, die er den substantiellen Bemühungen um eine Zypernlösung auf der Linie der betreffenden UN-Resolutionen beimißt, d.h. auf der Basis einer bizonalen und bikommunalen Föderation. Bislang hat die Türkei jedoch hinsichtlich einer Suche nach einer derartigen Lösung, wie gesagt, nicht den erforderlichen politischen Willen gezeigt.

Im Rahmen unserer Bemühungen um eine Gesamtlösung möchte ich die Aufmerksamkeit auf den weitreichenden Vorschlag von Präsident Klerides lenken, der eine Demilitarisierung Zyperns, also die Entwaffnung der Nationalgarde Zyperns, den vollständigen Rückzug der türkischen Besatzungstruppen von der Insel und weiterhin vorsieht, daß die anstelle bisheriger Waffenkäufe von der Regierung gesparten Finanzmittel künftig in die Entwicklung der beiden Gemeinschaften auf der Insel investiert werden. Der Vorschlag hat seitens der internationalen Gemeinschaft ein positives Echo gefunden. Erst vor kurzem haben beide Häuser des US-Kongresses in ähnlich klingenden Resolutionen den Demilitarisierungsvorschlag von Präsident Klerides nachhaltig unterstützt. Die Regierung Zyperns hofft, daß auch die amerikanische Regierung dem Vorschlag im Rahmen ihrer in Kooperation mit der EU und der UNO erneuerten Initiative seine aktive Unterstützung leihen wird, was die Aussichten auf eine dauerhafte Lösung erheblich verbessern würde.

Es verdient Erwähnung, daß der Generalsekretär kürzlich in einem Bericht an den UN-Sicherheitsrat über die Lage in Zypern die besetzte Zone als eines der am dichtesten militarisierten Gebiete der Welt bezeichnet hat. Gegenwärtig befinden sich über 30.000 Mann türkische Truppen auf der Insel, deren Zahl weiter ansteigt und deren Ausrüstung und Bewaffnung laufend modernisiert wird. Wie in dem erwähnten Bericht des Generalsekretärs weiter ausgeführt wird, hat die Türkei den Demilitarisierungsvorschlag zurückgewiesen. Das Europäische Parlament hat gleichfalls mehrere Zypern-Resolutionen angenommen. Darin wurde die Regierung der Türkei zu einem Rückzug ihrer Truppen im Einklang mit den entsprechenden UN-Resolutionen aufgerufen und Interesse am Demilitarisierungsvorschlag von Präsident Klerides demonstriert. Außerdem äußerte das Europäische Parlament seine Unterstützung für einen EU-Beitritt Zyperns und rief den Rat und die Kommission zu einer Beschleunigung des Beitrittsprozesses auf.

Wenn ich somit zu dem Verhältnis zwischen der EU und Zypern komme, möchte ich die natürliche Entwicklung der gegenseitigen Beziehungen unterstreichen, die ständig an Gewicht gewonnen haben und auf einer gemeinsamen Geschichte, Kultur und dem Respekt demokratischer Normen und Prinzipien gegründet sind. Die Republik Zypern hat mit der Europäischen Gemeinschaft durch das Assoziierungsabkommen von 1972 und das Zollunions-Protokoll von 1987

Verbindungen aufgenommen und im Bewußtsein seiner europäischen Identität, Geschichte und Kultur im Jahr 1990 den Antrag auf EU-Mitgliedschaft gestellt. Zu dieser Zeit hatte die Volkswirtschaft Zyperns sich bereits bemerkenswert schnell von den verheerenden Auswirkungen der türkischen Invasion von 1974 und der folgenden Teilung erholt. Es sei angemerkt, daß Zypern zum größten Teil die im Maastricht-Vertrag niedergelegten ökonomischen Konvergenzkriterien erfüllt. Das Budgetdefizit von 1,3 Prozent ist geringer als 3 Prozent des Bruttosozialprodukts; die öffentliche Verschuldung von 54 Prozent überschreitet nicht 60 Prozent des Bruttosozialprodukts; und die Inflation, die unter 2,6 Prozent steht, überschreitet das durchschnittliche Niveau der drei EU-Länder mit der niedrigsten Inflation nicht um mehr als 1,5 Prozent. Außerdem liegt die Arbeitslosigkeit bei lediglich 2,7 Prozent, und das Wirtschaftswachstum betrug im Jahr 1995 4,2 Prozent.

Unter den wichtigen Entwicklungen im Verhältnis Zyperns zur EU seit unserem Beitrittsantrag möchte ich die EU-Ratsentscheidung vom 6. März 1995 hervorheben. Die Entscheidung ist von immenser Bedeutung, weil sie definitiv und unumkehrbar den Weg zur EU-Mitgliedschaft Zyperns weist. Im Kern besagt sie, daß die Beitrittsverhandlungen auf der Basis des Kommissionsvorschlages sechs Monate nach Abschluß und unter der Berücksichtigung der Ergebnisse der laufenden Regierungskonferenz beginnen werden. Die Stellungnahme der Kommission zum Beitritt Zyperns erging am 30. Juni 1993 und bestätigte den europäischen Charakter und die prinzipielle Eignung der Republik Zypern für eine EU-Mitgliedschaft. Ferner bestätigte die Kommission die Fähigkeit Zyperns, die Bedingungen der Mitgliedschaft zu erfüllen und den Acquis Communautaire zu übernehmen. Im Oktober des gleichen Jahres billigte der EU-Ministerrat die positive Stellungnahme der Kommission und lud diese dazu ein, sogleich substantielle Diskussionen mit der Regierung der Republik Zypern zu eröffnen, um sich bestmöglich auf die kommenden Beitrittsverhandlungen vorzubereiten. Hierbei wird die Frage zu klären sein, auf welchen Gebieten eine Harmonisierung notwendig ist. Tatsächlich hat Zypern einen guten Teil seiner existierenden Gesetzgebung bereits mit dem Acquis harmonisiert, und es werden laufend Maßnahmen von der Regierung ergriffen, um sicherzustellen, daß neu in Kraft tretende Gesetzgebung mit den EG-Regelungen übereinstimmt.

Der Rat entschied weiter, daß die Frage des Zypern-Beitritts im Januar 1995 neu überprüft würde. In diesem Zusammenhang wurde ein EU-Beobachter für Zypern ernannt, der dem Ministerrat über die Auswirkungen der politischen Entwicklungen auf der Insel für die Anforderungen des Acquis einschließlich des Fortgangs der Zypern-Vermittlungsmission des UN-Generalsekretärs regelmäßig Bericht erstatten sollte. Der EU-Beobachter, ein ranghoher Beamter der Kommission, übermittelte insgesamt drei Berichte. Der letzte Bericht wurde im Januar 1995 im Lichte der Neuüberprüfung der Zypern-Beitrittsfrage durch den Ministerrat abgegeben. Der Beobachter bestätigte darin, daß der mangelnde Fortschritt bei den Volksgruppengesprächen dem fehlenden politischen Willen auf seiten der türkischen Zyprioten zu verdanken ist. Im Vorfeld der angekündigten Neuüberprüfung wurden im Jahr 1994 auf den Gipfeltreffen in Korfu und Essen bezüglich des EU-Beitritts Zypern politisch bedeutsame Entscheidungen getroffen. In Korfu gelangte der Europäische Rat zu dem Ergebnis, daß „die nächste Phase der Erweiterung der Union Zypern und Malta einbeziehen soll". Diese Entscheidung wurde durch den Europäischen Rat in Essen bestätigt. Insgesamt hat die Union somit ihre Verpflichtung gegenüber dem EU-Beitritt Zyperns wiederholt ausgesprochen. Am 6. März 1995 entschied schließlich der Ministerrat unter Berücksichtigung der Berichte des EU-Beobachters, daß die Beitrittsverhandlungen mit Zypern sechs Monate nach Abschluß der Maastricht-II-Regierungskonferenz beginnen werden. Dies war zweifelsohne eine historische Entscheidung für Zyperns Beziehungen zur EU, und es besteht nun ein festgelegter Zeitrahmen für den Beginn der Beitrittsverhandlungen.

Der Assoziationsrat bestätigte auf seinem Treffen vom 12. Juni 1995 die Entscheidung des Ministerrates vom 6. März und nahm eine Resolution über die Errichtung eines strukturierten Dialoges zwischen der EU und Zypern an. Wir sind erfreut, daß der Dialog, der unter der spanischen Präsidentschaft begann, nun auf einer soliden Grundlage steht. Der strukturierte Dialog ist, wie der Assoziationsrat feststellte, im Kontext der Vorbereitungen Zyperns für den EU-Beitritt und seiner immer engeren Beziehungen mit der Union zu sehen. Das Treffen des Assoziationsrates und die Einladung, die an den Präsidenten Zyperns erging, um am Treffen des Europäischen Rates in Cannes im Juni 1996 teilzunehmen, waren die ersten konkreten Manifestationen des Dialoges. Außerdem hat Präsident Klerides kürzlich der Konferenz von Madrid beigewohnt. Im Rahmen des strukturierten Dialoges fanden außerdem hochrangige Treffen bis auf Ministerebene zu allen in Frage kommenden EU-Themen statt, z.B. zum Binnenmarkt, der Innen- und Justizpolitik und der Gemeinsamen Außen- und Sicherheitspolitik. In der Zwischenzeit gewannen unsere EU-Partner einen vorteilhaften Eindruck vom fortschreitenden EU-Harmonisierungsprozeß Zyperns und haben ihrer Befriedigung darüber Ausdruck verliehen.

Insbesondere möchte ich erwähnen, daß die europäischen Innen- und Justizminister zweimal mit ihren zypriotischen Kollegen zusammengetroffen sind. Außerdem besuchte seitens der spanischen Präsidentschaft der Staatssekretär für Europäische Angelegenheiten und amtierende Ratsvorsitzende, Carlos Westendorp, Zypern, um Fragen im Zusammenhang mit der Regierungskonferenz von 1996 und dem Binnenmarkt zu erörtern. Der Außenminister Zyperns traf sich mit den

EU-Außenministern am Rande der Ministertreffen, und wir haben es begrüßt, daß der Ministerrat Zypern über verschiedene Angelegenheiten der Gemeinsamen Außen- und Sicherheitspolitik der Union laufend informiert. Zypern verfolgt in der Außenpolitik beständig einen europaorientierten Kurs und orientiert sich in diesem Rahmen an der Gemeinsamen Außen- und Sicherheitspolitik der EU. Seinen praktischen Niederschlag fand diese Haltung darin, daß wir uns bislang auf Anfrage den gemeinsamen Standpunkten der Union angeschlossen haben.

Es ist angemessen und nützlich, an dieser Stelle kurz auf das rechtliche Verhältnis einzugehen, das die Beziehungen Zyperns zur Europäischen Union bestimmt. Die vom Ministerrat gutgeheißene Stellungnahme der Kommission stellt im Abschnitt 8 fest, daß die Regierung der Republik Zypern von der EG und ihren Mitgliedstaaten als die einzige legitime Regierung anerkannt wird, die das Volk von Zypern repräsentiert, und daß diese Haltung mit derjenigen der UNO übereinstimmt, was die Legitimität der Regierung der Republik Zypern und die Nicht-Anerkennung der sogenannten „Türkischen Republik Nordzypern" betrifft. Diese Position baute der Europäische Gerichtshof in einem Urteil vom 5. Juli 1994 weiter aus. In Auslegung von Artikel 5 des Assoziationsabkommens zwischen Zypern und der EU, der sich mit den Vorteilen befaßt, die sich für die Bevölkerung Zyperns ergeben, stellte der Gerichtshof fest, daß der Artikel nicht zu einer Abweichung von den fundamentalen Regeln des Abkommens führen kann, die dessen Arbeitsweise zwischen beiden Parteien, d.h. der Republik Zypern und der EU, festlegen, und in aller gebotener Berücksichtigung der legitimen Interessen der anderen Vertragspartei, also der Regierung der Republik Zypern, anzuwenden ist. Der Gerichtshof fügte hinzu, daß in jedem Falle die Probleme, die aus der faktischen Teilung der Insel resultieren, ausschließlich von der international allein anerkannten Republik Zypern gelöst werden müssen.

Die erwähnte Ministerratsentscheidung vom 6. März und die Resolution des Assoziationsrates vom 12. Juni 1995 sind von außerordentlicher Bedeutung im Hinblick auf eine endgültige Lösung der Zypernfrage. Nach unserer Auffassung liefert die Entscheidung einen realen Anreiz für die türkisch-zypriotische Gemeinschaft, an einer Lösung mitzuwirken, die es ihr erlauben würde, von den bedeutsamen Vorteilen des Beitritts zu profitieren, und stellt die Türkei vor die zwingende Wahl: entweder eine Lösung des Zypernproblems zu erlauben und die türkischen Zyprioten die Vorteile des Beitritts genießen zu lassen, oder alternativ in Fortführung ihrer lösungsfeindlichen Politik die türkischen Zyprioten folgerichtig dieser Vorteile zu berauben und zu isolieren. Daneben kommt in der Entscheidung vom 6. März 1995 zum Ausdruck, daß es keinen wie auch immer gearteten Zusammenhang zwischen unserem Beitritt und dem Ergebnis einer Zypernlösung gibt. Sowohl diese Entscheidung als auch die Resolution enthalten eine klare Botschaft an die Türkei. Wie der EU-Kommissar van den Broek feststellte, kann die Beitrittsfrage Zyperns nicht zur Geisel der türkischen Positionen werden. Ich darf auch an die Verpflichtung des damaligen französischen Außenministers (und späteren Premierministers) Alain Juppé während der französischen EU-Präsidentschaft erinnern, daß sich kein Drittland in die inneren Angelegenheiten der Union einmischen kann und keine solche Einmischung toleriert werden wird.

Die Phase von jetzt bis zum Beginn der Beitrittsgespräche bietet eine einzigartige Gelegenheit für eine Lösung des Zypernproblems. Von unserer Seite werden unsere Anstrengungen verdoppelt, und wir nehmen erfreut zur Kenntnis, daß die EU an diesen Bemühungen mitwirkt. Hoffentlich nutzt die türkische Seite dieses wichtige Fenster der Gelegenheit, um die für eine Lösung der Zypernfrage notwendigen Entscheidungen zu treffen. Dies würde umgekehrt den türkischen Zyprioten erlauben, zusammen mit dem Rest der Bevölkerung Zyperns der Europäischen Union anzugehören. Während die türkisch-zypriotische Führung ihre negative Haltung zum EU-Beitritt Zyperns auf Betreiben der Türkei aufrechterhält, fühlen wir uns durch jüngste Presseberichte ermutigt. Diese zeigen einen Meinungswandel unter den türkischen Zyprioten an, wonach diese begreifen, daß das Problem des EU-Beitritts für sie nicht nur eine Herausforderung, sondern zugleich eine große Gelegenheit darstellt. Während eines Zypern-Besuchs unter der spanischen Präsidentschaft informierte die Troika auch die türkisch-zypriotische Seite von den Vorteilen einer möglichen EU-Mitgliedschaft. Die Resolution des Assoziationsrates vom 12. Juni 1995 geht ebenso davon aus, daß der Beitritt Zyperns beiden Inselgemeinschaften Nutzen einbringen und zu Frieden und Versöhnung beitragen wird. Die Regierung Zyperns ist bereit, daran aktiv mitzuwirken. Hervorgehoben sei hier ein Vorschlag von Präsident Klerides zugunsten der Schaffung von Joint ventures zwischen griechisch- bzw. türkisch-zypriotischen Unternehmen durch eine Kooperation zwischen den betreffenden Handelskammern.

Nunmehr möchte ich mich der künftigen Rolle Zyperns im Mittelmeerraum zuwenden. Wir gehen hierbei von einer besonderen Rolle aus, da Zypern ein Mittelmeerland und Anwärter für die EU-Mitgliedschaft ist. Diese beiden Elemente könnten als Grundlage einer dreiseitigen Kooperation während der Zeit vor dem Beitritt dienen, unter Einschluß der Union, Zyperns und der Länder der Region. Wie die Barcelona-Konferenz feststellte, verstärkt die geplante Süderweiterung hinsichtlich Zyperns die Mittelmeerdimension der EU. Anläßlich des Besuchs der Troika in Zypern im Mai 1995 und der folgenden Barcelona-Konferenz äußerten wir unsere entschiedene Unterstützung für diese Initiative und eine mögliche Brückenfunktion Zyperns zwischen Europa und den

Mittelmeerstaaten. Die geographische Lage, der vollentwikkelte Dienstleistungssektor und unsere Kommunikationsindustrie, schließlich die hervorragenden Beziehungen zu den Nachbarländern Ägypten, Israel, Jordanien, Libanon, Syrien usw. sowie den palästinensischen Behörden lassen Zypern für diesen Zweck sehr geeignet erscheinen.

Zypern nimmt bereits an einer Reihe von EU-Mittelmeerprogrammen aktiv teil, so z.B. Med-Urbs, Med-Media und Med-Campus. Mit dem förmlichen Abschluß der entsprechenden Abkommen in der nahen Zukunft werden wir außerdem an den EU-Programmen „Leonardo", „Sokrates" und „Jugend für Europa" teilnehmen. Unsere Verpflichtung, bei der Entwicklung der Kooperation in der Region eine maßgebliche Rolle zu spielen, wurde kürzlich auf die Teilnahme an der Tätigkeit der Arbeitsgruppe für Regionale Wirtschaftliche Zusammenarbeit im Nahen Osten ausgedehnt, zu deren nächstem Treffen Zypern als Gastgeber einladen wird. Weiterhin hat die Regierung Zyperns ein wirtschaftliches Hilfsprogramm für die Palästinenser auf verschiedenen Feldern angekündigt und nahm aktiv an dem Amman-Gipfel und der Pariser Ministerkonferenz teil. Im Jahr 1995 richtete Zypern außerdem erfolgreich einen Workshop der Industrie- und Handelskammern aus den Ländern des Nahen Ostens, der EU und anderen Teilen der Welt aus.

Schließlich sollen mehrere starke und zwingende Argumente zugunsten einer EU-Mitgliedschaft Zyperns aufgezählt werden. Die volle Integration Zyperns in die Europäische Union wird all seinen Bürgern, griechischen wie türkischen Zyprioten, einen enormen Vorteil einbringen. Die Mitgliedschaft wird insbesondere der türkisch-zypriotischen Gemeinschaft große ökonomische und soziale Vorteile eintragen und darüber hinaus die Sicherheitsprobleme zwischen den beiden Gemeinschaften lindern. Dies gilt ebenso für die weiteren Sicherheitssorgen der direkt betroffenen Parteien, unter Einschluß der Türkei und vor allem der Republik Zypern. Die jüngste Entwicklung hat gezeigt, daß die Europäische Union in enger Abstimmung mit den USA eine führende Rolle bei der Förderung der Sache des Friedens, der Respektierung der Menschenrechte, demokratischer und rechtsstaatlicher Prinzipien spielen kann. Die überaus konstruktiven und wichtigen Bemühungen der US-Administration von Präsident Clinton um eine Lösung des Zypernproblems sollten von analogen Anstrengungen der EU begleitet werden.

In diesem Kontext erwähne ich die eindeutige Unterstützung der Amerikaner für eine EU-Mitgliedschaft Zyperns und ihre ausgesprochene Position, daß

> „eine Lösung des Zypernproblems aus drei Hauptgründen wichtig ist: (I) Das Zypernproblem ist ein größerer Reizstoff in den Beziehungen zwischen Griechenland und der Türkei; (II) Zypern liegt strategisch gesehen im östlichen Mittelmeer; eine stabile Insel würde die Aussichten auf Stabilität in der Region erhöhen; und (III) eine tragfähige Lösung könnte als Vorbild dienen, um andere ethnische Konflikte in der Region zu lösen."

Schnelle Fortschritte in Richtung Beitritt und die abschließende Mitgliedschaft stellen die notwendige Ermutigung für eine Zypernlösung dar, namentlich den stärksten Anreiz für die türkische Seite zugunsten einer Lösung der Zypernfrage. Eine EU-Mitgliedschaft Zyperns würde es der Türkei erlauben, die Beziehungen zu Griechenland ebenso wie die angestrebten Verbindungen mit Europa zu verbessern. Eine Lösung des Zypernproblems würde die Türkei von ihrer Politik der Selbsteinsperrung befreien. Der amerikanische Präsident und die europäischen Regierungschefs haben anläßlich von Treffen mit der Führung der Türkei wiederholt erklärt, daß eine Zypernlösung ihren Beziehungen helfen und die südliche Flanke der Allianz stärken würde. Gleichfalls würde eine Lösung, so die europäischen Vertreter, den türkisch-europäischen Beziehungen guttun und die Türkei näher an Europa heranbringen.

Die Türkei möchte ein Mitglied der Europäischen Union werden, wendet sich jedoch gleichzeitig gegen eine EU-Mitgliedschaft Zyperns und verweigert es den türkischen Zyprioten, Europäer zu sein, wenn Zypern der Union beitritt. Dies ist nicht nur paradox, weil die Türkei im Namen der türkischen Zyprioten zu handeln vorgibt, diesen aber Sicherheit und Wohlstand vorenthält, die ihnen aus einer EU-Mitgliedschaft Zyperns erwachsen würden. Es ist ferner ein Eingriff in die Entscheidungsfindung der EU, der die Türkei nicht angehört. Die Union hat in der Stellungnahme der Kommission zum Beitrittsantrag Zyperns eindeutig festgestellt, daß die Türkei die Mitgliedschaft Zyperns nicht blokkieren bzw. Zypern nicht zum Gefangenen seiner Unnachgiebigkeit machen kann. Außerdem sieht die Türkei Zypern irrtümlich als ein Land an, von dem eine Gefahr für seine nationalen und Sicherheitsinteressen ausgeht. Die Mitgliedschaft Zyperns in der EU und der WEU - die Mitgliedschaft in dieser Organisation, die mit der NATO eng kooperiert, würde Zypern auch den Weg in die westliche Allianz öffnen - würde jedenfalls diesen unberechtigten türkischen Vorhaltungen entgegenwirken.

Der EU-Beitritt würde Zypern zum integralen Bestandteil eines vereinten Europas machen, der sich in die Gemeinsame Außen- und Sicherheitspolitik der Union eingliedert. Dies ist ganz im Sinne der türkischen Interessen, und nicht umgekehrt. Für Zypern und seine Bürger, griechische wie türkische Zyprioten, würde der Beitritt den vollen Genuß der Menschenrechte und die notwendige Sicherheit für künftige Generationen in Wohlstand und Frieden garantieren. Die entschiedene Unterstützung der EU-Beitrittsbemühungen Zyperns ist deswegen am wichtigsten. Der Türkei sollte von seiten Europas und der USA die klare Botschaft übermittelt werden, daß die EU-Mitgliedschaft Zyperns im Interesse Europas, der westlichen Allianz und aller betroffenen Parteien liegt, einschließlich der Türkei.

Ich möchte mit den folgenden Feststellungen schließen: Zypern ist ein europäisches Land, das über alle notwendigen Voraussetzungen für eine EU-Mitgliedschaft verfügt. Unser Beitrittsprozeß hat ein fortgeschrittenes Stadium erreicht. Der Beginn der Verhandlungen mit der EU ist irgendwann für 1997 oder Anfang 1998 angesetzt, und im Vorfeld dieser Verhandlungen werden im Rahmen eines strukturierten Dialoges konkrete Schritte erfolgen. Zypern zeigt eine erfolgreiche Wirtschaftsleistung, die sich in schnellem Wachstum und Stabilität widerspiegelt, eine bekanntermaßen offene und wettbewerbsfreie Marktwirtschaft. Stolz kann Zypern darauf verweisen, daß es sich dem gleichen fundamentalen Wertesystem wie die EU-Mitgliedstaaten verschreibt. Zypern hat ein stabiles demokratisches und Mehrparteien-Regierungssystem mit Institutionen und Prinzipien, die einen offenen und fairen politischen Prozeß garantieren. Zypern kann einen substantiellen Beitrag bei der Schaffung eines vereinten Europas in Sicherheit und Wohlstand leisten. Es kann eine ökonomische, politische und kulturelle Verbindung zwischen der EU und dem Nahen Osten und Nordafrika darstellen. Seine strategische Lage wird außerdem die Wirksamkeit der WEU, des künftigen militärischen Arms der Europäischen Union, im östlichen Mittelmeer und besonders in der sensiblen Nahostregion deutlich verbessern Eine EU-Mitgliedschaft wird eine Lösung des Zypernproblems zum Nutzen aller Zyprioten erheblich erleichtern. Beim Zypernproblem geht es um Invasion und Besatzung, einen Anachronismus und Ungerechtigkeit, die einer Lösung harren. Diese Lösung sollte auf den relevanten UN-Resolutionen basieren und - für Zypern als künftigem EU-Mitglied - europäischen Grundsätzen und Werten voll entsprechen.

Zypern und Deutschland pflegen ausgezeichnete Beziehungen und enge Kooperation. Es liegt im Interesse beider Länder, daß Zypern voll in die Europäische Union integriert wird. Dies entspricht der deutschen Politik einer EU-Erweiterung nach Süden und dem Ziel Zyperns, als europäisches Land den ökonomischen, politischen und Sicherheitsinteressen Zyperns, Europas und der gesamten Region zu dienen. Angesichts der Herausforderung des Beitritts ist sich Zypern in vollem Umfang bewußt, daß die Mitgliedschaft ebenso Vorteile und Privilegien einschließt wie Pflichten und Verantwortlichkeiten, auf deren Übernahme und Erfüllung wir gut vorbereitet sind. Dies ist unsere Vision Zyperns in der EU im Jahr 2000 und seiner strategischen Rolle als Europas Außenposten im östlichen Mittelmeer.

Fernando Perpiñá-Robert
Botschafter des Königreichs Spanien
(23. April 1996)

Als ich im Januar 1992 in der Reihe „Europa im Umbruch" einen Vortrag an der Bonner Universität hielt, stellte ich fest:

> „Bis vor kurzem schien Europa nur eine einzige Grenze mit einem Spannungsrisiko zu haben: die östliche Grenze. Vielleicht hat der Golfkrieg vielen europäischen Ländern erst die Augen geöffnet für eine zweite ebenfalls in starkem Maße konfliktreiche Grenzregion: die des Mittelmeers."

Nach Ablauf der letzten vier Jahre scheint die Wirklichkeit eindeutig meine Vermutung zu rechtfertigen, und der neue Vortragszyklus beweist, daß die EU-Länder eine neue Sensibilität hinsichtlich der Probleme des Mittelmeerraumes entwickelt haben.

Am vergangenen 3. März 1996 fanden allgemeine Parlamentswahlen in Spanien statt. Es wird zur Bildung einer Regierung kommen, die sich in jedem Falle von der bisherigen Regierung - die die letzten dreizehn Jahre an der Macht war - unterscheiden wird. Und trotzdem bin ich vollkommen überzeugt, daß die folgenden Ausführungen zur spanischen Mittelmeerpolitik von jeder politischen Konstellation getragen werden, die die Regierungsverantwortung in meinem Land übernehmen sollte. Das geschieht aufgrund einer grundlegenden Übereinstimmung unter den verschiedenen politischen Parteien sowie der Mehrheit der spanischen Öffentlichkeit. Diese Übereinstimmung erstreckt sich auf alle wichtigen Felder der Außenpolitik, ganz besonders auf die Europa-, Lateinamerika- und die Mittelmeerpolitik.

Einige Gedanken mögen zunächst die Grundlagen und Ziele der spanischen Außenpolitik in dieser Region verdeutlichen. Es ist zweckmäßig, eine Debatte über die politische, kulturelle und wirtschaftliche Bedeutung des Mittelmeers zu eröffnen, weil wir derzeit eine für die Region zukunftsbestimmende Periode durchleben. Es ist offensichtlich, daß das Schema der traditionellen Machtverteilung keine Gültigkeit mehr besitzt. Henry Kissinger stellt in seinem Buch „Diplomacy" die Frage nach dem internationalen System, das bis zum Ende des Jahrtausends vorherrschen könnte, nachdem die verschiedenen früheren Modelle überholt wurden: das von Kardinal Richelieu im 17. Jahrhundert geprägte Modell der Verteidigung nationaler Interessen; das Gleichgewicht der Mächte; das Modell der Übereinkunft der Nationen, das im Rahmen des Wiener Kongresses von Metternich eingeführt wurde; und zuletzt das Modell der Bipolarität bzw. des Ost-West-Gegensatzes. In einer grundlegend veränderten Zeit der internationalen Beziehungen ist lediglich klar, daß wir den Bemühungen um eine neue Festlegung des Rahmens dieser Beziehungen beiwohnen. Aber - und was ja noch wichtiger ist - wir können diesen Rahmen noch rechtzeitig so umreißen, daß er sowohl nationalen wie auch regionalen Interessen angemessen gerecht wird.

Eine zweite sehr wichtige Überlegung bezieht sich auf die Analysen zweier herausragender amerikanischer Experten. Fukuyama hat offen ausgerufen, daß wir das Ende der Geschichte erleben, aber das heißt nicht, daß die Geschichte sich ihrem Ende nähert, sondern daß die Beschleunigung der Geschichte sich in einer sehr spektakulären Weise vollzieht. Die Historiker werden große Mühe haben, die Ereignisse der letzten Jahre zu ergründen und zu deuten, denn zusätzlich zu dieser atemberaubenden Beschleunigung entstehen zahlreiche Fragen auf der internationalen Szenerie, die auf eine zunehmend ungewisse Zukunft hindeuten. Diese Komplexität und Ungewißheit zeigt sich im Mittelmeerraum noch deutlicher. Die Mittelmeerregion stellt bis in die Gegenwart ein Beispiel für die Errungenschaften, aber auch die Risiken des internationalen Lebens dar. Bei der erwähnten Bonner Rede aus dem Jahr 1992 erklärte ich im weiteren:

> „Wenn wir den heutigen Schauplatz des Mittelmeers untersuchen, stehen wir vor einer besorgniserregenden Diagnose. Es ist vor allem ein Grenzgebiet, in dem verschiedene politische und ideologische Systeme sowie deutliche wirtschaftliche und soziale Ungleichheiten aufeinandertreffen. Die wirtschaftliche Gleichgewichtsstörung zwischen beiden Ufern vergrößert sich, die Wachstums- und Ertragsverhältnisse entfernen sich weit voneinander, das Ausmaß der südlichen Auslandsverschuldung wächst alarmierend. Es gibt Schwierigkeiten, die Selbstversorgung bei der Ernährung zu erreichen. Kein Staat des südlichen Ufers deckt durch den eigenen landwirtschaftlichen Anbau mehr als 40 Prozent des Bedarfs an Getreide. Wenn Sie bedenken, daß die Völker dort ein enormes Bevölkerungswachstum, eine sehr hohe Arbeitslosigkeit und einen starken Zuwachs an Großstädten aufweisen, werden Sie auch verstehen, daß wir wirklich vor einer Reihe explosiver Sprengladungen stehen."

Ohne die wichtigen Faktoren der Instabilität zu ignorieren, die im Mittelmeerraum zusammentreffen, ist aber ebenso offenkundig, daß diese Region weiterhin ein Potential an menschlichen und materiellen Ressourcen aufweist, das die dunklen Zukunftsprophezeiungen überwinden könnte.

Die zweite Analyse, die im Zusammenhang mit den Überlegungen über den Mittelmeerraum Erwähnung verdient, ist Samuel Huntingtons - in ihrer Vereinfachungstendenz für amerikanische Professoren so typische - Theorie vom „Kampf der Kulturen". Für mich ist diese Theorie falsch und gefährlich. Auf den Mittelmeerraum bezogen, ist die Theorie meiner Meinung nach falsch, weil es nicht stimmt, daß wir uns auf einen allgemeinen Konflikt der Kulturen oder ganz besonders auf eine Feindschaft zwischen der westlichen Welt und dem Islam hin bewegen. Wenn wir diese Dialektik akzeptieren, würden wir unsere eigene Vergangenheit außer acht lassen, da die islamische Komponente einen Teil unserer westlichen Identität ausmacht. Es wäre ein gravierender Fehler, unsere kulturellen Wurzeln ausschließlich auf die jüdisch-christlichen Pfeiler stützen zu wollen. Einen solchen Fehler zu begehen hieße, das jahrhundertelange friedliche Zusammenleben von Christen, Juden und Muslimen nicht wahrhaben zu wollen. Wir würden ignorieren, daß der Islam auf kultureller, religiöser und politischer Ebene pluralistisch ist. Wir würden mit dieser Verleugnung einen teuflischen Bumerang gegen unsere eigenen Interessen richten und auf die gefährliche Suche nach einem neuen Feind gehen. Andererseits würden wir mit der Theorie vom Kampf der Kulturen vorschnell über unsere Zukunft urteilen und somit auf Dialog und Toleranz und letzten Endes auch auf die gegenseitige Bereicherung verzichten.

Nach diesen Überlegungen werde ich auf das Thema der spanischen Mittelmeerpolitik eingehen. In den letzten Jahren waren wir Zeugen einer Ausweitung der spanischen Mittelmeer-Außenpolitik. Daraus resultiert zunächst die Frage, ob es in der Vergangenheit schon eine konkrete spanische Mittelmeer-Außenpolitik gegeben hat. In Wirklichkeit waren in meinem Land viele Jahre lang arabische Politik und Mittelmeerpolitik Ausdrücke einer gleichen Realität. In der Zeit unter Franco artikulierte sich die spanische Diplomatie um ein rhetorisch-politisches Streitgespräch herum, in welchem es um die Verteidigung der sogenannten arabischen Beweggründe und um die Verteidigung der manchmal widersprüchlichen Interessen in einer für die Sicherheit so vitalen Zone wie dem Maghreb ging. Wie die spanische Forscherin Maria Dolores Algora in ihrer ausgezeichneten Doktorarbeit über „Die spanisch-arabischen Beziehungen während der internationalen Isolierung in der Franco-Zeit" darlegte, hat Spanien seine arabische Politik als eine Ersatzpolitik benutzt, um aus der internationalen Einkreisung auszubrechen, ohne daß diese

Ersatzpolitik in den meisten Fällen dazu führen konnte, die nationalen und regionalen Interessen zu wahren.

Nach Erlangung der Demokratie in meinem Land wurde es zunehmend deutlich, daß sich die neue Mittelmeerpolitik nun sichtbar von der vorherigen unterscheiden sollte. An erster Stelle durfte sie nicht zu einer reagierenden oder defensiven anstelle einer aktiven Politik werden. An zweiter Stelle sollte die Mittelmeerpolitik nicht einseitig, sondern global sein sowohl in geographischer als auch inhaltlicher Hinsicht. An dritter Stelle sollte diese Politik ihren deklaratorischen Charakter aufgeben, um sich auf die Wahrnehmung der wirklichen Interessen Spaniens in der Mittelmeerregion zu konzentrieren. Diese Grundsätze wurden ursprünglich zum Schlüssel der neuen spanischen Maghrebpolitik und weiteten sich allmählich auf die gesamte Mittelmeerregion und auf den Mittleren Osten aus.

Die Förderung der spanischen Interessen in der Region verlangte ein entschlossenes Vorgehen, um den verschiedenen Herausforderungen zu begegnen. An erster Stelle ist die demographische Herausforderung zu nennen. Während sich jahrhundertelang die Mehrheit der Bevölkerung am nördlichen Ufer des Mittelmeers sammelte, zeigen heutzutage die Bevölkerungsstatistiken eine Umkehrung dieses Verhältnisses mit allen entsprechenden Folgen. An zweiter Stelle steht die wirtschaftliche Herausforderung. Die Länder des südlichen Mittelmeerufers leiden an Problemen auf dem landwirtschaftlichen, dem industriellen, dem Dienstleistungs- und dem technologischen Sektor. Auf der Finanzebene belasten die Außenverschuldung und die unzureichenden Investitionen das Wachstum. Ebenfalls negativ wirkt sich die geringe Entwicklung der regionalen Integrationsprozesse der Märkte aus. Aus diesem Grund hat Spanien, um nur ein Beispiel zu nennen, die Gründung der Union des arabischen Maghreb im Jahr 1989 unterstützt.

Die sozialen Schwierigkeiten, die eng mit den demographischen und wirtschaftlichen Aspekten verbunden sind und Spannungen aufgrund der Migration in Richtung Europa verursachen, nehmen ebenso einen wichtigen Platz ein. Wir können gleichfalls von einer kulturellen Herausforderung sprechen, die darin besteht, ein auf dem gegenseitigen Respekt und der Achtung von ethnischen, religiösen und anderen Unterschieden basierendes Modell für das Zusammenleben in der Mittelmeerregion zu bestimmen. Dieses Ziel setzt die Schaffung von Dialogbrücken und die Förderung der besseren gegenseitigen Kenntnis voraus. Die umweltpolitische Herausforderung ist ebenfalls beträchtlich. Das Mittelmeer braucht achtzig Jahre, um sein Wasser durch Einwirkung des Atlantischen Ozeans zu erneuern, und sein biologisches Fortbestehen ist durch 500.000 Kubikmeter Abfallstoffe gefährdet.

Und ich zähle erst zum Schluß die kompliziertesten Herausforderungen auf, nämlich die politischen. Die regionale Stabilität hat einerseits eine interne Dimension, die Demokratisierungsprozesse in den einzelnen Staaten müssen begünstigt und die Menschenrechte gesichert werden. Der Frieden, das menschliche Zusammenleben und das Wirtschaftswachstum ergeben sich aus der Erweiterung der Freiheitsräume. An zweiter Stelle gibt es eine äußere Dimension der Stabilität, der das Bestehen globaler Dialog- und Zusammenarbeitsmechanismen förderlich ist. Diese ermöglichen wiederum eine Lösung von regionalen Konflikten und die Einführung einer Friedens- und Wachstumsdynamik in der Mittelmeerregion.

Die achtziger Jahre waren in diesem Sinne ertragreich, was die Überlegungen angeht, und die Früchte konnten bereits Anfang der neunziger Jahre geerntet werden. Zwei Gebiete blieben nach wie vor vorrangig: der Maghreb und der Mittlere Osten. Im Maghreb wurden hauptsächlich zwei Vorhaben vorangetrieben: die Einführung des politischen Dialogs und die Errichtung einer umfangreichen Politik der Zusammenarbeit. Was den Nahen Osten angeht, mußten wir auf die historische Anerkennung Israels durch Spanien im Jahr 1986 warten, um einen neuen Weg einschlagen zu können. Die Aufnahme diplomatischer Beziehungen zu Israel eröffnete die Möglichkeit für ein globales Vorgehen in dieser Region. Spanien trat nun nicht mehr für eine der Parteien auf, sondern versetzte sich in die Lage, seinen Einfluß glaubwürdig in den Dienst des Friedens zu stellen. Spanien nahm nicht nur Verpflichtungen vom europäisch-politischen Standpunkt auf, sondern reicherte diesen Standpunkt insofern an, daß die europäische Politik eine größere Sensibilität und Initiative für den Frieden in der genannten Region zeigte.

Seit dem EG-Beitritt Spaniens im Jahr 1986 bis zur ersten spanischen EG-Präsidentschaft im Jahr 1989 verging eine Phase diplomatischer Bemühungen, in welcher intensiv über die Rolle Spaniens in den gemeinschaftlichen Organen debattiert wurde und besonders über die Bestimmung der Bereiche, die unsere Aufmerksamkeit vorrangig verdienen sollten. Sollte sich Spanien künftig in den zwei außenpolitisch wichtigsten Regionen, nämlich Lateinamerika und Maghreb, der Gemeinschaftspolitik anschließen oder nicht? Die Verantwortlichen im spanischen Außenministerium fragten sich, ob unsere Teilnahme an der gemeinschaftlichen Politik es uns trotzdem ermöglichen würde, genügend autonomen Spielraum für die Wahrung unserer traditionellen Außenpolitik zu erhalten. Das Ergebnis war eindeutig: Spanien dürfte und müßte imstande sein, die neuen europäischen Verpflichtungen vollständig damit zu vereinbaren, die Akzente in den für uns wesentlichen außenpolitischen Bereichen, das heißt Lateinamerika und die Mittelmeerregion, zu erhalten, zu vertreten und sogar für sie unter den europäischen Partnern erfolgreich zu werben.

In diesem Zusammenhang entstand um 1990 die Initiative - manche nennen sie die „spanische“, andere die „italienische Initiative“ -, ein Verfahren einzuleiten, das in etwa einer KSZM, also einer Konferenz über Sicherheit und Zusammenarbeit in der Mittelmeerregion entsprechen könnte (in Analogie trotz der natürlichen Unterschiede zur ursprünglichen KSZE auf europäischer Ebene). Ich will nicht in Versuchung kommen, über die tatsächliche Urheberschaft dieser Initiative zu polemisieren, obwohl ich zugeben muß, daß die Verlockung für mich sehr groß ist - hauptsächlich, weil ich ohne falsche Bescheidenheit eingestehen muß, daß ich persönlich dieser Initiative eng verbunden war. Ich weiß wirklich nicht, ob die Idee ursprünglich vom damaligen italienischen Außenminister de Michelis oder von seinem spanischen Kollegen Francisco Fernández Ordónez stammt. Ich weiß nur, daß wir während eines Rückflugs von Ottawa nach Madrid mit unserem Minister über dieses wichtige Thema sprachen und nach einer Formel suchten, um den damals etwas trägen Prozeß der Überlegungen über die Zukunft der Südgrenze Europas zu dynamisieren. Da kamen wir zu folgendem Gedankengang: Wenn es in einem so schwierigen und komplizierten Kontext wie dem des Ost-West-Gegensatzes in Europa gelungen war, den sogenannten Geist von Helsinki zu konzipieren und zu verwirklichen, wieso sollte man nicht eine ähnliche Formel auf die Mittelmeerregion anwenden können?

Selbstverständlich waren wir alle davon überzeugt, daß diese KSZM die wesentlichen Unterschiede zwischen der Ost-West- und der Nord-Süd-Problematik entsprechend berücksichtigen muß. Aber ebenfalls war es für uns folgerichtig, die drei grundlegenden Prinzipien, auf welchen sich der Helsinki-Prozeß stützte, auf das Mittelmeer anzuwenden. Es ging demnach darum, den Dialog aufzunehmen und Lösungen für die Probleme auf den Gebieten der Sicherheit, der Zusammenarbeit und der Menschenrechte anzustreben. Diese Konferenz über Sicherheit und Zusammenarbeit am Mittelmeer müßte stufenweise, vollständig und global aufgebaut werden und stets vor Augen haben, daß die Erörterung der Sicherheitsthemen am Mittelmeer niemals mit der in Europa gleichzustellen und die Behandlung der Menschenrechtsprobleme viel schwieriger und komplizierter ist, wenn der Dialog mit Ländern verschiedener kultureller und religiöser Traditionen erfolgt. Es ist weiterhin offenkundig, daß Zusammenarbeit das Schlüsselwort bleiben muß, um die wirtschaftlichen und sozialen Unterschiede zu reduzieren und gleichzeitig das schwerwiegende Problem der starken Auswanderung einzudämmen. Letzteres soll nicht mit polizeilichen Maßnahmen erfolgen, denn diese würden im Endeffekt nichts bewirken.

Wahr ist, daß ich persönlich mit der Verantwortung beauftragt wurde, die Idee einer KSZM darzulegen und für sie zu werben. Diese Aufgabe zwang mich über Monate hinweg, verschiedene Hauptstädte von Mittelmeer- und Nicht-Mittelmeerländern zu bereisen. Und ich muß zugeben, daß ich mit wenigen Ausnahmen auf eine gewisse Skepsis und in manchen Fällen auf einen Mangel an Zuspruch hinsichtlich der Initiative stieß. Um ein konkretes Beispiel zu nennen, fand in den USA damals die Idee einer KSZM überhaupt kein Gefallen, wahrscheinlich weil in ihr ausschließlich die Sicherheitsdimension gesehen wurde und Mißtrauen in bezug auf eine mögliche Beeinträchtigung der Aufgaben der amerikanischen Mittelmeerflotte aufkam. In Frankreich wurden zwar die positiven Seiten der Initiative anerkannt, aber eine nur auf das westliche Mittelmeer zentrierte Gesprächsführung bevorzugt. In anderen Ländern wurde die Idee für völlig utopisch und unrealisierbar gehalten, denn es war - so wurde argumentiert - undenkbar, eine solche Konferenz einzuberufen, ohne sie den negativen Auswirkungen der regionalen Konflikte, wie z.B. des arabisch-israelischen Konflikts oder der Zypernfrage, aussetzen zu müssen.

Obwohl diese Bemühungen bei den Regierungen nicht übermäßig erfolgreich waren, erhielten sie in akademischen Kreisen sofort eine starke Aufmerksamkeit, sogar in Ländern wie Großbritannien, wo die offizielle Reaktion besonders kühl gewesen war. In jedem Fall wurde uns - die wir fest an die Durchführbarkeit einer KSZM glaubten - durch die kürzlich in Barcelona stattgefundene Mittelmeerkonferenz der befriedigende Beweis dafür geliefert, daß trotz aller Vorbehalte und der Unterschiede zum ursprünglichen Konzept die angebahnten Schritte den Idealen entsprechen, die überhaupt zur Idee einer KSZM geführt hatten. Der Golfkrieg und die radikale Veränderung der internationalen Lage infolge des Zusammenbruchs der kommunistischen Regime in Mittel- und Osteuropa - mit entsprechenden Auswirkungen auch auf den Friedensprozeß im Nahen Osten - rückten die Initiative einer Vision des Mittelmeerraumes als globales Forum für die Festigung des Friedens und für die gesellschaftliche und wirtschaftliche Entwicklung aller Länder der Region in den Hintergrund. In Spanien glaubte man jedoch weiterhin an die früher oder später wiederaufzunehmende Diskussion über die Entwicklung in der Mittelmeerregion. Das hieß zunächst, auf verschiedenen Fronten zu agieren, die wie folgt in vier Punkten zusammengefaßt werden können:

1. Innere Stabilität der Mittelmeerländer. Diese Stabilität wirkt sich vor allem auf die Umgebung des europäischen Mittelmeers aus. Wir müssen mittels politischen Dialogs den Prozeß der Demokratisierung und die Verteidigung des Rechtsstaates und der Menschenrechte, unbeschadet der Achtung kultureller und nationaler Werte jedes einzelnen Landes, fördern. Der Terrorismus muß innerhalb der Achtung der Prinzipien des Rechtsstaates bekämpft werden.
2. Äußere Stabilität, die sich auf dem Niveau der Beziehungen zwischen den Mittelmeerländern entwickelt. In den letzten Jahren wurden vielversprechende Erfahrungen in der Mittelmeerregion gestartet, die dazu führen sollen, akzeptable Prinzipien, Kompromisse und Mechanismen für alle festzulegen, damit ein höheres Maß an allgemeiner Sicherheit erreicht werden kann. Ganz besonders wurden auf

folgenden Gebieten Fortschritte gemacht: Friedensprozeß im Nahen Osten, „Fünf-plus-Fünf-Dialog“ im westlichen Mittelmeer, sogenannte „Mittelmeerinitativen“ im Kreis der NATO, der WEU und der OSZE, und ganz besonders im Mittelmeerforum und in den Vorschlägen für die internationale Mittelmeerkonferenz in Barcelona (politisches Kapitel) .

3. Die wirtschaftlichen und sozialen Faktoren haben angesichts der Größenordnung der Herausforderungen auf diesem Gebiet eine grundlegende Bedeutung. Es geht darum, einen euro-mediterranen Raum zu schaffen, der einen gemeinsamen Wohlstand ermöglicht. Hierzu entstand die kraftvolle Idee einer euro-mediterranen Vereinigung, die das einfache Verhältnis zwischen Handel und Entwicklungshilfe überschreiten soll. Beabsichtigt wird jetzt die Errichtung eines globalen Beziehungsmusters mit ehrgeizigeren Instrumenten der Zusammenarbeit - wie das Programm „Meda“ - und stark erhöhten finanziellen Mitteln, mit dem Ziel, jene Wirtschaftsreformen zu gestatten, die den allmählichen Aufbau einer euro-mediterranen Freihandelszone sowie den regionalen Integrationsprozeß und den Aufschwung privater Investitionen ermöglichen sollen. Offizieller Ausgangspunkt dieser Politik war die Mittelmeerkonferenz in Barcelona im November 1995.
4. Die kulturellen und menschlichen Aspekte: Es ist lebenswichtig, den Dialog der Kulturen auf dem Weg der Austauschprogramme zwischen verschiedenen Organisationen (Medien, Universitäten, Unternehmen, Gewerkschaften, Vereine, nichtstaatliche Einrichtungen, Jugend usw.) zu fördern. Das Ziel besteht darin, daß sich die Völker gegenseitig besser kennenlernen, ihre jeweilige Eigenart achten und die kulturellen Mißverständnisse vermeiden, die so sehr das Bild des jeweils anderen beeinträchtigen.

Wir befinden uns an der Schwelle einer neuen historischen Etappe für das Mittelmeer. Die Zeit ist reif für den Entwurf einer neuen Architektur dieser Region. Die gegenwärtigen und zukünftigen Herausforderungen bedürfen dringend und entschieden der Errichtung eines neuen Rahmens für den Dialog und die Zusammenarbeit. Daher hat Spanien mit großer Zufriedenheit den Vorschlag des Europäischen Rates auf Korfu sowie die Essener Initiative aufgenommen, die europäische Mittelmeerkonferenz für das zweite Halbjahr 1995 einzuberufen, welche die Willenskraft der EU-Staaten zu einer neuen Mittelmeerpolitik bekunden sollte. Wer - wie wir - fest an die Durchführbarkeit einer Konferenz über Sicherheit und Zusammenarbeit im Mittelmeerraum glaubte, mußte auch diese Initiativen als Beweis dafür sehen, daß wir von unserer Utopie nicht mehr weit entfernt waren. Zum ersten Mal sollte versucht werden, einen allgemeinen Rahmen für die Vereinigung der verschiedenen Aspekte der Friedens- und Sicherheitspolitik im Mittelmeerraum zu schaffen.

Ebenfalls sollte die einseitig ausgerichtete Politik einer globalen Aktion auf politischer und sicherheitspolitischer, auf wirtschaftlicher und steuerlicher, auf kultureller und sozialer Ebene weichen. Das Wortpaar „Hilfe gegen Handel" sollte überwunden und dagegen alles auf die Errichtung einer dynamischen Stabilität in der Region gesetzt werden, die den Prozeß des politischen und wirtschaftlichen Wandels mittels einer Reihe gemeinsamer Initiativen garantieren sollte. Der in vielen südlichen Mittelmeerländern bestehende Wunsch nach Modernisierung sollte mit den Anstrengungen des eigenen Volkes, aber auch mit Hilfe der europäischen Länder erfüllt werden.

Die Konferenz in Barcelona vom November 1995 stellte einen wichtigen Schritt auf dem Weg zur neuen Mittelmeerpolitik dar und hat zwei äußerst wichtige Dokumente hervorgebracht: an erster Stelle die Erklärung von Barcelona, die den Rahmen der künftigen Beziehungen zwischen den Teilnehmerstaaten definiert und gleichzeitig verschiedene Aspekte der Politik und der Sicherheit einschließt, die Zusammenarbeit auf der Wirtschafts- und auf der Finanzebene sowie die Zusammenarbeit in den kulturellen, sozialen und menschlichen Bereichen. Das zweite Dokument ist das Arbeitsprogramm der Konferenz, das dank seines verbindlichen Charakters und seiner präzisen Formulierung die Ingangsetzung der in Aussicht genommenen Vorhaben ermöglichen wird. Die Erklärung von Barcelona greift die wichtigsten Themen der Zusammenarbeit zwischen der Europäischen Union und den restlichen Mittelmeerländern auf. Zusammengefaßt lauten die wichtigsten Inhalte wie folgt:

1. „Politik und Sicherheit": Hier wird die Bedeutung der Achtung von Grundrechten und des Aufbaus eines Rechtsstaates in jedem einzelnen Land erneut unterstrichen. Es gibt selbst für unterschiedliche politische Systeme eine Verpflichtung zu einem Mindestmaß an demokratischen Bedingungen, die mit der kulturellen und gesellschaftlichen Vielfalt der Mittelmeeranrainerstaaten vereinbar sind.
2. „Soziales und Menschliches": Der Austausch zwischen den verschiedenen Organisationen der Bürger der Europäischen Union und der restlichen Mittelmeerländer soll im Rahmen einer dezentralisierten Zusammenarbeit begünstigt werden. Es ist wünschenswert, die Rolle solcher zivilen Organisationen in diesen Ländern unabhängig von staatlicher Gewalt und konfessioneller Bindung zu stärken. In diesem Bereich muß die wichtige Rolle der Auswanderer in den gegenseitigen Beziehungen sowie die Zusammenarbeit bei der Terrorbekämpfung hervorgehoben werden.
3. „Wirtschaft und Finanzen": Die Errichtung einer euromediterranen Wirtschaftszone auf der Basis des freien Handels wird eingeleitet und bis zum Jahr 2010 stufenweise aufgebaut, wobei dieses Datum nicht als unbestrittenes Ziel verstanden werden muß. Auf diese Weise könnten die

Beziehungen und die Gelegenheiten zum Austausch unter Beachtung der Normen der Welthandelsorganisation und GATT mittels Vereinbarungen für den regionalen Freihandel verstärkt werden.

Schließlich sieht die Konferenz von Barcelona künftig regelmäßige, vorläufig jährliche Zusammenkünfte vor, aber auch thematische, eigens einberufene Treffen von Ministern, hohen Beamten, Fachleuten, sowie Begegnungen zwischen Bürgervertretern, Kontakte zwischen den jeweiligen Parlamenten, den regionalen Behörden, zwischen lokalen Gemeinschaften und Gruppen von Unternehmern, Vereinen und Gewerkschaften. Die Mittelmeerkonferenz von Barcelona war für die Europäische Union von besonderer Relevanz, da der Auftrag zur Schaffung einer euro-mediterranen Wirtschaftszone und zur Festlegung von Richtlinien für die politische und soziale Zusammenarbeit die wohlverdiente Beachtung der südlichen Mittelmeergrenze aufzeigt. Dies ist für Spanien aufgrund seiner politischen und wirtschaftlichen Interessen im nordafrikanischen Raum besonders zufriedenstellend. In jedem Fall wird diese Mittelmeerkonferenz hauptsächlich ein fest eingerichtetes Dialogforum und ein Ausgangspunkt zur Verhandlung verschiedenster wirtschaftlicher und politischer Themen bleiben, die ohnehin bei dem nicht immer einfachen Verhältnis zwischen einer entwickelten Europäischen Union und der sich noch auf dem Wege der Entwicklung befindlichen Ländergruppe aufkommen werden.

Zum Schluß noch eine Überlegung, die zur Klärung eines häufig wiederkehrenden Mißverständnisses in bezug auf die spanische Haltung zum Thema Mittelmeer notwendig ist. Während der letzten spanischen EU-Präsidentschaft hat mein Land wiederholt auf die Notwendigkeit einer Ausgeglichenheit zwischen den Bemühungen für die mittel- und osteuropäischen Länder und den Anstrengungen im Hinblick auf die Mittelmeerländer hingewiesen. Selbstverständlich handelt es sich hier nicht um eine Auffassung, die ausschließlich von Spanien vertreten wurde, sondern auch von mehreren anderen europäischen Partnern, die aufgrund ihrer geographischen Lage ebenfalls eine stark betonte Sensibilität für die Fragen des Mittelmeers aufweisen. Vielleicht wurde in einigen Ländern anfangs unsere Sichtweise nicht richtig verstanden. Natürlich erkennen wir den deutlichen Unterschied zwischen den Ländern, die zur Zeit über ihren EU-Beitritt verhandeln, und den Ländern des südlichen Mittelmeers. Wenn wir dennoch von einem Gleichgewicht der Bemühungen sprechen, meinen wir nicht eine absolute Angleichung der Finanzmittel für beide Regionen. Wir erwarten, daß auf diese Weise die Wichtigkeit der Stabilität der Beziehungen zum Osten ebenso wie zum Süden anerkannt wird und daß diese Stabilität neue Anstrengungen erfordert, die nicht unbedingt gleich, aber ausbalanciert sein müssen.

Wir befinden uns also vor einer neuen Mittelmeerarchitektur, die die Stärkung der vertikalen bilateralen Politik jedes einzelnen europäischen Staates und der Europäischen Union zu jedem einzelnen Staat der südlichen Mittelmeerküste mit der Errichtung einer horizontalen euro-mediterranen Politik verbinden müßte, in welcher jeder Mittelmeerstaat gleichberechtigt an der künftigen Errichtung einer großen Mittelmeerstrategie teilnehmen kann. Hierbei sind politische und wirtschaftliche Kompromisse unter Berücksichtigung der jeweiligen Reformprozesse zu schließen. Wir können und müssen dieses Ziel erreichen. Die künftigen Generationen am Mittelmeer werden uns zur Rechenschaft ziehen, wenn wir hierbei scheitern sollten. Wir sind daher verpflichtet, diesen Ansprüchen zu genügen, und jeder einzelne von uns muß seinen eigenen Anteil an Verantwortung übernehmen.

Als allerletztes noch ein Gedanke über das dialektische Verhältnis zwischen Globalität und Vielfalt - zwei durch alle historischen Epochen fortbestehende Antriebsräder des Lebens in der Mittelmeerregion. Obwohl die derzeitigen Unterschiede zwischen beiden Ufern hinsichtlich des demographischen und wirtschaftlichen Wachstums unbestreitbar sind und auch die kulturellen Gegensätze durch politisch-religiösen Extremismus eher verhärtet wurden, können die gemeinsamen Merkmale nicht verleugnet werden. Beide Ufer teilen sich eine lange geschichtliche Periode friedlicher Koexistenz und regen Austauschs, so daß es undenkbar erscheint, ein Europa ohne diese Mittelmeerprojektion zu begreifen; ebenso wird der Norden Afrikas ohne den Zyklus gegenseitigen Austauschs mit den Nachbarn aus dem Norden unvorstellbar. Obwohl ich die Lyrik der eigenartigen Sichtweise Camus' für übertrieben halte, möchte ich ihn trotzdem zitieren:

> „Von Florenz bis Barcelona, von Marseille bis Algier erteilt uns ein ganzes brüderliches Volk die wesentlichen Lektionen unseres Lebens. Im Herzen dieses unzähligen Geschöpfs muß ein noch heimlicheres Wesen schlafen, das für uns alle auszureichen scheint. Es ist dieses vom Himmel und Meer genährte Wesen, das wir vor einem unter der Sonne dampfenden Mittelmeer zum Leben wiedererwecken möchten oder wenigstens die buntscheckigen Gestalten des leidenschaftlichen Lebens, das es in jedem von uns erweckt."

Mohammed Haneche
Botschafter der Demokratischen Volksrepublik Algerien
(30. April 1996)

Natürlich ist es schwierig, in einem solchen Rahmen alle Themen zu behandeln, die das Mittelmeer betreffen. Ich will versuchen, mich aus der Sicht Algeriens mit den Hauptideen und -konzepten hinsichtlich des Rahmens der geplanten Kooperation zwischen der Europäischen Union und den Mittelmeerländern zu befassen. Es ist richtig, daß die Barcelona-Konferenz den Akzent hierauf gelegt hat. Die Abschlußerklärung ist von fundamentaler Bedeutung und wurde der langanhaltenden Debatte über die Lage im Mittelmeerraum gerecht, die seit mehr als zwanzig Jahren nur als Nebenaspekt der Arbeiten im Rahmen der Konferenz für Sicherheit und Zusammenarbeit in Europa (KSZE) eingestuft worden war. Wer zur Schlußakte von Helsinki im Jahr 1975 zurückgeht, findet dort unter verschiedenen wichtigen Materien einen Absatz, der sich auf das Mittelmeer bezieht und zu Frieden und Kooperation im Mittelmeerraum aufruft, ohne irgendeinen prozeduralen Mechanismus der Kooperation auf diesem Gebiet zu erwähnen. Dies war das einzige Zugeständnis an die Mittelmeerländer im Rahmen der KSZE. Mit anderen Worten, der Mittelmeerraum war in diesem gesamten Zeitabschnitt vom KSZE-Prozeß abgetrennt, als ob dieser Weltteil nicht zu Europa gehörte.

Als erste große Konsequenz daraus wurden die südlichen Länder einfach von jeder Teilnahme oder Assoziierung ausgeschlossen, um die politische Zukunft ihrer gemeinsamen Region zu erörtern. Aus diesem Grund müssen wir heute nach meiner Auffassung mit Stolz und Respekt die Leistung von Barcelona anerkennen, zu der viele Mittelmeerländer beigetragen haben. Diese arbeiteten in bemerkenswerter Weise lange dafür, einen echten Rahmen des politischen Dialoges und der Kooperation im Mittelmeerraum zu schaffen und dadurch in diesem alten Kulturraum Frieden, Verständnis, Kooperation und kollektiven Fortschritt für alle Seiten zu fördern, ohne Ausnahme. Soweit es Algerien betrifft, zeigt es sich befriedigt über Barcelona und hat in dem gesamten Prozeß eine aktive Rolle eingenommen. Einer der allerersten Vorschläge, die mein Land Anfang der siebziger Jahre in Helsinki gemacht hat, unterstrich die Notwendigkeit, alle Mittelmeerländer in die Arbeiten der KSZE einzubeziehen und ihnen das gleiche Recht auf Teilnahme zu gewähren, ihre Anliegen und Sorgen vorzutragen. In diesem Zusammenhang sei daran erinnert, daß diese Länder damals nur den Status von Beobachtern hatten und nicht von Teilnehmern.

In dieser Hinsicht ist die Entwicklung heute so weit fortgeschritten, daß viele Länder von beiden Seiten des Mittelmeers sie als Ergebnis ihres gemeinsamen Beitrages und ihrer gemeinsamen Verpflichtung gegenüber Frieden, Stabilität und allgemeinem Wohlstand in der Mittelmeerregion beanspruchen. In diesem Kontext muß man die Anstrengungen aller Staaten und Politiker positiv würdigen, die an der Initiative zur Mittelmeerkooperation, die „Fünf-plus-Fünf" genannt wird, mitgewirkt haben und die in zwei Ministerkonferenzen einmündeten. Diese fanden nacheinander in Rom (1990) und Algier (1991) statt und entfalteten zum erstenmal offen das Gedankengut, das später den Geist von Barcelona ausmachte. In dieser Hinsicht möchte ich dem verstorbenen spanischen Außenminister, Francisco Fernández Ordónez, posthum einen warmherzigen Dank aussprechen. Dieser leistete einen herausragenden und entscheidenden Beitrag, indem er für das neue Konzept einer „Konferenz über Sicherheit und Zusammenarbeit im Mittelmeerraum" (KSZM) eintrat, das auf den Prinzipien der bisherigen KSZE aufbaut. Das große Verdienst von Ordónez und seinen Mitarbeitern besteht darin, daß sie schnell zu dem Schluß gelangten, daß die Mittelmeerthemen, weil sie ebenso wichtig wie kompliziert sind, in einen neuen Dialograhmen integriert zu werden verdienen, der alle Mittelmeer- und europäischen Länder, ebenso wie die Staaten des Nahen Ostens, die USA und die Nachfolgestaaten der Sowjetunion einschließt. Diese Initiative brach dann wegen der Kuwait-Invasion ab, weckte aber die Zielvorstellung einer umfassenden politischen Sicherheit und wirtschaftlichen Partnerschaft im Mittelmeerraum. Fünf Jahre später wurden diese Absichten, die so aktiv von Außenminister Ordónez und der spanischen Diplomatie betrieben wurden, durch die Barcelona-Konferenz wiederbelebt.

Weil das Treffen von Barcelona ein klares und entschiedenes Signal ausgesandt hat, ist für die kommenden Jahre ein neuer politischer Trend und eine starke Dynamik zu erwarten. Damit wird die Aufgabe zu bewältigen sein, einen Beitrag zu Stabilität und Solidarität in dieser Region zu leisten, die nicht nur für ihre kulturellen Werte, die sie der Menschheit geschenkt hat, bekannt ist, sondern leider auch dafür, daß sie ein Zentrum gegenwärtiger Krisen und Kriege ist. Gerade weil der Geist von Barcelona die Grundzüge einer lang anhaltenden zukünftigen Partnerschaft festlegt, weckt dieser Prozeß viele Hoffnungen und kommt den Wünschen und Bestrebungen der betroffenen Völker entgegen. Es ist zugleich ebenfalls wahr, daß der Weg mit Hemmnissen und Schwierigkeiten gepflastert ist. Zweifelsohne bedarf es des gemeinsamen guten Willens aller Seiten, um diese Schwierigkeiten Schritt für Schritt zu überwinden und einen fruchtbaren Dialog in Gang zu setzen, der imstande ist, gegenseitiges Vertrauen und gemeinsame Handlungsfähigkeit hervorzurufen.

Algerien hat den Rahmen von Barcelona vollständig akzeptiert und bleibt überzeugt, daß der bei dieser Gelegenheit erzielte allgemeine Kompromiß als Ausgangspunkt eines Prozesses gesehen werden muß, der die Mittelmeerregion in eine Zone des gemeinsamen Wohlstandes von Nord und Süd verwandeln und der Region wieder ihre traditionelle Aufgabe als Schnittstelle zwischen Ost und West zurückgeben wird. Für diese Aufgabe ist diese Region tatsächlich berufen, wenn wir die folgenden Faktoren einbeziehen: die historischen und politischen Verbindungen unter den betreffenden Ländern, der gemeinsame kulturelle Hintergrund, das allgemeine Streben nach Stabilität und Kooperation sowie der gemeinsame Ehrgeiz, am kollektiven Schicksal der Region teilzuhaben und eine Interessen- und Solidargemeinschaft aufzubauen, was unter dem Vorzeichen des ideologischen Ost-West-Konflikts praktisch unmöglich war. In dieser Perspektive möchte ich drei langfristige Ziele benennen, die nach meinem Dafürhalten als Hauptaufgaben der euro-mediterranen Kooperation gelten sollten, und deren Umsetzung den Erfolgsgrad der in Aussicht genommenen Kooperation anzeigen wird.

Das erste Ziel besteht darin, zur politischen Stabilität der Region in individueller wie kollektiver Form beizutragen und den Prozeß politischer und wirtschaftlicher Reformen parallel zur demokratischen Transformation in den südlichen Mittelmeerländern zu erleichtern. Diesbezüglich sollte der Demokratisierungstrend als unverfälschter Ausdruck des Willens dieser Länder ermutigt werden, die ein ausreichend großes demokratisches Potential in sich bergen, um diesen Trend irreversibel zu machen. Von diesem Blickwinkel her ist ganz klar, daß die Barcelona-Konferenz die Bedeutung, wenn nicht die Notwendigkeit unterstreicht, den demokratischen Werten überall Auftrieb zu verschaffen, durch Wahlen auf allen Ebenen, eine freie Marktwirtschaft und die absolute Wahrung der Menschenrechte. Demokratie sollte hierbei nicht als Anforderung aufgefaßt werden, die die europäischen Länder als Bedingung für die südlichen Länder stellen, dem neuen, „euro-mediterran“ genannten Klub beizutreten. Ganz im Gegenteil sollte die Demokratie von allen als gemeinsame Grundlage eines kollektiven Wertesystems betrachtet werden, wodurch das gegenseitige Verstehen erleichtert und die Annäherung zwischen allen Staaten in der Region ermöglicht wird. Es ist eine Tatsache, daß die dramatischen politischen Veränderungen, die sich in den vergangenen zehn Jahren in Europa vollzogen haben, den Lauf der Geschichte in der Mittelmeerregion beschleunigt haben, indem das Thema Demokratie zur zentralen Herausforderung für die kommenden Jahre wurde. Der Übergang zur Demokratie ist nicht auf die ehemaligen Ostblockstaaten begrenzt, sondern berührt die arabischen Länder und die islamische Welt ebenso. Dieser Herausforderung muß sich der Mittelmeerraum notwendigerweise mit der Unterstützung Europas stellen.

Es bedarf keiner weiteren Erklärung, daß eine solche Unterstützung im Zeichen des Respekts der Souveränität und der spezifischen Besonderheiten aller Länder gewährt werden sollte, um Mißverständnisse zu vermeiden. Darum ist es wesentlich, daß der Dialog im euro-mediterranen Rahmen primär darauf abzielen sollte, eine minimale Grundlage des politischen Verständnisses und gegenseitigen Vertrauens zu entwickeln. Wenn Partner gegenseitige Anliegen und Sorgen zu verstehen beginnen, bildet dies den ersten Schritt zur Aufrechterhaltung und Vertiefung der Freundschaft und Kooperation.

Das zweite Ziel besteht in der Stärkung der ökonomischen Reformen und der freien Marktwirtschaft in den südlichen Mittelmeerländern mit der Aussicht, eine Freihandelszone zwischen der Europäischen Union und seinen südlichen Nachbarn zu schaffen. Mit Tunesien und Marokko sind bereits Abkommen geschlossen, und andere Länder werden in den kommenden Jahren folgen. Nach heutigen Überlegungen soll diese Freihandelszone in acht bis vierzehn Jahren Gestalt annehmen. Während dieser Zeitperiode können alle Möglichkeiten ökonomischer und Handelsanpassungen ausgeschöpft werden, um die unterschiedlichen Wettbewerbs- und Produktivitätsniveaus zu harmonisieren.

Man ist an dieser Stelle versucht zu fragen: Warum eigentlich ein Freihandelszonenvertrag zwischen Europa und den Mittelmeerländern? Liegt darin der beste Weg, die wirtschaftliche Kluft zwischen beiden Seiten zu überbrücken? Riskieren wir nicht einen großen Kollaps in den südlichen Ländern, deren Wirtschaftsstrukturen den Wettbewerb mit dem Norden nicht aushalten? Ich muß persönlich zugeben, daß einem solchen Ansatz immer ein gewisses Risiko innewohnt. Das Risiko wäre jedoch größer, wenn wir keinen Schritt in diese Richtung unternähmen, weil dies bedeuten würde, sich fatalistisch mit den gegenwärtigen ökonomischen Verzerrungen abzufinden. Deshalb sollte die Option eines Freihandelszonenvertrages offengehalten werden, zumal keinerlei Alternative besteht, wenn wir tatsächlich eine gemeinsame wirtschaftliche Zukunft für diese Region anstreben. Natürlich sind Sicherungsvorkehrungen und ein besonderer Mechanismus nötig, um vernünftig und Schritt für Schritt die volle Umsetzung dieses Vertrages einzuleiten. Bis zu zwölf oder vierzehn Jahre werden erforderlich sein, das Endresultat aber bestünde in der Normalisierung des Warenhandels und der Kooperation zwischen Europa und den Mittelmeerländern.

Das dritte Hauptziel besteht in einem globalen Maßstab darin, die volle Integration der Mittelmeerregion in die Weltwirtschaft abzusichern bis zum Beginn des nächsten Jahrhunderts, welches das Jahrhundert der ökonomischen und regionalen Zusammenschlüsse zu werden verspricht. Weil der Mittelmeerraum einen wichtige Wegkreuzung nach Afrika und in die arabische Welt darstellt, könnte es dann eine solche Rolle mit ungeahnter Wirksamkeit übernehmen. Dies ist die einzigartige Gelegenheit, die strategische Funktion dieser Region wiederherzustellen, indem den verschiedenen Ländern die Möglichkeit eingeräumt wird, aktiv und positiv an einem solchen Prozeß teilzuhaben.

Die drei erwähnten langfristigen Ziele sollten kurzfristig durch Zwischenaktionen verfolgt werden, auf die ich näher eingehen möchte, weil sie voraussichtlich die ersten konkreten Faktoren der euro-mediterranen Kooperation sind. Der erste derartige Typ von Aktionen würde darin bestehen, alle Tendenzen zu stoppen, die südlichen Mittelmeerländer vom europäischen Kontext zu isolieren. Diese Tendenzen erhielten in den achtziger Jahren aus zwei Richtungen Auftrieb:

1. Die EG-Regelungen, die den freien Personen- und Güterverkehr betreffen, haben die europäische Haltung so drastisch verhärtet, als ob Europa gleichsam einen Sicherheitsgurt anlegen wollte, um sich gegen den Süden abzuschirmen.
2. Der zweite Aspekt ist wahrscheinlich auf die Furcht zurückzuführen, daß von den wachsenden Problemen des Fundamentalismus, der Sicherheit und den Wanderungsströmen im Süden eine direkte Bedrohung für den Wohlstand und die Stabilität Europas ausgeht. Diese Faktoren behinderten und verletzten die Grundsätze des freien Personenverkehrs in so dramatischer Weise, daß sich die Frage aufdrängt, ob dies nicht im Widerspruch zum Geist der Kooperation in der Mittelmeerregion steht. Tatsächlich kann man nicht seinen Willen bekräftigen, für ein offenes Konzept einer euro-mediterranen Kooperation einzutreten, und parallel dazu die separate Entwicklung zweier abgeschiedener regionaler Einheiten fördern. Dies legt die Frage nahe, wie glaubwürdig unsere gemeinsamen Absichten sind. Für dieses Problem muß eine Lösung gefunden werden, ebenso wie für das allgemeine Problem der Immigration. Immigration sollte als menschliche Brücke zwischen den Kulturen betrachtet werden, nicht als Ursachenquelle für Streit zwischen Nachbarstaaten.

Der zweite Typ kurzfristiger Aktionen hat mit dem Erfordernis zu tun, daß alle Länder an diesem Prozeß teilnehmen, ohne jede Ausnahme. In dieser Hinsicht ist klar, daß über kurzzeitige Schwankungen hinweg jede kollektive Aktion eine bindende Vereinbarung aller Länder bestätigen sollte, was gemeinsam zu tun ist. Es sollte mit anderen Worten einen allgemeinen Verhaltenskodex geben, der besagt, daß jeder Staat in Übereinstimmung mit den Grundsätzen handelt, die Ziele und Aufgaben der euro-mediterranen Kooperation zu fördern. Von diesem Blickwinkel kommt der bürgerlichen Gesellschaft eine wachsende, zu ermutigende Rolle im euromediterranen Prozeß zu. Dieser könnte auf eine zuverlässigere Grundlage gestellt werden, wenn er die Teilnahme und die aktive Unterstützung der betroffenen Bevölkerungen, öffentlichen Meinung, der Nichtregierungsorganisationen, Unternehmerverbände, Gewerkschaften usw. gewinnen würde. Jede Anstrengung ist zu unternehmen, um zu gewährleisten, daß dieser Prozeß nicht auf der staatlichen Ebene stehenbleibt, sondern letztlich den Menschen zugute kommt.

Auf der politischen Ebene hat der euro-mediterrane Kooperationsrahmen ebenfalls die natürliche Aufgabe, zum Abbau von Spannungen beizutragen und Lösungen politischer Konflikte in einer Region zu erleichtern, deren Stabilität durch periodisch auftretende Krisen gefährdet wird. Der arabisch-israelische Konflikt, die Zypernfrage und eine Vielzahl potentieller Konflikte müssen behandelt werden. Der Mittelmeerprozeß könnte vor allem den Friedensprozeß im Nahen Osten wirksam verstärken und vervollständigen, den die Vereinigten Staaten von Amerika initiiert haben. Wie jedermann weiß, zielt der Friedensprozeß auf einen umfassenden und dauerhaften Frieden zwischen der arabischen Welt und Israel ab und hat vermittels der Gespräche auf bilateraler und multilateraler Ebene enorme Auswirkungen auf alle Staaten der Region. Die Vereinigten Staaten sind erheblich involviert in den Prozeß, der alle arabischen Länder einschließt und den Hauptzweck hat, die Situation und den Status von Israel inmitten der arabischen Welt als neuer und positiver Partner und Nachbar zu normalisieren.

Trotz dieser positiven Aspekte, die ich nicht in Frage stellen möchte, scheint der Friedensprozeß jedoch in seinen Zielsetzungen einen immer begrenzteren Charakter anzunehmen. Die Frage lautet: Welches sind die verfügbaren Mittel, um dort den Frieden zu wahren und ihn unumkehrbar zu machen? Welches sind die geeigneten Instrumente, um eine neue Krise abzuwenden? Nach meiner Meinung könnte der euro-mediterrane Kooperationsrahmen unter gewissen Bedingungen ein wertvolles Instrument in dieser Hinsicht darstellen: weil Europa als Nachbar berechtigt ist, mit allen arabischen Ländern ebenso wie mit Israel Gespräche zu führen; weil Europa außerdem eine spezifische Verantwortung gegenüber dieser Region hat, und die jüngsten Ereignisse im Libanon deutlich die Notwendigkeit aufzeigten, daß Europa in dieser Angelegenheit ein Wort mitzureden hat; weil Europa ein zuverlässiger Partner und imstande ist, den gegenwärtigen Demokratisierungstrend im südlichen Mittelmeerraum und der arabischen Welt positiv zu beeinflussen; schließlich weil Europa in der Region jetzt mit den Vereinigten Staaten Verantwortung teilen und seinen Einfluß für die Sache des Friedens, des kollektiven Fortschritts und der Demokratie nutzen kann.

Natürlich läßt sich einwenden, daß die Gemeinsame Außen- und Sicherheitspolitik noch im Entstehen begriffen ist und ein langer Weg bevorsteht. Nichtsdestoweniger ist eine größere Rolle Europas in der Mittelmeerregion nötig, wenn wir gemeinsam etwas erreichen wollen. Es gibt keine glaubwürdige Partnerschaft, wenn wir die Anstrengungen nicht teilen. Es existiert ein Preis, den zu zahlen sich lohnt. Lassen sich mich in diesem Zusammenhang noch etwas zur Rolle Deutschlands sagen. Nach meiner Auffassung muß Deutschland - wegen seiner wiederhergestellten Einheit, seines Prestige sowie seines lange währenden Einsatzes zugunsten des Friedens und der Kooperation in der Welt - im Rahmen der euromediterranen Kooperation eine besondere Position einnehmen. Der deutsche Wille zur Kooperation wird zweifelsohne bei den Mittelmeerländern auf fruchtbaren Grund stoßen, weil diese nicht nur die deutsche Technik und Beratung sehr schätzen, sondern auch besonders die Fähigkeit und das Geschick, das Ihr Land in den internationalen Beziehungen unter Beweis gestellt hat.

François Scheer
Botschafter der Französischen Republik
(7. Mai 1996)

Der Mittelmeerraum ist eine Region, deren Stabilität, Entwicklung und Wohlstand untrennbar mit der Sicherheit und dem Wohlergehen meines Landes und der gesamten Europäischen Union verbunden ist. Wenn die Mittelmeerpolitik auch seit jeher eine der Hauptachsen der französischen Außenpolitik darstellt, so ist sie dennoch zunehmend vor dem breiteren Hintergrund des gemeinschaftlichen Handelns in dieser Region zu sehen, unter Einbeziehung vor allem der Länder am südlichen Ufer des Mittelmeers. Niemand wird sich darüber wundern, daß Frankreich dieses Thema mit Entschlossenheit, Überzeugung, ja sogar Leidenschaft behandelt. Denn mein Land war schon immer eine mediterrane Macht. Es ist sicher nicht *nur* eine mediterrane Macht, und es ist auch nicht die einzige. Ich glaube dennoch, daß Frankreich einige der erforderlichen Eigenschaften besitzt, um zu handeln und seine europäischen Partner beim Aufbau einer großen Mittelmeerpolitik mitzuziehen.

Ich denke hier an die geographische Lage und an die engen Bindungen, die sich im Laufe der Geschichte zwischen Frankreich und seinen südlichen Nachbarn entwickelt haben. Es sei hinzugefügt, daß jede der drei großen Religionen, die rund um das Mittelmeer entstanden sind, einen Platz in unserem Land hat. Und aus diesem Grund ist sich Frankreich bewußt, daß diese Religionen koexistieren müssen. Wenn nun Frankreich eine besondere Rolle bei der Annäherung der beiden Mittelmeerufer zu spielen hat, dann - wie ich glaube - deshalb, weil sowohl der Einfluß des Nordens als auch der Einfluß des Mittelmeers, aus denen Europa entstanden ist, beide auf französischem Boden Gestalt angenommen haben. In Frankreich, so schrieb der deutsche Essayist Ernst Robert

Curtius vor sechzig Jahren, „kann der Mensch des Nordens seine Sehnsucht nach dem Mittelmeer stillen".

Und weil Frankreich das Land ist, wo sich die beiden Kulturen, die Europa gestaltet haben, begegnen, muß mein Land seine Partner in der Union daran erinnern, daß ihr Schicksal eng mit dem des Mittelmeerraumes verbunden ist. Zwar steht die ganze Menschheit in der Schuld des Mittelmeers, aber Westeuropa hat eine ganz *besondere* Beziehung zu diesem geschlossenen Meer, dessen beide Ufer auf Gedeih und Verderb miteinander verbunden sind. Das Mittelmeer ist nämlich eine besondere Region: Wie ich später zu beweisen versuchen werde, ist es eine Schnittstelle und zugleich eine Frontlinie zwischen Nord und Süd, insbesondere zwischen Europa, unserem eher wohlhabenden Westeuropa, und den zerrissenen Regionen - Nordafrika, dem Mittleren Osten und den Balkanländern -, die das Joch der wirtschaftlichen Armut, des demographischen Wachstums und der politischen, ethnischen und religiösen Auseinandersetzungen tragen.

Der Mittelmeerraum bildet also eine Art „Krisenbogen", von dem immer häufiger Gefahren und Probleme ausgehen, die die Völkergemeinschaft zu bewältigen hat: Gefährdung des Friedensprozesses im Mittleren Osten, ethnische Konflikte im ehemaligen Jugoslawien, Zunahme des religiösen Fundamentalismus in Nordafrika mit seinen Auswirkungen auf Europa sowie das Kurdenproblem und seine Folgen für ein Land wie Deutschland. Viele Menschen verstehen oft erst aufgrund der Ereignisse, daß der Mittelmeerraum nicht nur ein Gebilde von Tourismusländern oder Ausgrabungsstätten, ein Urlaubsziel zur warmen Jahreszeit, sondern auch eine potentielle und leider allzu oft reale Gefahrenquelle für Europa ist. Häufig wird aber daraus nur die Schlußfolgerung gezogen, daß „der Westen, insbesondere Europa, sich nicht um alles kümmern kann", daß „Osteuropa eigentlich Vorrang hat, weil es uns näher ist und weil es noch instabiler ist als der Mittelmeerraum" oder daß „man keine Zeit damit verlieren sollte, unlösbare Probleme zu lösen". Manche sind der Meinung, es wäre im Grunde besser für Europa, andere Prioritäten zu setzen oder den Mittelmeerraum mit seinen Problemen sogar zum Quarantänegebiet zu erklären, um sich vor jeglicher Ansteckungsgefahr zu schützen.

Diese Haltung ist unrealistisch und für Europa gefährlich. Sie ist unrealistisch, denn offensichtlich ist es zwecklos, wenn unser Kontinent hofft, sich auf Dauer von den Problemen einer Region fernhalten zu können, die ihm geographisch, geschichtlich und menschlich so nahe liegt, und dies um so mehr, als vier Mitgliedstaaten der Europäischen Union Mittelmeerländer sind, nämlich Frankreich, Italien, Spanien und Griechenland. Und diese Haltung ist gefährlich, denn sie trägt nur zur Aufschiebung der Lösung regionaler Probleme bei, obwohl klar ist, daß Europa zu dieser Lösung wesentlich beitragen muß. Sie ist gefährlich für die Mittelmeerländer, aber auch für Europa selbst; denn - und das muß man wissen - Gleichgültigkeit hat ihren Preis. Und dieser Preis könnte für unseren Kontinent finanziell, politisch, menschlich und militärisch um so höher sein, als er es versäumt hat, den Problemen im Mittelmeerbecken die Aufmerksamkeit zu schenken, die sie verdient haben.

Ich möchte hinzufügen, daß diese Haltung zusätzlich sogar den Wohlstand in Europa beeinträchtigt. Denn viele berücksichtigen nicht die für unseren Kontinent entscheidende Tatsache, daß das Mittelmeer nicht nur eine Gefahrenquelle, sondern auch eine wirkliche Hoffnung ist: Wie könnte Europa morgen die politischen und wirtschaftlichen Früchte ernten, die die vorhersehbare Entwicklung des Mittelmeerraumes hervorbringt, wenn es sich heute von dessen Problemen abwendet? Der Mittelmeerraum darf deshalb nicht nur als Achillesferse der Europäischen Union gesehen werden, sondern vielmehr als ein lebenswichtiger Faktor für die Union, der Risiken, aber auch Chancen birgt. Die Entwicklung des Mittelmeerraumes ist im Grunde eine echte Herausforderung;

und nur wenn Europa diese und keine andere Herausforderung annimmt, kann es morgen von sich behaupten, eine wirkliche politische und wirtschaftliche Macht zu sein.

Europa ist ohne Mittelmeer unvorstellbar. Das brauche ich einem gelehrten deutschen Publikum, inspiriert von Goethe und einer langen Tradition der italienischen Reise, nicht beibringen. Und das Mittelmeer ist verständlicherweise ohne sein südliches Ufer unvorstellbar. Hat nicht General de Gaulle schon am 18. März 1944 in Algier von den „Arterien“ Ärmelkanal, Rhein und Mittelmeer als Grundlage eines künftigen Europas gesprochen, dem „wichtigsten Zentrum in einer weltweiten Organisation der Produktion, des Handels und der Sicherheit“? Man kann vom Mittelmeer wirklich als „Arterie“ sprechen. Als Arterie, auf der ein Sechstel des gesamten Handels und ein Drittel des weltweiten Ölhandels abgewickelt werden und von der zum großen Teil die Wirtschaft und die Sicherheit Westeuropas abhängen.

Zwar ist diese Arterie ein lebenswichtiger Faktor für unser Europa, aber sie ist eben eine besondere Region, die in höherem Maße als andere Regionen der Welt eine Bruchstelle und zugleich ein Bindeglied ist, ein Ort der kulturellen, religiösen und menschlichen Gegensätze, aber auch ein Knotenpunkt, sicherlich eine Gefahrenquelle, aber auch eine Hoffnungsquelle. Eine Bruchstelle ist sie in vielfacher Hinsicht. Ich will mich an diesem Punkt nicht lange aufhalten, weil hier im allgemeinen Übereinstimmung besteht. Ich möchte nur an einige offenkundige Tatsachen erinnern.

Die erste Bruchstelle ist historischer, kultureller und geopolitischer Art. Zwar bildet dieses Meer eine geographische Einheit, doch seine politische Existenz stützt sich nur auf zwischenstaatliche Beziehungen. Die Mittelmeeranrainerstaaten - es sind heute mehr als zwanzig mit mehr als 350 Millionen Menschen - waren nur durch die römischen Legionen geeint und haben nie versucht, sich auf der Basis einer Idee oder einer gemeinsamen Politik zu verbünden. Das

Mittelmeer ist die Wiege der westlichen Zivilisation und bleibt deshalb das „mare nostrum“, das es für die Lateiner war; es ist darüber hinaus Schmelztiegel für andere Zivilisationen, andere Religionen, andere Kulturen, vor allem für den Islam. Das alte lateinische Meer ist und bleibt also ein Ort religiöser, kultureller und territorialer Widersprüche sowie ein Herd vieler Konflikte, die in vielfacher Hinsicht unlösbar zu sein scheinen. Es sind heute schätzungsweise zehn Konflikte von regionaler oder weltweiter Bedeutung, die offen oder schwelend, uralt oder ganz frisch sind. Später werde ich auf die wichtigsten zurückkommen.

Die zweite Bruchstelle ist wirtschaftlicher Art. Sie ist zwar vom geschichtlichen Ablauf her jüngeren Ursprungs, hat aber eine ebenso große Bedeutung. Bis auf wenige Ausnahmen auf beiden Seiten stehen sich hier ziemlich klar das Nord- und das Südufer des Mittelmeers gegenüber. Im Norden haben wir eine wirtschaftlich fortgeschrittene Welt; im Süden eine insgesamt unterindustrialisierte Welt, die oft den Eindruck hat, wirtschaftlich und manchmal auch politisch beherrscht zu werden. Dieser wirtschaftliche Bruch zwischen den beiden Mittelmeerufern wird natürlich noch verschlimmert durch die immer größer werdenden demographischen Unterschiede zwischen den westlichen Ländern mit „geringem Bevölkerungsdruck“ und den südlichen Mittelmeerländern mit starkem Bevölkerungsanstieg. Diese Verbindung von wirtschaftlichem Ungleichgewicht und unterschiedlichem Bevölkerungswachstum ist natürlich der Grund für die Migrationsbewegungen von Süden nach Norden, die sich in den letzten zwei Jahrzehnten noch verstärkt haben.

Soviel zu dem, was man in etwa vom Mittelmeer als Bruchstelle und damit als potentieller Gefahrenquelle sagen kann. Leider wird es allzu oft einzig und allein unter diesem Aspekt betrachtet; und die Tatsache, daß das Mittelmeer auch Knotenpunkt und Bindeglied zwischen mehreren Welten und in diesem Sinne Hoffnungsquelle ist, wird nicht ausreichend berücksichtigt. Auf diesen Aspekt möchte ich nun näher eingehen. Denn genau dieser Gesichtspunkt muß hervorgehoben werden, will man sich eine genaue Vorstellung von der Zukunft des Mittelmeerraumes machen.

Das Mittelmeer hat immer die Rolle des Bindeglieds gespielt, und dies in ausgezeichneter Weise. Es hatte diese Rolle schon im Altertum und ermöglichte so die Verbreitung von Ideen und den Austausch von Techniken zwischen Menschen im Orient und Okzident. Es hat diese Rolle sogar in der Zeit gespielt, in der die Rivalitäten zwischen der christlichen und der islamischen Welt paradoxerweise am größten waren, also im Mittelalter, das ja auch das goldene Zeitalter für die islamische Kultur war. Es hat sie natürlich auch in der Kolonialzeit gespielt, wenn auch nicht immer auf positive Weise. Und es spielt sie heute weitgehend auch noch, trotz der erwähnten Bruchstellen. Denn im Unterschied zum Pazifik oder zum Atlantik trennt das Mittelmeer nicht Welten, die Jahrhunderte oder Jahrtausende lang voneinander abgewandt waren oder einfach nicht voneinander wußten. Im Gegensatz zu einem gängigen Konzept wie zum Beispiel dem der „Pazifik-Gemeinschaft“, das keinen wirklichen Inhalt außer dem Handel hat, gibt es eine mediterrane Welt, die geprägt ist von gleichen Landschaften, demselben Klima, den gleichen Wirtschaftsstrukturen, Mentalitäten und religiösen Vorstellungen und schließlich von einer gemeinsamen Geschichte, deren sichtbarste Spur die stetige Vermischung der Bevölkerung ist.

Dieses Gebilde wurde im Laufe der Geschichte wiederholt gespalten oder zerschlagen, und die Wunden sind noch deutlich zu erkennen. Aber das Gesamtgebilde ist dennoch eine greifbare Realität, auf der Politiken begründet werden können. Es gab und gibt immer noch das, was Fernand Braudel in seinem meisterhaften Werk über das Mittelmeer das „kollektive Schicksal“ der Mittelmeerländer und Mittelmeervölker nennt, ungeachtet ihrer politischen, religiösen oder gesellschaftlichen Unterschiede. Gerade in diesem Kontrast zwischen den vorhandenen Bruchstellen im Mittelmeerraum und diesem realen kollektiven Schicksal besteht die Herausforderung, der sich die mediterranen Länder und Völker stellen müssen, um gute Beziehungen zueinander entwickeln zu können. Dies bedeutet insbesondere, daß sich beide Ufer gegenseitig anerkennen und daß sie sich der Unterschiede, der Ähnlichkeiten und besonders der gegenseitigen Bedürfnisse bewußt werden. Es wäre nämlich unvorstellbar, daß das Mittelmeer aufgrund eines Mangels an gegenseitigem Verständnis zwischen Völkern, die die Geschichte verbindet, eine neue Art Berliner Mauer wird und daß der Norden und der Süden sich hinter ihren Grenzen verbarrikadieren und jeder den anderen als Ausgangspunkt für Bedrohung und Gefahr ansieht.

Frankreich hat wie erwähnt eine gute Lage, um diese mediterrane Herausforderung zu analysieren und seine Partner in der Europäischen Union mitzuziehen. Es geht heute darum, zwischen den beiden Ufern des Mittelmeers einen Dialog und eine Zusammenarbeit neuen Stils zu unterhalten, und zwar auf mehreren Ebenen: wirtschaftlich, politisch, strategisch und kulturell. Wie der französische Staatspräsident Chirac in Kairo sagte: „Nachdem Europa eine Mauer im Osten niedergerissen hat, muß es nun eine Brücke im Süden bauen." Ich möchte auf das eingehen, was seit mehreren Jahren bereits getan wurde, oft auf Anregung Frankreichs, um diese so erhoffte Partnerschaft zwischen den beiden Ufern des Mittelmeers aufzubauen. Ich möchte auch das ansprechen, was noch zu tun ist und mit Vernunft in der Zukunft angestrebt werden kann für diese besondere Region, die Frankreich so am Herzen liegt. Will man Fragen über den Mittelmeerraum behandeln, so sollte man in erster Linie zwischen zwei Arten von Problemen unterscheiden.

Da sind zunächst die punktuellen Probleme, die mehr oder weniger alt, mehr oder weniger wichtig sind, die lokale Bedeutung haben oder von nahezu weltweitem Ausmaß sind. Einige davon sind die Zukunft des Friedensprozesses im Nahen Osten, die Zunahme des islamischen Fundamentalismus und des politischen Islamismus, die Frage der Teilung Zyperns, die Zukunft des Libanon, die Lage im ehemaligen Jugoslawien und andere mehr. Das Mittelmeerbecken bildet also ein regelrechtes Mosaik aus Fragen, von denen nicht immer klar ist, daß sie eine Einheit bilden. Und wir müssen versuchen, eine Reihe punktueller Antworten darauf zu finden, wobei Frankreich bereits genaue Vorstellungen davon hat, wie diese Antworten auszusehen haben.

Dann gibt es die globale Mittelmeer-Problematik, die, grob gesagt, in der ausgewogenen Entwicklung der Beziehungen und dem Dialog zwischen den beiden Ufern des Mittelmeers besteht. Für mein Land bildet diese Gesamtproblematik eindeutig die beste Grundlage zum Verständnis der mediterranen Probleme. Denn alle Probleme in diesem geschlossenen Meer hängen zusammen in diesem Schmelztiegel von Kulturen, Religionen und Gesellschaften, in dem jede neu entstehende Herausforderung in einem Land zwangsläufig auch Auswirkungen auf die Probleme anderer Staaten und Gesellschaften hat. Gerade auf diese Gesamtproblematik müssen Antworten gegeben werden. Dies gilt insbesondere für Europa: Weil die Vereinigten Staaten so weit entfernt sind, können sie es sich erlauben, in dieser oder jener Region des Mittelmeerraums, im Nahen Osten oder im ehemaligen Jugoslawien nur punktuell zu intervenieren, je nach Lage ihrer Interessen oder Stimmung im Kongreß. Oft tun sie es aber mit Erfolg. Die Europäische Union jedoch, die aufgrund ihrer Geographie und ihrer Geschichte ihre Füße geradezu im Mittelmeer baden kann, hat keine andere Wahl, als sich den Problemen dieser Region umfassend anzunehmen, denn es geht dabei auch um ihre eigene Zukunft.

All dies führt folglich dazu, daß die Europäische Union den Mittelmeerraum in ihrer Außenpolitik vorrangig behandeln muß. Es handelt sich hier nicht um ein taktisches Manöver der Union, um in ihrer Außenpolitik einen Ausgleich zur legitimen Annäherung an die Länder Mittel- und Osteuropas herzustellen; denn eine solche Aktion hätte weder Sinn noch Zukunft. Es geht hier darum, daß Europa seine Überzeugung in die Tat umsetzt, daß seine Sicherheit, sein Wohlstand, sein Gewicht in den weltweiten Angelegenheiten von der Partnerschaft abhängt, die es mit dem Mittelmeer aufzubauen weiß.

Diese Überzeugung ist nicht neu. Bereits in den siebziger Jahren hatte die Europäische Gemeinschaft eine „globale Mittelmeerpolitik" im Hinblick auf die südlichen Drittländer begonnen, mit dem Abschluß bilateraler Abkommen mit den Staaten des Maghreb und Maschrek sowie mit Jugoslawien, der Türkei, Malta und Zypern. Durch die politischen und wirtschaftlichen Ereignisse hat sich jedoch die Lage in dieser strategischen Region grundlegend geändert, und die Europäische Union wollte daraufhin noch weiter gehen und den Grundstein zu einer ehrgeizigeren Mittelmeerpolitik legen. Heute geht es darum, eine echte politische und wirtschaftliche Zusammenarbeit im Mittelmeerraum zu gestalten, deren Grundlage der Ausbau eines ausgewogenen Austausches zwischen den Anrainerstaaten sein muß. Frankreich ist bereit, seine Partner der Union zu mobilisieren, um dieses Ziel zu erreichen. Mein Land hat insbesondere zum Abschluß der Assoziierungsabkommen mit der Türkei und Marokko sowie zum Abschluß des Zollabkommens mit der Türkei beigetragen. Und unlängst hat es äußerst aktiv den sogenannten „Fünf-plus-Fünf-Dialog" im westlichen Mittelmeerraum vorangebracht.

Es ist außerdem bekannt, welche Rolle der Europäische Rat im Juni 1995 während der französischen EU-Präsidentschaft in Cannes gespielt hat, um unsere Unionspartner von der Dringlichkeit der Annäherung an die Anrainerstaaten des Mittelmeers zu überzeugen, nach dem Beispiel der in Essen festgelegten Leitlinien in bezug auf die Länder Mittel- und

Osteuropas. In Cannes hat Europa die finanziellen Mittel für dieses Ziel bewilligt: fünf Milliarden ECU, hinzu kommen noch einmal fünf Milliarden ECU durch Darlehen der Europäischen Investitionsbank sowie die bilateralen Beiträge jedes Mitgliedstaates der Union. Das alles belegt die Anstrengung, die wir bis Ende dieses Jahrhunderts unternehmen. Schließlich wissen alle, welchen Beitrag Frankreich zur Organisation der Mittelmeer-Konferenz in Barcelona im Herbst 1995 geleistet hat. Diese Konferenz war ein politisches Ereignis von herausragender Bedeutung, an dem alle Länder im Mittelmeerraum teilgenommen haben. Die Schlußerklärung der Konferenz und das damit verbundene Arbeitsprogramm haben die Grundlage einer neuen globalen euro-mediterranen Partnerschaft gelegt. Diese Partnerschaft schließt zwar unterschiedliche Betrachtungsweisen nicht aus, hat aber dennoch als Hauptziele die Definition eines gemeinsamen Friedens- und Stabilitätsraumes, den Aufbau einer geteilten Wohlstandszone, eine verbesserte Nutzung der Kraft der Menschen und die Förderung des Verständnisses zwischen den Kulturen und des Austausches zwischen den Gesellschaften.

Nun müssen wir aber noch weiter gehen, wie uns der in Barcelona vorgesehene strenge Kontrollmechanismus vorgibt. Diese verdienstvolle Konferenz kann den Völkern am Südufer eine neue Hoffnung und sollte der Ausgangspunkt des euro-mediterranen Dialogs sein und nicht die Ziellinie. Die Mittelmeerregion verfügt über immense Möglichkeiten, die die Zukunft von 800 Millionen Menschen bestimmen. Ziel dieser Partnerschaft muß es heute sein, nicht mehr und nicht weniger als eine wirkliche „mediterrane Gemeinschaft" herzustellen, deren Gestaltung noch durchdacht, festgelegt und geplant werden muß.

In diesem Sinne könnte die Idee eines „Stabilitätspaktes für den Mittelmeerraum", für die sich Frankreich in Barcelona eingesetzt hat und die in die Schlußerklärung aufgenommen wurde, mittelfristig als die logische Krönung der euro-mediterranen Partnerschaft erscheinen; denn dieser Pakt könnte auf friedlichem Wege Konflikten, die im Mittelmeerbecken noch immer ausbrechen können, vorbeugen und sie beilegen. Durch Frankreichs Vorschlag, auf freiwilliger Basis einen solchen Stabilitätspakt zu erarbeiten, wollte es diejenigen Staaten näher zusammenbringen, die gemeinsame Regeln anerkennen. Staaten, die sich einig sind über vertrauensbildende Maßnahmen und die dazu entschlossen sind, in ihren Beziehungen den Grundsatz des gutnachbarlichen Verhältnisses und der friedlichen Beilegung von Konflikten auf der Grundlage der präventiven Diplomatie anzuwenden. Frankreich hält an dieser Vorstellung fest und wird alles daran setzen, damit sie anläßlich der nächsten Mittelmeer-Konferenz im Jahr 1997 Gestalt annehmen kann. Es wünscht sich, daß diese auf der Ebene der Staats- und Regierungschefs stattfindet. Welche günstigere Gelegenheit könnte die Europäische Union haben, die Gemeinsame Außen- und Sicherheitspolitik endlich glaubwürdig zu machen?

Schließlich gibt es natürlich noch die punktuellen Probleme des Mittelmeerbeckens. Wenn ich „punktuell" sage, heißt das nicht, daß mir deren Ausmaß und mögliche Auswirkungen auf die gesamte Region nicht bewußt sind. Denn erst wenn diese Probleme gelöst sind oder eine Lösung in Sicht ist, kann diese mediterrane Gemeinschaft, die wir alle wünschen, entstehen. Es wäre vermessen zu behaupten, man könne all diese Probleme im Rahmen eines solchen Vortrags ansprechen. Deswegen soll nur auf einige besonders charakteristische Probleme des Mittelmeerbeckens eingegangen werden.

Da ist zunächst das Problem des Friedensprozesses im Nahen Osten. Man kann sagen, daß dies das Hauptproblem ist, das die Atmosphäre im Mittelmeerraum seit vielen Jahren vergiftet sowohl aufgrund seiner eigenen Bedeutung als auch seiner politischen, religiösen, wirtschaftlichen und verteidigungspolitischen Auswirkungen auf so viele Staaten und Völker. Obwohl diese Region geographisch so klein ist, ist sie strategisch, wirtschaftlich und menschlich gesehen von überaus großer Bedeutung. Und hauptsächlich weil die Probleme im Nahen Osten hartnäckig fortbestehen und weil sie Folgen haben, erreichen uns aus dem Mittelmeerraum scheinbar nur beunruhigende Botschaften.

Dennoch ist Hoffnung da trotz der weiterhin auftauchenden Schwierigkeiten, die den Friedensprozeß auch in Zukunft gefährden, wie die wiederholten Terroranschläge in Israel oder die letzte Krise zwischen Israel und dem Libanon; gerade diese Hoffnung muß uns dazu bewegen, die Zukunft des Mittelmeers in einem neuen Licht zu sehen. Was stellt man denn fest trotz der nach wie vor bestehenden Bedrohung und der Narben, die der israelisch-arabische Krieg hinterlassen hat? Jordanien hat, nach Ägypten, mit Israel Frieden geschlossen und diplomatische Beziehungen mit dem jüdischen Staat aufgenommen. Die beiden erbitterten Gegner von früher, Israelis und Palästinenser, haben einen Prozeß in Gang gesetzt, der sie von der gegenseitigen Anerkennung zu einer friedlichen Koexistenz führen soll. Sicher hat das Ende des Ost-West-Konflikts eine große Rolle in dieser Entwicklung gespielt, da die Länder der Region nun kein Alibi mehr haben, das ihnen erlaubte, sich als Feinde zu betrachten.

Aber vor allem wäre nichts ohne den Mut der Menschen möglich gewesen. Ich möchte an dieser Stelle das tatkräftige Handeln von Shimon Peres, Yassir Arafat und natürlich Itzhak Rabin begrüßen, die den Weg der gegenseitigen Anerkennung und des direkten Dialogs wählten. Diese Wahl fiel ihnen bestimmt nicht leicht. Aber die führenden Politiker Israels und Palästinas haben begriffen, daß Kriege immer nur zu einer kollektiven Niederlage geführt haben oder führen werden und daß Unbeweglichkeit nie zum Frieden führt. Der Friedensprozeß ist natürlich nach wie vor zerbrechlich und wird immer wieder gefährdet. Die Gewalt hat nicht aufgehört und wird für die Bevölkerung immer unerträglicher. Frankreich und die Europäische Union sind dennoch weiterhin davon überzeugt, daß es keinen anderen Weg gibt als den, den die Feinde von gestern eingeschlagen haben. Ohne Frieden zwischen Israel und Palästina kann es weder eine richtige Stabilität im Nahen Osten noch ein Gleichgewicht oder Wohlstand für das gesamte Mittelmeer geben.

Ausgehend von dieser Überzeugung haben Frankreich und die Europäische Union von Beginn an den Friedensprozeß unterstützt und sind in all den Gremien, in die sie berufen wurden, tätig geworden. Jeder weiß, daß die internationale Hilfe, die dem palästinensischen Volk zuteil wird, fast zur Hälfte aus Europa kommt, und zwar im Rahmen seiner massiven Anstrengungen für die gesamte Region; damit steht Europa bei den Hilfsleistungen an erster Stelle. Es kann sich jedoch heute nicht damit zufriedengeben, nur wirtschaftliche Unterstützung zu leisten und Geldgeber zu sein. Dies ist zumindest Frankreichs Überzeugung; aber meiner Meinung nach denkt dies auch eine wachsende Anzahl von Staaten in der Europäischen Union und im Nahen Osten, vor allem in der arabischen Welt. Die Europäische Union muß also eine zunehmend politische Rolle im Nahost-Friedensprozeß akzeptieren, ja sie gegebenenfalls sogar fordern. Nur unter dieser Bedingung, so meint Frankreich, kann sie morgen ihre Rolle beim geplanten Aufbau der Mittelmeergemeinschaft beibehalten.

Und es gibt noch ein anderes Land im Nahen Osten, zu dem Frankreich seine Stimme innerhalb der Europäischen Union erheben will, weil es zu ihm schon seit langem besondere Beziehungen unterhält. Es ist der Libanon. Der französische Staatspräsident wollte Frankreichs enge Bindung und Zuneigung zu diesem Land zum Ausdruck bringen, als er am 4. April 1996 den Libanon als erstes Land im Nahen Osten offiziell besuchte. Jeder kennt die enge Verbindung zwischen den Problemen, die der Libanon in der Vergangenheit hatte und deren Folgen immer noch deutlich sichtbar sind, und dem israelisch-arabischen Konflikt. Jeder kennt auch die besondere Situation des Libanon im Nahen Osten. Dieses Land hat eine privilegierte Stellung inmitten verschiedener Kulturen und Religionen, da es sich am Schnittpunkt der östlichen und der westlichen Welt, der Christenheit und des Islam, der europäischen, mediterranen und arabischen Welt befindet.

Deshalb ist der Libanon ein perfektes Beispiel für ein mediterranes Land, und seine Probleme sind besonders charakteristisch für die Probleme, die das gesamte Mittelmeergebiet hat. Der Libanon ist also dazu prädestiniert, wie der französische Staatspräsident betonte, ein Vorbild für die Staaten der Region zu sein, da in ihm Bürger jeglicher Herkunft und Konfession zusammenleben und -regieren. Aus diesem Grunde, aber auch aufgrund der gemeinsamen Geschichte, widmet Frankreich diesem Land ganz besondere Aufmerksamkeit und sieht seine Zukunft eher positiv. Aber nicht alle Probleme sind im Libanon gelöst, wie die Ereignisse deutlich zeigen. Der Friede im Libanon kann nämlich nur im Rahmen eines umfassenden und dauerhaften Friedens im Nahen Osten gesehen werden. Nur ein solcher Friede kann - gemäß den UN-Resolutionen - dem Libanon seine volle Souveränität auf seinem gesamten Staatsgebiet garantieren.

Frankreich hofft, daß Israel in absehbarer Zeit sowohl mit Syrien als auch mit dem Libanon ein Friedensabkommen schließen wird. Zwischen Syrien und Israel sind die Grundlagen für eine Einigung klar: Wie Präsident Chirac unterstrichen hat, geht es um einen Rückzug aller Truppen von den Golanhöhen im Austausch gegen einen absoluten Frieden. Zwischen dem Libanon und Israel müßten die Einzelheiten einer Regelung zu definieren sein, da der Konflikt der beiden Länder nicht auf einer territorialen Forderung beruht. Mein Land wird bei jedem Schritt der Verhandlungen anwesend sein, bei dem sich die Konturen dieses umfassenden Friedens abzeichnen, welchen es wünscht. Es wird niemals einer Friedensregelung zustimmen, in der die legitimen Interessen des Libanon, dessen Existenz oder seine Unabhängigkeit nicht vollständig garantiert werden. Und Frankreich ist bereit, wenn es von allen Parteien gebeten wird, sich übergangsweise an der Sicherung der libanesischen Grenzen zu beteiligen.

Aber der Frieden im Nahen Osten darf sich nicht auf die Beziehungen zwischen Israel und seinen unmittelbaren Nachbarn beschränken. Dann bliebe er weiterhin zerbrechlich. Er kann nur erreicht werden, wenn, wie der französische Staatspräsident in Kairo betonte, die Spannungen zwischen den Ländern am Golf verringert und statt dessen vertrauensvolle Beziehungen aufgebaut werden. Denn die ganze Region, vom Golf bis zum Mittelmeer, bildet eine Einheit. Meine Bilanz der Probleme im Nahen Osten wäre also nicht vollständig, wenn ich nicht auch den Irak erwähnen würde. Wie Sie wissen, hat sich Frankreich, als der Irak in Kuwait einfiel, zusammen mit anderen Staaten für die Befreiung des Emirats und die Verteidigung des Rechts eingesetzt, nachdem es alles versucht hatte, den Krieg zu vermeiden.

Fünf Jahre danach kann der Irak den Platz, der ihm in der internationalen Gemeinschaft zusteht, wieder einnehmen. Es gibt nur einen Weg dorthin: nämlich die Einhaltung der Resolutionen des UN-Sicherheitsrats, die den Rahmen der internationalen Legalität abstecken. Diese Resolutionen - alle und nur diese - müssen vom Irak, aber auch vom Sicherheitsrat selbst in die Tat umgesetzt werden. Der französische Staatspräsident hat in Kairo ganz klar wiederholt: Wenn der Irak alle Resolutionen anwendet, werden die Sanktionen aufgehoben. Erst wenn das Problem der Wiederherstellung der vertrauensvollen Beziehungen zwischen Bagdad und seinen Nachbarn gelöst ist, kann man wirklich von einem umfassenden und dauerhaften Frieden im Nahen Osten sprechen, denn alle Punkte, die ich soeben erwähnt habe, bilden unbestreitbar ein Ganzes.

Im Zusammenhang mit dem Irak muß ferner ein schwerwiegendes Problem erwähnt werden, das den gesamten Nahen Osten betrifft. Es handelt sich um die Verbreitung nichtkonventioneller Waffen in dieser sensiblen Gegend. In dieser Hinsicht hat der Golfkrieg dramatisch auf eine bekannte Gefahr für die gesamte Region - auch für die das NATO-Mitglied Türkei - aufmerksam gemacht; es hat sich nämlich herausgestellt, daß hohe Bestände an nichtkonventionellen Waffen und deren Träger vorhanden waren und daß eine große Anzahl von Staaten in diesem Gebiet bestrebt waren, sich solche Waffen zu beschaffen. Dieser Rüstungswettlauf auf dem Gebiet der nichtkonventionellen Waffen muß ein Ende nehmen. Die Sicherheit im Nahen Osten, ja sogar im gesamten Mittelmeerraum und folglich auch auf dem europäischen Kontinent steht hier auf dem Spiel, denn die Dominotheorie kann in diesem Bereich nicht nur eine einfache Schulhypothese bleiben. Diese Aufgabe ist schwierig, aber sie ist unerläßlich. Deshalb hat der französische Staatspräsident anläßlich seiner Reise nach Ägypten den Vorschlag Präsident Mubaraks nach Kräften unterstützt, eine von Massenvernichtungswaffen freie Zone zu schaffen. Dieses Vorhaben muß natürlich Kontrollmechanismen beinhalten und muß von vertrauensbildenden Maßnahmen sowie von Konfliktlösungsmechanismen begleitet sein. Es handelt sich dabei um eine Conditio sine qua non, um einen dauerhaften Frieden im Nahen Osten zu stärken.

Aber der Mittelmeerraum besteht nicht nur aus dem Nahen Osten; zu ihm gehört auch der Maghreb. Diese Region hat ebenfalls ihre Probleme, und zu Recht würde man es einem Vertreter Frankreichs übelnehmen, nicht auch diese Probleme zu erwähnen. Ich möchte nun ein Mittelmeerland ansprechen, dessen Situation Frankreich besonders interessiert und beunruhigt aufgrund seiner engen historischen Verbindung zu meinem Land, aufgrund seines Gewichts in Nordafrika und aufgrund der möglichen Folgen, die im Land auftretende Schwierigkeiten für Europa haben könnten. Es geht natürlich um Algerien. So, wie der Konflikt im Nahen Osten charakteristisch für die menschlichen und territorialen Konflikte ist, die es zwischen zwei durch die Geschichte vereinten und gleichzeitig getrennten Mittelmeervölker geben kann; so, wie die Wiederherstellung des Friedens im Libanon ein Beispiel für das ist, was erreicht werden kann, wenn mehrere religiöse Gemeinschaften nebeneinander leben; so ist auch der latent vorhandene Bürgerkrieg, der weiterhin in Algerien wütet, leider besonders charakteristisch für die unheilvollen Konsequenzen, die das Zusammentreffen dreier miteinander verbundener Entwicklungen haben kann: die anhaltenden wirtschaftlichen und sozialen Schwierigkeiten, die Zunahme der Intoleranz und des religiösen Fanatismus bei einem Teil der Bevölkerung sowie die Schwierigkeit eines durch die Geschichte gebeutelten Volkes, eine eigene Identität zu finden.

Die Lage in diesem Land bleibt ernst. Ernst vor allem für Algerien selbst und für das algerische Volk. Ernst auch für ganz Nordafrika, da sich dieser Konflikt ausweiten könnte. Die Lage Algeriens ist auch für Frankreich ernst - aufgrund der historisch engen Verbindungen zwischen unseren beiden Ländern und Völkern und aufgrund der Konfliktfolgen für die in Frankreich lebende Gemeinschaft von Algeriern und Menschen algerischer Abstammung sowie für die in Algerien lebende französische Gemeinschaft. Aber die Lage Algeriens hat auch für ganz Europa schwerwiegende Folgen, denn man muß wissen, daß die Durchlässigkeit der Grenzen zwischen den Staaten der Union die Hoffnung einiger europäischer Länder zur Illusion werden läßt, sie wären vor den Sicherheitsrisiken, die der Algerienkonflikt mit sich bringt, geschützt.

Frankreich hat somit nicht ohne Besorgnis und echte Bestürzung mitverfolgt, wie ein Konflikt, ja eigentlich ein Bürgerkrieg mit all den bekannten Konsequenzen entbrannte und sich ausbreitete. Aber wenn es heute die Entwicklung der Situation in Algerien ansieht, tut es das nicht ohne Hoffnung. Algerien und das algerische Volk hatten und haben immer noch Schwierigkeiten jeglicher Art. Aber sie besitzen auch die wirtschaftlichen und vor allem menschlichen Ressourcen, um sich daraus zu befreien. Die Präsidentenwahl im November 1995 hat gezeigt, daß auch in Algerien der Dialog und die Demokratie Fuß fassen und Früchte tragen können. Frankreich möchte, daß der Dialog weitergeführt und verstärkt wird und daß bald Parlamentswahlen organisiert werden, damit das algerische Volk sein Schicksal selbst in die Hand nimmt. Denn Frankreich hat sich hinsichtlich der Situation in Algerien auf folgende Linie festgelegt: Es will sich vor dem Versuch hüten, in die inneren Angelegenheiten dieses Landes einzugreifen; und es will - wie überall in der Welt - nur für den Dialog und die Demokratie Partei ergreifen.

Eine der Ursachen des algerischen Konflikts ist zweifellos die Schwierigkeit dieses Volkes, eine eigene Identität zu finden, zu seinem wahren Wesen zu gelangen. Genau darin liegt der Schlüssel zur jetzigen Situation, abgesehen von den wirtschaftlichen und religiösen Aspekten dieses Konflikts. Wie weit man nämlich auch in die Geschichte zurückgeht, Algerien wurde bis zur Entkolonialisierung immer von fremden Mächten beherrscht, von denen Frankreich nur die letzte war. Dies erklärt wahrscheinlich, warum eine der Haupteigenschaften des algerischen Volkes darin besteht, daß es Schwierigkeiten hat, sich selbst zu definieren, d.h. zu erkennen, wer es ist und welcher Kultur es angehört, der islamischen, arabischen oder westlichen Kultur; diese Schwierigkeit ist typisch für ein Mittelmeerland. Deshalb liegt es jetzt an ihm, seinen eigenen Weg zu finden. Lediglich zwei Dinge weiß ich sicher. Diese Suche, von der niemand weiß, wo sie endet, muß unbedingt begonnen werden; und dies kann nur das algerische Volk selbst tun, ohne Einmischung von außen und ohne Unterdrückung im Inneren. Wenn diese Bedingungen erfüllt sind, kann Algerien eine dauerhafte Stabilität wiederfinden und an dem Bau der mediterranen Gemeinschaft voll und ganz teilnehmen, denn dieses Land besitzt, wie übrigens alle Länder des Maghreb, ein großes wirtschaftliches und menschliches Potential.

Überschreiten wir nun den Raum, der das südliche Ufer des Mittelmeers von seinem nördlichen trennt. Wir finden natürlich die „vier lateinischen Schwestern" Italien, Frankreich, Spanien und Griechenland, die Mitglieder der Europäischen Union sind. Aber wir finden hier auch den Balkan und vor allem die Länder, die aus der Zersplitterung des ehemaligen Jugoslawien hervorgegangen sind. Sicherlich kann man sich fragen, ob die Probleme dieser Gegend charakteristisch sind für die Probleme von Mittelmeerländern, stellte doch der Balkan immer eine Region für sich dar, selbst in der Zeit, als die Mittelmeerländer - und das war das einzige Mal in ihrer Geschichte - in der römischen Welt geeint waren.

Doch im Kontext der Probleme des Mittelmeerraums und der Mittelmeerpolitik der Europäischen Union ist es kaum möglich, die heutigen Konflikte auszuklammern, in die bestimmte Anrainerstaaten seit einigen Jahren hineingezogen wurden und die noch nicht der Vergangenheit angehören. Wir haben im ehemaligen Jugoslawien die dramatischen Folgen des Fehlens einer gemeinsamen europäischen Politik gesehen. Franzosen und Deutschen ist es gelungen, die Fesseln zu lösen, die uns die Geschichte angelegt hat und die uns 1991 bis 1992 auf verschiedene Wege geführt haben. Wir haben gemeinsam an einem Friedensplan für das ehemalige Jugoslawien gearbeitet, dem Kinkel-Juppé-Plan und haben ihn unseren europäischen Partnern vorgelegt, die ihn Ende 1993 annahmen. Die in Dayton verhandelten und in Paris unterzeichneten Friedensverträge haben sich weitgehend an diesen europäischen Plan angelehnt. Wir konnten also gemeinsam die negativen Konsequenzen des Fehlens einer europäischen Politik und gleichzeitig die positiven Konsequenzen einer tatsächlich vorhandenen europäischen Politik erleben.

Die Ereignisse in Jugoslawien haben außerdem gezeigt, daß es ein Nachteil ist, keine europäischen Streitkräfte zu haben.

Verschiedene Länder der Europäischen Union haben Tausende von Soldaten ins ehemalige Jugoslawien entsandt: Hätte man sie zusammen anstatt voneinander getrennt eingesetzt, dann hätten wir sehr viel mehr Einfluß auf den Konflikt nehmen können. Die im ehemaligen Jugoslawien gewonnenen Erfahrungen haben somit die Überlegungen meines Landes hinsichtlich der Zukunft der GASP, des Ziels einer gemeinsamen europäischen Verteidigung sowie der Reform unserer nationalen Verteidigung stark beeinflußt. Mit der Entscheidung für eine Berufsarmee und der Stärkung ihrer Verlegungsfähigkeit haben wir die direkten Lehren aus dem Konflikt im ehemaligen Jugoslawien gezogen.

Man muß außerdem feststellen, daß der Krieg im ehemaligen Jugoslawien nur dank einer gemeinsamen Anstrengung der Europäischen Union, der Vereinigten Staaten und Rußlands beigelegt werden konnte, und zwar durch die im April 1994 geschaffene Kontaktgruppe. Eine der ständigen Anstrengungen Frankreichs bestand darin, die Amerikaner davon zu überzeugen, konkret im ehemaligen Jugoslawien einzugreifen, was sie erst nach langer Verweigerung im Sommer 1995 taten. Die IFOR besitzt einen begrenzten und zeitlich befristeten Auftrag: Muß man internationale Hilfstruppen auch nach Ablauf der Frist in diesem Land lassen? Die Frage ist verfrüht, aber es handelt sich in jedem Fall um eine Entscheidung, die wir alle gemeinsam treffen werden. Wir beabsichtigen derzeit nicht, europäische Truppen nach dem Abzug der Amerikaner allein in Bosnien zu lassen. Es heißt: „Together in, together out“.

Wie kann in dieser von der Geschichte gebeutelten Balkanregion langfristig Frieden hergestellt werden? Die Einstellung der Kampfhandlungen in Bosnien und Kroatien ist nur der erste Schritt. Danach muß der Wiederaufbau gesichert und die durch die Friedensverträge eingesetzten Institutionen mit Leben erfüllt werden. Wir sind darüber hinaus sehr für den von Deutschland vorgeschlagenen Rüstungskontrollmechanismus, der zu Verhandlungen unter Leitung der OSZE geführt hat. Die zahlreichen Minderheitenfragen müssen zufriedenstellend gelöst werden. Im Hinblick auf dieses Ziel hat mein Land im Rahmen der Friedenskonferenz im Dezember 1995 den sogenannten Vorgang von Royaumont in die Wege geleitet, der zu Stabilität und gutnachbarlichen Beziehungen in Südosteuropa führen soll. Dieser Vorgang, der den Stabilitätspakt mit Mittel- und Osteuropa zum Vorbild nimmt, wird der OSZE anvertraut. In diesem Sinne hat die Europäische Union am 26. Februar 1996 den „regionalen Ansatz" beschlossen: Das bedeutet, daß die EU in ihren Beziehungen zu den Ländern des ehemaligen Jugoslawien den Willen dieser Länder berücksichtigt, zur Konsolidierung des Friedens, der Achtung der Menschen- und Minderheitenrechte und der demokratischen Prinzipien beizutragen, ebenso wie ihre Bereitschaft, mit ihren Nachbarn zusammenzuarbeiten, vor allem was den freien Personen- und Güterverkehr und die Entwicklung grenzübergreifender Projekte und/oder Projekte gemeinsamen Interesses betrifft.

Damit ist meine Auflistung der Probleme im Mittelmeerraum beendet. Meine Absicht war bescheiden. Es ging mir nicht darum, alle Probleme des Mittelmeerbeckens erschöpfend zu behandeln, sondern vor allem bewußt zu machen, daß all die Fragen, die dieses geschlossene Meer aufwühlen, zwar nicht direkt miteinander verbunden, aber zumindest eng miteinander verzahnt sind. Wer erkennt denn nicht, daß es unmöglich ist, vom Friedensprozeß im Nahen Osten zu sprechen, ohne die Situation des Libanon oder des Irak im selben Atemzug zu erwähnen? Wer sieht nicht ein, daß die Lage in Algerien wichtige Folgen für den gesamten Maghreb und den Mittelmeerraum hat? Wer weiß nicht, daß sich das Problem des politischen Islamismus in Algerien, in der Türkei, in Bosnien oder in Palästina jeweils anders darstellt, trotzdem aber durchweg ähnliche Fragen aufwirft? Wer versteht nicht, daß an den Ufern des Mittelmeers, in Ex-Jugoslawien wie im

Nahen Osten, in Algerien wie im Libanon, in Zypern wie in Kurdistan immer wieder das Problem auftaucht, daß durch die Geschichte zum Zusammenleben gezwungene und dadurch geteilte Gemeinschaften Schwierigkeiten haben, nebeneinander zu existieren?

In dieser Hinsicht ist jedes der Länder, deren Probleme ich soeben aufführte, repräsentativ für den gesamten Mittelmeerraum: ein geschlossenes Meer, ein Kampfplatz, ein fruchtbarer Boden für Haß und Auseinandersetzungen zwischen Völkern, die alles trennt und gleichzeitig doch vereint, die jedoch keine andere Wahl haben, als miteinander zu leben, denn sie sind vor allem durch eine Interessen- und Schicksalsgemeinschaft aneinander gebunden. Alle diese Völker, also wir selbst - denn auch Europa ist ein Mittelmeer-Anrainer - müssen gemeinsam dieses Zusammenleben ermöglichen und organisieren. Wie Präsident Chirac in Kairo sagte, „ist der Mittelmeerraum nun im Bau“. Dieses Meer muß seine wahre Aufgabe wiederfinden, nämlich Treffpunkt zu sein, den Austausch und den Frieden zu fördern. Die großen Kulturen, deren Wiege das Mittelmeer ist, müssen lernen, sich besser zu verstehen.

Dieser Raum wird uns nicht einfach geschenkt. Er muß aufgebaut werden. Der Einsatz ist immens: die Zukunft des Friedens, der Stabilität und der Freiheit auf beiden Ufern des Mittelmeers. Das Ziel ist klar: die Bruchstellen und die Ursachen des mangelnden Verständnisses zwischen den Staaten und Bevölkerungen der Region zu beseitigen, seien sie demographischer, wirtschaftlicher, kultureller oder politischer Art. Die Aufgabe ist schwierig und wird Zeit brauchen, und die uns verbleibende Zeit ist durch die zunehmenden Gefahren begrenzt. Wir brauchen dazu einen starken Willen, sehr große Ausdauer, aber auch sehr großes Vertrauen in die Zukunft.

Volkan Vural
Botschafter der Republik Türkei
(14. Mai 1996)

Das Mittelmeerbecken hat einzigartige Aspekte, die dieser Region eine kritische Bedeutung im aktuellen Weltgeschehen geben. Historisch gesehen war der Mittelmeerraum die Wiege von vielen alten aufeinanderfolgenden Zivilisationen und Kulturen. Die Gegenwart verdankt diesen Zivilisationen sehr viel. Drei große monotheistische Religionen wurden in dieser Region geboren und sind darin aufgeblüht. Geographisch und strategisch bildet diese Region eine Brücke zwischen den drei Kontinenten. Die Region ist ein bedeutender Ölproduzent und bietet die besten Gelegenheiten für alle Märkte. Fast alle großen Weltreiche in der Geschichte waren entweder ganz oder teilweise mit dieser Region verbunden oder hatten Bestrebungen, sie mit einzubeziehen. Des weiteren sollte nicht vergessen werden, daß das Mittelmeer auch Schauplatz der beiden verheerenden Weltkriege war.

In Anbetracht dieser Aspekte wäre es nicht übertrieben zu behaupten, daß die Bedeutung des Mittelmeerbeckens seine geographischen Grenzen weit übersteigt und daß keine sensible Außenpolitik heutzutage diese Gegend und ihren Einfluß auf die Weltpolitik ignorieren kann. Das Mittelmeerbekken ist heute nach wie vor eine Arena anhaltender und komplexer Probleme von sozialer, wirtschaftlicher und politischer Natur. Ohne Zweifel sind Sicherheit und Stabilität die wichtigsten Anliegen der Mittelmeernationen. Wenn man auf die Region schaut, sieht man, daß Konflikte genährt von politischem Streit, religiösen Differenzen, fundamentalistischen Strömungen und terroristischen Aktivitäten besorgniserregende Dimensionen angenommen haben. Verbunden mit einem Mangel an Vertrauen unter den regionalen Staaten stellen diese Elemente eine ernsthafte Bedrohung des Friedens dar. Wir sollten nicht vergessen, daß Frieden und Stabilität für Entwicklung und Wohlstand unabdingbar sind.

Eine wachsende Quelle der Unzufriedenheit sind daneben chronisch schwierige soziale und ökonomische Verhältnisse in den Mittelmeerländern und die ständig größer werdende Lücke zwischen ihnen und den fortgeschrittenen europäischen Industriegesellschaften. Wir sollten in Erinnerung behalten, daß Extremismus auf ökonomischem Notstand gedeiht. Deshalb muß unsere Agenda für den Mittelmeerraum umfassend sein. Mit fairen und dauerhaften Lösungen für die vorherrschenden Probleme, mit dem Vorantreiben der Entwicklung und Stabilität wird sich die Mittelmeerregion in eine Ära des geteilten Wohlstands und der friedvollen Kooperation verwandeln.

Die Türkei - an der Schnittstelle zwischen dem Mittelmeerraum und Europa - hat ein vitales Interesse an Sicherheit, Stabilität und Entwicklung in der Region. Deshalb waren die Förderung von Frieden und Entwicklung durch gutnachbarliche Beziehungen und ökonomische Zusammenarbeit immer die grundlegenden Linien der türkischen Politik in der Region. Erstens hat die Türkei ein umfassendes Paket für vertrauensbildende Maßnahmen, die in der Region angewendet werden sollten, vorgeschlagen. Wir glauben, daß ein im internationalen Rahmen, hauptsächlich von der Organisation für Sicherheit und Zusammenarbeit in Europa initiierter Prozeß in dieser Region in Gang gebracht werden kann. Dies ist kein kühnes Ziel, besonders wenn man die unvergleichlichen Anforderungen der Zeit des Kalten Krieges bedenkt, als die KSZE/OSZE gegründet wurde. Zweitens hat die Türkei einen Sieben-Punkte-Plan auf der Casablanca-Konferenz im Jahr 1994 herausgebracht, um die wirtschaftliche Entwicklung und die regionale Integration anzukurbeln. Wir haben die folgenden Schritte vorgeschlagen:

1. Gründung einer regionalen Entwicklungsbank zur Finanzierung von Infrastrukturprojekten. Diese Bank sollte unabhängig sein. Die Türkei ist bereit, sich an dieser Bank zu beteiligen.
2. Einrichtung einer regionalen Versicherungsstruktur zur Förderung des Handels.
3. Einrichtung einer Vereinigung von Industrie- und Handelskammern, um Informationen zu verbreiten und Geschäftsleute zusammenzubringen.
4. Gründung eines zwischenstaatlichen Organs zur Untersuchung von regionalen Mega-Projekten mit Schwerpunkt auf regionalen Kommunikationsverbindungen und Transport- und Energiesystemen.
5. Gründung eines interregionalen Beratungsgremiums im Tourismusbereich zur Förderung von zwischenmenschlichen Kontakten.
6. Gründung einer Vereinigung von Baufirmen zur Erleichterung von deren Beteiligung an Infrastrukturprojekten.
7. Gründung eines Beratungsgremiums zur Förderung der Interaktion zwischen den Kapitalmärkten der Region.

Wir sind überzeugt, daß diese Vorschläge einen funktionellen Plan für regionale Zusammenarbeit darstellen. Europa mit seinen intensiven Verbindungen zu der Region trägt eine besondere Verantwortung an der Entwicklung und Stabilität des Mittelmeerraumes. Tatsächlich wird es unter den Hauptnutznießern einer fruchtbaren Kooperation in der Region sein. Die Entwicklung einer klaren und dauerhaften Mittelmeerpolitik ist heute eine der wichtigsten Aufgaben für die Europäische Union. Mit diesen Erwägungen hat die Türkei die neue Mittelmeer-Initiative der EU als einen Schritt zur richtigen Zeit sehr begrüßt. Wir haben an der Barcelona-Konferenz aktiv teilgenommen und den Vorschlag für eine Mittelmeer-Charta, die die Umwandlung vom „mare nostrum“ in eine Region von Wohlstand und Frieden vorsieht, gutgeheißen. Die Hauptziele dieser Politik können als Schaffung einer euro-mediterranen Region von politischer Stabilität und Sicherheit durch wirtschaftliche und soziale Entwicklung, Achtung der Demokratie, Menschenrechte und durch konstruktive Zusammenarbeit zusammengefaßt werden. In dieser Hinsicht wurde ein Prozeß zur Errichtung freien Handels zwischen den Mittelmeerstaaten untereinander und zwischen der Region als Ganzes und der Europäischen Union als Ansatz einer zukünftigen euro-mediterranen Partnerschaft betrachtet.

Die Türkei ist der Haupthandels- und Wirtschaftspartner der Europäischen Union im Mittelmeerbecken. Durch seine Mitgliedschaft in der NATO, im Europarat, OECD und OSZE unterhält die Türkei enge Beziehungen zu den anderen europäischen Ländern. Die Zollunion, die Anfang 1996 in Kraft trat, wird diese Beziehung weiter festigen und stärken. Zusätzlich hat die Türkei beträchtliche Erfahrung und Tradition in regionaler Kooperation. Wir haben die Schwarzmeer-Wirtschaftskooperation eingeleitet und sind eines der Gründungsmitglieder der ECO (Economic Cooperation Organization). Daher sind wir gut darauf vorbereitet, unsere Erfahrung zu teilen und für die Ziele dieser Initiative zu arbeiten. Die Europäische Union sollte beim Wiederaufbau und bei der Modernisierung lokaler Wirtschaftsstrukturen helfen, wodurch Kapitalfluß und Investitionen in dieser Region erhöht würden. Ebenso müssen wir an der Verwirklichung einer Mittelmeer-Freihandelszone bis zum Jahr 2010 arbeiten. Die Türkei hat schon ein Freihandelsabkommen mit Israel geschlossen, und wir stehen kurz vor Verhandlungen mit Tunesien, Marokko und Ägypten, um ähnliche Abkommen zu unterzeichnen.

In der Zwischenzeit sollte ein effektiver Kooperationsplan in der Region erarbeitet werden, um den Terrorismus, welcher eine ernsthafte globale Bedrohung geworden ist, zu bekämpfen und ihn auszumerzen. Einer der Hauptgründe, der einen effektiven Kampf gegen den Terrorismus behindert, ist das Fehlen einer gemeinsamen Reaktion. Natürlich ist die Existenz einiger Staaten, die offen oder stillschweigend dem Terrorismus Schutz gewähren und ihn unterstützen, mehr als störend. Die Türkei, die immer die Notwendigkeit internationaler Kooperation in diesem Bereich unterstrich, hat auf der Barcelona-Konferenz eine Mittelmeerkonvention zur Unterbindung des Terrorismus vorgeschlagen. Das Ausmerzen von Terrorismus wird die Sicherheit und Stabilität in der Region erhöhen.

Ebenso hoffen wir, daß die langwierigen Probleme in der Region beendet werden. In diesem Zusammenhang weist die Türkei auf den Friedensprozeß im Nahen Osten hin. Das Friedensabkommen zwischen Israel und Palästina hat den Weg für eine neue Ära in der Region bereitet. Die Türkei unterstützt den Friedensprozeß und hofft, daß sich trotz gegenwärtiger Rückschläge und Schwierigkeiten endlich ein dauerhafter Frieden durchsetzt.

Die Zypernfrage setzt sich nun schon seit 32 Jahren fort. Jedoch bleiben türkische Zyprioten und die Türkei auf eine gerechte und dauerhafte Lösung in Zypern verpflichtet. An dieser Stelle sollte daran erinnert werden, daß die türkisch-zypriotische Seite schon seit zwanzig Jahren unter einem harten politischen und wirtschaftlichen Embargo lebt, obwohl sie für das Ausbrechen des Problems nicht verantwortlich ist. Wir glauben, daß eine dauerhafte Lösung den Erwartungen und Wünschen beider Seiten gerecht werden muß. Dies erfordert eine richtige Diagnose des Problems. Tatsächlich sind die Parameter für eine gerechte Lösung auf dem Tisch. Es handelt sich dabei um eine bikommunale, bizonale föderale Lösung. Jedoch hat es seit 1994 keinen Kontakt zwischen dem türkischen und dem griechischen Leiter der Insel gegeben. Unter dem Vorwand, es existiere keine gemeinsame Grundlage, weigert sich leider Klerides, in direkte Verhandlungen mit seinem türkischen Gegenüber Denktasch zu treten.

Offenbar bevorzugt die griechisch-zypriotische Seite auf Kosten des Verhandlungsprozesses das Ziel einer Mitgliedschaft in der EU zu verfolgen und dies im Widerspruch zu den Bestimmungen der Gründungsverträge der Republik Zypern. Zweifellos wird der einseitige Beitritt der griechisch-zypriotischen Seite in die Europäische Union das Problem weiter komplizieren. Die jüngste Krise zwischen der Türkei und Griechenland um die Kardak-Felsen ist kein isolierter Fall, sondern muß vor dem Hintergrund schon lange bestehender ernster und komplexer bilateraler Schwierigkeiten zwischen den beiden Ländern gesehen werden. Diese Streitigkeiten sind derart explosiver Natur, daß es klar ist, daß die zwei Länder anfangen sollten, durch eine konstruktive und aufrichtige Einstellung nach Lösungen zu suchen.

Daher hat der türkische Ministerpräsident Yilmaz am 24. März 1996 ein neues Angebot unterbreitet, welches eine umfassende Betrachtungsweise aller ungeklärten Probleme vorsieht, ohne irgendeinen friedlichen Lösungsmechanismus, einschließlich der Schlichtung durch Dritte, auszuschließen. Obwohl bis jetzt die griechische Reaktion auf diese wichtige Öffnung der Türkei nicht ermutigend gewesen ist, behalten wir die Hoffnung, daß diese historische Gelegenheit nicht ungenutzt verstreicht. Auf der anderen Seite nutzt Griechenland weiterhin seine EU-Mitgliedschaft aus, um die Beziehungen zwischen der Türkei und der Europäischen Union zu behindern. Es ist erwähnenswert, daß Griechenland nicht nur das finanzielle Hilfspaket für die Türkei blockiert, sondern auch das gesamte Mittelmeer-Hilfsprogramm, das für den Erfolg der Euro-Med-Initiative von Bedeutung ist. Leider ist die griechische Haltung weder mit den Zielvorstellungen der EU-Med-Initiative noch mit dem allgemeinen Ziel, eine Atmosphäre von Versöhnung und Frieden im Mittelmeerraum zu schaffen, vereinbar.

Wir betrachten die gegenwärtigen Schwierigkeiten in der Region als vorübergehend. Wir sollten alle zusammen arbeiten, um sicherzustellen, daß sich eine neue Ära von Wandel und Kompromiß im Mittelmeer durchsetzt, in der alle Nationen gemeinsamen Wohlstand in einer sicheren und stabilen Umgebung genießen werden. Der Mittelmeerraum wird eine Region von unermeßlichen Möglichkeiten sein. Die Mittelmeerländer müssen sich mit offenem Geist auf diese neue Ära vorbereiten, frei von vergangenen Haltungen und Politiken. Aufbau von gutnachbarlichen Beziehungen, Anerkennung und Verteidigung international vereinbarter Verhaltensnormen sollten die Hauptrichtlinien sein.

Suleyman Haddad
Botschafter der Arabischen Republik Syrien
(21. Mai 1996)

Die vorangehenden und die nachfolgenden Vorträge handeln von den allgemeinen, sich schon jetzt abzeichnenden Problemen, die nicht nur die Beziehungen zwischen den Mittelmeeranrainerstaaten in der Zukunft bestimmen werden, sondern auch die Beziehungen zwischen Nord und Süd schlechthin. Sicherlich wird die in den meisten Ländern des Mittelmeerraumes verbreitete Arbeitslosigkeit, die Abwanderung der wenigen qualifizierten Arbeitskräfte von Süd nach Nord, die Ungerechtigkeit in den internationalen ökonomischen Beziehungen und dem reglementierten Austausch auf dem Gebiet der Wissenschaft und Technologie unter diesen Problemen sein. Außerdem werden die Fragen der Wasserversorgung und der Umweltverschmutzung unter den Hauptproblemen sein, vor denen die Mittelmeerstaaten in den nächsten Jahrzehnten stehen werden. Viele der Zukunftsprobleme sind mit der Gegenwart eng verbunden. Wenn wir über solch ein Thema sprechen, können wir nicht umhin, auch über die Probleme der Gegenwart zu sprechen. Denn wenn diese Probleme heute keiner gerechten Lösung zugeführt werden, bleiben sie auch in Zukunft bestehen und werden den nachfolgenden Generationen übertragen.

Das von der Bonner Universität gezeigte Interesse an den Problemen des Mittelmeerraumes unterstreicht die Tatsache, daß das Mittelmeer seit alten Zeiten eine Brücke der Berührung und des Kontakts nicht nur unter den Anrainerstaaten, sondern allgemein zwischen Orient und Okzident war, ist und bleibt. Vielleicht geht der erste Kontakt zwischen West und Ost, bezogen auf das Mittelmeer, auf die Entführung der schönen phönizischen Prinzessin Europa durch den Gottvater

Zeus von der Küste Syriens zurück - Europa, die Ihrem Kontinent den Namen gab.

An der Ostküste des Mittelmeers liegt mein Land Syrien. Hier lernte der erste Mensch den Ackerbau, erfand den Pflug, der immer noch, fast in seiner ursprünglichen Form, überall in der Welt benutzt wird. Hier schmolz der Mensch den Sand und machte Glas daraus, das er später auch färben konnte. Auch die Bronze und das erste Alphabet in der Geschichte der Menschheit, das Alphabet von Ugarit, wurden hier erfunden. Von hier aus setzten die Phönizier über das Mittelmeer nach Nordafrika über, von wo Hannibal später seine Elefanten über das Mittelmeer brachte und sie über die Alpen trieb. Vom Westen kam Alexander der Große zu uns. Nach ihm kamen die Römer. In der Römerzeit reagierten in Rom fünf aus Syrien stammende Kaiser das Weltreich. Der syrische Baumeister Abou-Aldour der Damaszener baute in Rom die Säule des Trajan und die mächtige bis heute erhaltene Brücke über die Donau. Die arabische Königin Zinobia von Palmyra bot den Römern die Stirn und machte sich unabhängig. Sie regierte ein Reich, das neben Syrien große Teile der arabischen Halbinsel und Ägyptens umfaßte, bevor sie der Überlegenheit des Kaisers Aurelian unterlag.

Von hier gingen die drei Hauptweltreligionen aus, die die Menschheit zur Liebe, zum Frieden und zur Brüderlichkeit aufrufen. Vor den Toren von Damaskus verwandelte sich Saulus zum Paulus. Damaskus, die Hauptstadt meines Landes, die älteste ständig bewohnte Stadt der Welt, wurde in den Tafeln von Ibla und in den pharaonischen Dokumenten „Damaski“ und „Dimashka“ genannt. In Aramäisch, der Sprache von Jesus Christus, wird die Stadt als „Dar Misik“, d.h. „das bewässerte Haus“, erwähnt. Übrigens wird die aramäische Sprache bis heute in den Dörfern um Damaskus gesprochen. Die Aramäer sind Nordaraber und Ureinwohner von Damaskus. Über das Mittelmeer führte Tarek bin Ziad seine Truppen nach Andalusien, wo später die Herrschaft der

Omajaden jahrhundertelang fortdauerte. In jener Zeit erlebte Spanien in religiöser Toleranz und friedlichem Zusammenleben unter Moslems, Christen und Juden eine wissenschaftliche und kulturelle Blütezeit. An der ersten arabischen Universität der Welt, der Universität von Granada, studierten europäische Studenten in arabischer Sprache. Über das Mittelmeer kehrten dann nach der Inquisition Moslems und Juden nach Nordafrika, in den Nahen Osten und nach Syrien zurück. Die Geschichte der Judenviertel in unseren syrischen Städten zeigt deutlich, daß ein Großteil der aus Spanien vertriebenen Juden in Syrien Aufnahme fand.

Dann kamen die Kreuzritter zu uns in mehreren Wellen. Ihre Kriege dauerten länger als hundert Jahre, bis sie von Saladdin besiegt wurden. Saladdin, der heute in der Nähe der Omajaden-Moschee in Damaskus ruht. Ja, es ist der Saladdin, den Gottfried Ephraim Lessing durch seinen „Nathan der Weise" in der deutschen Literatur verewigte. Saladdin, dessen Ruhestätte der deutsche Kaiser zu Beginn des Jahrhunderts besuchte und dem Wilhelm II. ein Marmorgrabmal aus eigener Tasche stiftete. Der französische General Gurou, Oberbefehlshaber der französischen Mandatstruppen nach der Einnahme von Damaskus, trat das Grabmal Anfang der zwanziger Jahre mit dem Fuß und schrie: „Steht auf Saladdin, wir sind wieder da."

Es ist richtig, daß die Kontakte und die Begegnungen zwischen Orient und Okzident nicht immer friedlich waren, aber sie hinterließen im Leben der Völker lebendige Spuren. An den östlichen und südlichen Küsten des Mittelmeers, von Alexandria bis Tanger, wird Arabisch gesprochen. Der Austausch zwischen der arabischen Sprache und Kultur und der Kultur und den Sprachen Europas verdeutlicht die seit alten Zeiten andauernde Tiefe der Begegnungen zwischen den Völkern des Mittelmeers. Die Spuren der arabischen Sprache sind deutlich nachweisbar zumindest im Spanischen, Maltesischen, Italienischen und im Türkischen. Auch der Einfluß der arabischen Wissenschaftler ist deutlich in der Medizin, Mathematik, Pharmazie, Astronomie, Architektur und in der Soziologie. Die Lehrsätze und Theorien arabischer Wissenschaftler werden bis heute in den Vorlesungen an den europäischen Universitäten zitiert. Im Gegenzug ist der Einfluß der europäischen Kultur auch in unserem Leben in den arabischen Ländern sehr deutlich. Neben den nicht friedlichen Kontakten und Begegnungen gab es aber auch weitreichende Handelsbeziehungen zwischen Orient und Okzident über das Mittelmeer. Venedig war in seiner Blütezeit Handelszentrum und europäisches Tor von Waren und Handelsgütern, die über das arabische Gebiet und über das Mittelmeer aus dem Osten kamen.

Im Mittelalter kamen die osmanischen Türken zu uns, um Syrien und andere arabische Länder fünfhundert Jahre lang im Namen der gemeinsamen Religion zu beherrschen. Während des Ersten Weltkrieges konnten die Truppen des arabischen Aufstands die osmanischen Truppen aus dem arabischen Gebiet verjagen. Bekanntlich spielte damals ein englischer Offizier, der unter dem Namen „Lawrence von Arabien" berühmt wurde, eine bis zum heutigen Tage umstrittene Rolle. Doch es trat später zutage, daß die Briten, die den Aufstand der Araber gegen die türkischen Osmanen unterstützten, die Araber täuschten und den Juden versprachen, ihnen bei der Gründung eines jüdischen Nationalstaates in Palästina zu helfen. Dieses Versprechen wurde 1917 vom jüdischen britischen Außenminister Lord Balfour dem jüdischen Baron Rothschild gegeben.

Insgeheim hatten sich damals die Briten und Franzosen über die Verteilung des Erbes des „kranken Mannes am Bosporus" geeinigt. So zogen Mark Sykes, der Engländer, und Georges Picot, der Franzose, - zwei unauffällige Geschäftsleute - gemeinsam mit Bleistift und Lineal die Grenzen der Einflußgebiete ihrer Regierungen im Nahen Osten. Sie teilten das südliche Syrien in Palästina und Transjordanien ein und das nördliche in das heutige Syrien und den heutigen Libanon. Palästina und Transjordanien erhielt Großbritannien, Syrien und den Libanon erhielt Frankreich. Später gab Frankreich an die Türkei eine syrische Provinz ab, den Bezirk von Alexandrette, um die Türkei von einer Allianz mit Hitler-Deutschland abzubringen.

Nach der Balfour-Deklaration und dem Beginn der britischen Mandatsherrschaft in Palästina begann die zionistische Bewegung die Juden aus allen Teilen der Welt nach Palästina zu locken. Aber erst während des Zweiten Weltkrieges und infolge der Unterdrückung der Juden in Europa durch das nationalsozialistische Deutschland setzte eine verstärkte Emigration von europäischen Juden nach Palästina ein. Als die Zahl der jüdischen Einwanderer nach Palästina zunahm, entschieden sich die Vereinten Nationen für die Aufteilung des britischen Mandatsgebietes in Palästina zwischen Arabern und Juden. 1948 beendeten die Briten ihre Mandatsherrschaft und verließen Palästina. Seitdem kam es zu mehreren Kriegen zwischen den Arabern und Israelis, währenddessen Westeuropa und die USA unter dem Einfluß des Holocaust in Europa stets an der Seite Israels standen. Unter dem Einfluß des Holocaust verschloß der Westen die Augen davor, daß die Naziopfer von einst längst Täter geworden sind. Er verkannte, daß die Opfer des Holocaust selbst Massaker gegen die Palästinenser in Kibia, Deir, Yassin und Kafar Kassem veranstalteten und die arabischen Bürger Palästinas von ihren Heimatorten vertrieben.

Das Palästina-Problem, das mit der Balfour-Deklaration 1917 begann und mit der Gründung Israels im Jahr 1948 offen ausbrach, ist das Problem, das die Beziehungen zwischen den östlichen und südlichen Mittelmeerländern einerseits und den nördlichen Ländern, also zwischen der arabischen Welt und Europa, in den vergangenen fünfzig Jahren am meisten beeinflußt hat. Und es ist mit absoluter Sicherheit das Problem, das den nachfolgenden Generationen weiter übertragen und ein Zukunftsproblem des Mittelmeerraumes bleibt, wenn es heute keine umfassende, gerechte und dauerhafte Lösung findet. Diese Aufgabe ist im Augenblick am dringlichsten. Die palästinensischen Flüchtlinge, die aus ihren Heimatorten 1948 von Israel vertrieben worden sind und gegenwärtig zwei Millionen Menschen zählen, leben immer noch in provisorischen Zeltlagern in Syrien, Libanon, Jordanien und anderen arabischen Staaten. Seit jener Zeit sind die Araber mit Israel und seinen zionistischen Thora-Träumen konfrontiert, die dem Völkerrecht keine Beachtung schenken.

Wir können uns mit unseren Juden, die seit langer Zeit unter uns gelebt haben, gut verständigen. Wir respektieren die jüdische Religion als eine himmlische Religion, wie die christliche und die islamische. Wir glauben an Moses, Jesus und Mohammed als Abgesandte Gottes. Wir kennen keinen Antisemitismus, die Waffe, die der Zionismus gegen jeden anwendet, der gegen seine politischen Ziele Widerspruch erhebt. Wir sind selber Semiten. Die Juden, die seit langen Zeiten unter uns gelebt haben, kennen unsere Mentalität und wir die ihrige. Wir respektieren ihre Sitten und Gebräuche und sie die unsrigen. Unser Problem liegt hauptsächlich mit Ihren Juden, d.h. Ihren europäischen Juden, in deren Psyche Theodor Herzl den - angeblichen - Antisemitismus der Europäer einpflanzte und den Glauben, daß die ganze Welt um sie herum gegen die Juden eingestellt sei. Wir sind nicht gegen die Israelis als Juden, wir sind gegen Israel als einen Staat, der unserer Region mit Macht und Gewalt aufgezwungen wurde und zur Vertreibung unserer Brüder von ihren angestammten Heimatorten führte. Wir haben die Juden und die Angehörigen anderer Nationen empfangen und ihnen Aufnahme geboten, sie leben unter uns völlig gleichberechtigt.

In jüngster Zeit kamen die Armenier zu uns, die heute noch in unseren Städten mit uns friedlich zusammenleben. Der jetzige Präsident von Armenien ist in der syrischen Stadt Aleppo geboren. Jeder Syrienbesucher kann sich davon überzeugen, daß die Armenier und andere nationale Minderheiten wie die Tscherkessen, ehemalige Bosniaken, Turkmenen und Griechen unter uns friedlich leben. Der Vorsitzende der jüdischen Gemeinde in Deutschland, Ignatz Bubis, begleitete vor einiger Zeit die Delegation des Ministerpräsidenten von Nordrhein-Westfalen in Syrien. Sicherlich kam er mit einem anderen Eindruck zurück, als ihn die tendenziöse Propaganda vermittelt. Natürlich hat man auch die syrischen Juden aufgefordert, Syrien zu verlassen und nach Israel auszuwandern. Syrien hat seinen Juden die Freizügigkeit gewährt. Die meisten Juden, die Syrien verließen, blieben in den USA, ein Teil von ihnen wollte sogar nach Syrien zurück.

Im Jahr 1956 griff Israel an der Seite Großbritanniens und Frankreichs Ägypten an, das den Suezkanal verstaatlichte. Damit bewies Israel seine Allianz und Verbundenheit mit den ehemaligen Kolonialmächten gegen die unabhängigen Staaten der Region. 1967 eroberte Israel im sogenannten Sechstagekrieg das Westjordanland, Ostjerusalem, den Gaza-Streifen, den gesamten Sinai und die Golanhöhen. Ohne Zweifel erschütterte der Juni-Krieg 1967 die gesamte arabische Welt. Danach glaubten die Israelis, daß sie eine unbesiegbare Kraft seien. Ein bekannter Politiker in Bonn, der die Mentalität der Araber gut kennt, sagte mir:

> „Die Israelis hatten nach dem Sechstagekrieg nicht nur den Schlüssel zum Frieden im Nahen Osten in der Hand, sondern auch den Schlüssel zu den Herzen der Araber, zur guten Nachbarschaft, zur Kooperation und vielleicht auch zur Freundschaft mit ihnen. Wenn Israel nach seinem Sieg die Hand zum Frieden ausgestreckt und die Bereitschaft zur Rückgabe der in jenem Blitzkrieg eroberten arabischen Territorien signalisiert hätte, hätte es den Frieden und die Anerkennung erhalten und die unzähligen Opfer der beiden Seiten vermieden. Doch die Expansionsgelüste obsiegten, und die Israelis behielten, was sie im Krieg eroberten."

Ich lasse dieses Zitat unkommentiert. Ich möchte jedoch sagen, daß Israel nach dem Sieg über die Armeen von drei arabischen Staaten und der Eroberung von Gebieten, die größer waren als sein eigenes Territorium, an der Legende von der Unbesiegbarkeit seiner Armee zu spinnen begann. Es glaubte an die Realisierbarkeit seiner expansionistischen Träume ohne jede Berücksichtigung des Völkerrechts und der UN-Resolutionen, obwohl die Gründung Israels auf einer UN-Resolution beruht. Die gesamte arabische Welt lehnte die Aggression und deren Folgen ab und entschied sich für den Widerstand. 1973 brach der Oktoberkrieg aus. In dessen Folge begriff Israel, daß seine militärische Kraft und Überlegenheit keinerlei Gewähr dafür bietet, den Widerstand zu brechen und die Okkupation arabischer Territorien fortzusetzen. Nach dem Waffenstillstand nahm der Sicherheitsrat der Vereinten Nationen die Resolution 338 an, in der der Abzug Israels aus den besetzten Gebieten und das Selbstbestimmungsrecht des palästinensischen Volkes gefordert wird. Obwohl Israel dieser Resolution damals zustimmte, verzögert es heute noch deren Umsetzung.

Unser Hauptstreitpunkt mit Israel konzentriert sich auf die Verwirklichung dieser Resolution. Mit dem rechtsgerichteten Likud-Block an der Macht trat die Thora an die Stelle des Völkerrechts in Israel. So wurde das Westjordanland in „Judäa und Samaria" umbenannt. Ostjerusalem und die Golanhöhen wurden annektiert und die Hauptstadt von Tel-Aviv nach Jerusalem verlegt, in einem Akt der klaren Herausforderung der ganzen Welt. Infolge dieser Entwicklungen ging auch der Widerstand dazu über, gegen die Besatzer alle Formen des Kampfes anzuwenden, sowohl von innen als auch von außen. Um dem palästinensischen Widerstand das Rückgrat zu brechen, fiel Israel in den Libanon ein. Seine Truppen eroberten einen Teil Beiruts. Die Führung der PLO wurde aus dem Libanon vertrieben. In den Flüchtlingslagern Sabra und Schatila wurden palästinensische Kinder, Frauen und alte Menschen wie Vieh geschlachtet. Israel hat sich zurückgezogen und behielt im Süden Libanons eine sogenannte Sicherheitszone unter seiner Kontrolle. Jeder Libanese, der sich gegen die Besetzung des südlichen Teils seines Landes wendet, wird von Israel als Terrorist bezeichnet.

Dann brach die Intifada in den besetzten Gebieten aus: Kinder mit Steinen in der Hand gegen bis an die Zähne bewaffnete Soldaten und Siedler. Auch die Steine werfenden Kinder waren für Israel Terroristen. Man hat den Soldaten Befehle erteilt, jedem Steine werfenden Kind die Knochen mit Gewehrkolben zu brechen. Schließlich hat die Intifada den Israelis klargemacht, daß der Widerstand der Palästinenser so lange anhält, wie ihr Land okkupiert ist, und daß sich die Palästinenser nicht gefallen lassen werden, in ihrem eigenen Land als Menschen dritter Klasse behandelt zu werden. Das Beispiel Südafrika verdeutlicht, daß Unterdrückung niemals den Willen eines Volkes brechen kann.

Wir in Syrien traten für die Einberufung einer internationalen Nahostkonferenz ein, unter der Schirmherrschaft der Vereinten Nationen und der Beteiligung der ständigen Mitglieder des Sicherheitsrates und auf der Basis der entsprechenden UN-Resolutionen. Israel lehnte ab und beharrte darauf, mit jeder arabischen Seite separat zu verhandeln. Verhandlungen mit der PLO wurden von Israel kategorisch abgelehnt.

Als die USA die Konferenz von Madrid initiierten und unter amerikanischer und sowjetischer Schirmherrschaft Verhandlungen zwischen Arabern und Israelis nach dem Prinzip „Land gegen Frieden“ organisierten, stimmten wir zu. Die Madrider Konferenz beruhte auf den UN-Resolutionen 242 bzw. 338 und 425 und dem Prinzip „Land gegen Frieden“. Die Araber sind nach Madrid gegangen mit der wahren Absicht, eine gerechte, umfassende und dauerhafte Lösung für das Nahostproblem zu finden. Der damalige israelische Ministerpräsident Schamir aber ging nach Madrid, um die Verhandlungen - wie er selbst zugab - mindestens zehn Jahre zu verschleppen. Im Rahmen der Madrider Konferenz begannen dann Gespräche zwischen den arabischen Staaten und den Israelis. Später wurde bekannt, daß Geheimgespräche zwischen der PLO und den Israelis außerhalb des Rahmens der Madrider Konferenz stattgefunden haben. In deren Folge wurde dann der Vertrag von Oslo abgeschlossen. Später folgten die Jordanier mit ihrem Vertrag mit den Israelis. Syrien und der Libanon hielten an den offiziellen Verhandlungen in Washington fest.

Warum haben wir Syrer Vorbehalte gegenüber dem Osloer Vertrag zwischen den Palästinensern und Israelis? Wir streben einen gerechten und umfassenden Frieden an. Unser Festhalten an der Madrider Konferenz beruht auf unserem Glauben an die internationale Gesetzlichkeit und an die UN-Resolutionen. Daher haben wir Zweifel daran, daß eine gerechte und dauerhafte Konfliktlösung außerhalb des Rahmens der dafür einberufenen Konferenz gefunden werden kann. Die gegenwärtig in Gaza und im Westjordanland herrschenden Zustände bestätigen unsere Zweifel. Wir halten es nicht für gerecht, daß Israel Juden aus aller Welt holt, um sie in den besetzten Gebieten unterzubringen, während es kategorisch ablehnt, über die Frage der palästinensischen Flüchtlingslager in Syrien, Libanon und Jordanien zu sprechen. Die Menschen bei uns fragen sich, warum der russische Jude das Recht erhält, in Palästina zu leben, obwohl weder er noch sein Großvater das Land jemals gesehen haben, während dieses Recht dem Palästinenser verwehrt wird, der 1948 aus seinem Land und Haus vertrieben worden ist.

Seit fünfzig Jahren erklären wir aller Welt dieses Unrecht, und immer wieder hören wir, daß die Juden, die den Holocaust während der nationalsozialistischen Gewaltherrschaft erlebt haben, doch irgendwo leben müssen. Immer wieder hören wir, daß die Juden vor zweitausend Jahren in Palästina waren. Ja, die Juden waren in Palästina mit den arabischen

Stämmen der Kanaanäer, Phönizier und Aramäer. Wir haben mit unseren Juden und Christen in mehr Frieden und Toleranz gelebt als andere.

Von Gerechtigkeit kann in den palästinensischen Selbstverwaltungsgebieten keine Rede sein. Ist es gerecht, daß die jüdischen Siedler in den palästinensischen Gebieten 70 Prozent des Wassers verbrauchen, während die Palästinenser nicht genug zu trinken haben? Ist es gerecht, daß die Israelis der nationalen palästinensischen Wirtschaft nur soviel Luft zu atmen lassen, wie es ihnen beliebt? Das ist kein Frieden unter gleichberechtigten Partnern und daher kein dauerhafter Frieden. Vielmehr wird der Widerstand unter diesen Umständen noch radikaler und verzweifelter. Und es werden mehr Leute, die den Tod dem Leben in Verzweiflung vorziehen. Unterdrückung, Ungerechtigkeit und Aushungern sind Gewalt und Terror, der eine Reaktion fordert. Wenn Israel den Frieden sucht, so wird es ihn nicht mit Kampfflugzeugen, mit Kriegsschiffen und mit der Zersprengung der Häuser der Palästinenser finden. Es muß klar und deutlich gesagt werden, daß wir gegen alle Aktionen sind, die gegen Unschuldige von beiden Seiten gerichtet sind. Wir sind gegen die verzweifelten Selbstmordattentate. Mit aller Deutlichkeit lehnen wir alle Arten und Formen des Terrors, insbesondere den, der von Staaten ausgeht, ab. Wenn Israel die Widerstandsaktionen des Libanesen und des Palästinensers als Terror bezeichnet, bezeichnen wir sie als legitimes Recht auf Widerstand. Wenn sich Israel aus dem Süden Libanons und dem Golan zurückzieht und die Palästinenser nicht länger aussperrt und aushungert, hören auch die Gründe für Gewalt und Gegengewalt auf.

Daher ist es richtig, daß die Lösung für die Situation darin liegt, die Ursachen zu behandeln und nicht die Ergebnisse. Falsche Ausgangspunkte führen immer zu falschen Schlußfolgerungen.

Die Menschen bei uns fragen sich, warum die von verzweifelten Palästinensern begangenen Selbstmordattentate, die das Leben von sechzig Israelis forderten, zu einer Konferenz in Sharm-Al-Sheikh führen und die Ermordung von 102 Libanesen in Kana nur zur Rechtfertigung der israelischen Tat Anlaß gibt. Jeder von uns weiß, daß die letzten israelischen Angriffe auf den Libanon, die Zerstörung von zivilen Zielen und das Massaker von Kana geschehen sind, um den israelischen Wählern die militärische Entschlossenheit des mit dem Friedensnobelpreis dekorierten Ministerpräsidenten vor Augen zu führen. Nun hat die Friedenstaube bewiesen, daß sie auch Falke sein kann. Der Tod der Libanesen geschah also aus wahltaktischen Gründen. Die Menschen bei uns fragen sich: Warum verschließt die Welt die Augen vor den Taten Israels? Warum fordert man Israel nicht auf, die UN-Resolution durchzuführen und aus Südlibanon abzuziehen? Warum verschließt man die Augen davor, daß Israel mindestens 200 Atombomben hat? Warum legen die USA immer ihr Veto ein, wenn es um die Verurteilung Israels geht? Warum wendet man im Nahen Osten zweierlei Maß an? Dieses Verhalten des Westens ist Wasser auf die Mühlen der radikalen Kräfte in der arabischen und islamischen Welt, die die Beendigung der Zusammenarbeit mit dem Westen fordern. Dieses Verhalten bestärkt diejenigen in ihrer Meinung, die denken, daß der Westen aus Holocaust-Schuldgefühlen den Israelis einen Blankoscheck gegen die Araber ausgestellt hat.

Wir sind für den Frieden und für die Verständigung. Wir wollen den gerechten, umfassenden und dauerhaften Frieden. Dieser Frieden kann nur erreicht werden, wenn sich Israel aus allen besetzten arabischen Territorien zurückzieht. Die Führung der PLO stimmte der Osloer Vereinbarung zu, obwohl andere palästinensische Organisationen ihre Einwände anmeldeten und auf die Gefahren hinwiesen. Auch wir erklärten, daß die Entscheidungen der internationalen Gremien das Maß für jede Lösung sein müssen. Dennoch haben wir keine Einwände gegen das, was die palästinensischen Brüder akzeptieren.

Nun zu dem, was uns anbelangt: Wir können uns mit weniger als dem völligen Abzug Israels aus dem Golan und der Rückkehr zu den Grenzen vom 4. Juni 1967 nicht zufriedengeben. Wenn Israel bestimmte Absichten hat, einen Teil unserer Wasserquellen unter seiner Kontrolle zu behalten, wird der Frieden nicht zustande kommen und der Widerstand fortdauern. Wir wünschen uns eine aktivere europäische Rolle bei der Friedenssuche im Nahen Osten. Doch diese Rolle setzt voraus, daß Voreingenommenheit gegenüber einer der Streitparteien ausgeschlossen ist.

Das vorgetragene Problem besteht seit Anfang dieses Jahrhunderts. Mit dem Zweiten Weltkrieg nahm dieses Problem an Schärfe zu und forderte zahlreiche Menschenleben. Es war auch die Ursache für die Beeinträchtigung der Entwicklung und des Lebensniveaus der Menschen in der Region, die alle Voraussetzungen besitzt, eine Oase des Wohlstandes zu sein, wenn der Frieden erreicht ist. Seien Sie sicher, daß wir in Syrien unsere großen materiellen Möglichkeiten viel lieber für die Erhöhung des Lebensstandards unseres Volkes einsetzen würden als für Verteidigungszwecke. Seien Sie sicher, daß wir das Mittelmeer lieber als ein Meer des Friedens sehen würden, über dem Möwen fliegen anstelle von Kampfflugzeugen, wie es unser Präsident Al-Assad ausdrückte.

William Spiteri
Botschafter der Republik Malta
(4. Juni 1996)

Dr. Johnson hat einst bemerkt: „Der Besuch des Mittelmeers ist das Hauptziel allen Reisens." Natürlich bezog er sich auf die vielfältigen touristischen Attraktionen der Mittelmeerländer: die Geschichte, die reichhaltige Kultur, das archäologische Erbe, die historische Dimension, Anblicke und Geräusche, der klare blaue Himmel, die milde Luft, die Sonne, das kristallklare blaue Meer, das die Sandstrände und von Kieselsteinen gesäumten Ufer umspielt. Tatsächlich gerate ich in poetische Versuchung und möchte den Duft der Zitronen- und Orangenbäume hinzufügen, Myrte und Lorbeer, die schon Goethe erwähnte, währenddessen er im nahegelegenen Sizilien herumwanderte und - wahrscheinlich - an Malta dachte. Sicherlich würde Dr. Johnson, lebte er heute, die gleiche Feststellung machen. Er würde dies allerdings wohl durch einige Ratschläge abschwächen, denn die immer noch lebendigen Attraktionen wurden mit einer Anzahl von Unwägbarkeiten beschwert: Umweltprobleme, organisiertes Verbrechen, Terrorismus, illegaler Drogenschmuggel, unerlaubter Waffenhandel, Geldwäsche und soziale Unruhen.

Tatsächlich stieg das Mittelmeer von seiner ruhmreichen Vergangenheit zu einer Zone des Niedergangs, der Instabilität und Ungewißheiten herab. Wirtschaftliche, kulturelle, soziale und politische Probleme hemmen oder lähmen gar jeden Versuch eines Wiederaufschwungs. Erlaubt ist die Frage, was zu dem gegenwärtig bedrückenden Zustand beigetragen hat. In einem kürzlich veröffentlichten Buch „Die Zukunft des Mittelmeerraumes" sucht der maltesische Professor Salvino Busuttil die Antwort in der Untersuchung des nach seiner Auffassung maßgeblichen Wechselspiels zwischen Umwelt und Wirtschaft. Interessant ist auch das Vorwort dieses Buches, das Professor Peter Serracino Inglott, bis vor kurzem Rektor unserer Universität, verfaßt hat. Laut Inglott war der einzigartige Aufstieg der Mittelmeerwelt in der Antike wesentlich mit dem einzigartigen Vorzug dieser Region verbunden, daß sich in seiner Mitte ein großes Binnenmeer befindet. Dies erlaubte es der Region, von einem preisgünstigen Seeverkehr (zu einer Zeit, als die Ausnutzung von Sklavenarbeit die wichtigste Energiequelle war) und den kulturellen Vorteilen einer unbehinderten allseitigen Kommunikation zu profitieren. Der Zusammenbruch der griechisch-römischen Welt basiert in einem gewissen Ausmaß auf der Unfähigkeit unserer Mittelmeervorfahren, mehr Sklaven aus den umliegenden Räumen der Region zu gewinnen. Die Region sollte im Mittelalter dann wiedererblühen, neue Handelsverbindungen wurden zwischen den Wollproduzenten des feudalen nördlichen Europa und den Lieferanten von Seide, Gewürzen und exotischen Waren, China und Indien, hergestellt.

Als die Türken Konstantinopel eroberten, verschwand dieses lukrative weltumspannende Netzwerk. Später wurde der Niedergang des Mittelmeerraumes dadurch beschleunigt, daß er bei der wissenschaftlichen Revolution des 17. Jahrhunderts im Abseits stand. Der Region sollte es dann mit der industriellen Revolution noch schlimmer ergehen. Der kolonialisierte Mittelmeerraum sank in neuerer Zeit tiefer als jemals zuvor in seiner jahrtausendealten Geschichte. Die Überbleibsel des Kolonialismus begünstigten in Verbindung mit einer schwach ausgeprägten regionalen Identität unter den Mittelmeerstaaten die Passivität. Der Süden wird durch Ideen, den Handel, die Kultur und Informationen aus dem Norden bombardiert, doch gibt es keinen wirtschaftlichen oder kulturellen Fluß von Süd nach Nord. Der Mittelmeerraum verlor die Initiative und erlaubte anderen Ländern fortzuführen, was er selbst unter Mühen zuerst entwickelt hatte. Die Region war nicht länger Hauptakteur im Drama der Menschheitsgeschichte. Die Region versank in ein Zeitalter von ideologischen

Differenzen und mörderischem gegenseitigen Krieg, was die politische, wirtschaftliche und soziale Entwicklung behinderte. Obwohl die Region über alle möglichen Vorzüge eines Handelsplatzes verfügt, wandelte sie sich zur Konfliktarena. Trotz eines gemeinsamen zivilisatorischen Erbes und vieler Bindeglieder bleibt die Mittelmeerregion heute durch Streitigkeiten und Zwist getrennt. Dies verschlimmerte noch die Probleme und den Niedergang der Region.

Das Mittelmeer entspricht einer komplexen Zone, um so mehr weil es kein geschlossenes Meer darstellt. Es ist mit dem Schwarzen und dem Roten Meer verbunden. Die Mittelmeerländer blicken in Richtung des Atlantik. Die Kontinente Afrika und Asien grenzen an das Mittelmeer. Das Mittelmeer ist ein Teil von Europa. Die Philosophie Griechenlands, die Straßen Roms, die großen monotheistischen Religionen Judentum, Christentum und Islam bestimmten zusammen Europas Identität und Geschichte. Es ist außerdem ein Meer der Widersprüche, wo Religionen erblühten, die auf der hier erstmals verkündeten Universalität des Menschen gründen, und wo im Namen der Religion Kreuzzüge und heilige Kriege so viele Menschen töteten; wo das dunkle Mittelalter der Renaissance Platz machte, aber in fundamentalistischen Strategien fortdauert; es ist ein Platz, von dem großartige Ideen entsprungen sind, wo jedoch in engem Nationalismus eine Ghettomentalität überdauert. Das sind die Widersprüche, welche die Küsten dieses getrübten Meeres kennzeichnen.

Getrübt war das Meer seit jeher. Bis heute bezeugen unsere in gutem Zustand erhaltenen Tempelanlagen der Jungsteinzeit, daß Malta schon vor Tausenden von Jahren als sicherer Zufluchtsort (und keine leichte Beute) angesehen wurde. Bevor noch die Pyramiden geplant wurden, war Malta bereits seit langem ein Mittelpunkt der Zivilisation, und seine freistehenden Steine waren vielleicht Vorläufer der Architektur und Zentren der Anbetung für die Menschen dieses Meeres.

Phönizier, Griechen und Karthager begannen Kriege, um die Handelsrouten zu verteidigen, auf denen ihr Wohlstand beruhte. Danach kamen die Römer, welche als erste (und als letzte) die gesamte Meeresküste erobern sollten und das Meer zum „mare nostrum“ erklärten. Es ist eine unbestreitbare Tatsache, daß die westliche Zivilisation ihren Ursprung im Mittelmeerraum hat. In den Küstenländern des Mittelmeeres entfaltete sich die westliche Zivilisation über viele Jahrhunderte. Malta liegt strategisch im Zentrum des Mittelmeeres, hundert Kilometer südlich von Sizilien und dreihundert Kilometer nördlich der afrikanischen Küste, und ungefähr gleich weit entfernt vom marokkanischen Tanger am Westzipfel und dem israelischen Tel Aviv am Ostzipfel. Daher war es ein Schmelztiegel von Kulturen und Sprachen. Dies drückt sich in unterschiedlichen Aspekten unseres Lebens aus: viele Malteser stammen von, oder trugen zur Bildung bei von Gemeinschaften, die um das Mittelmeer herum gelebt haben oder leben, z.B. in Ägypten (z.B. in Alexandria), in Tunesien, in Libyen, in Frankreich (z.B. in Marseille), und in Spanien (vor allem Gibraltar). Es drückt sich in unserer Sprache aus, in der das Semitische und das Lateinische auf einzigartige Weise verschmolzen sind, in unserer Tradition und Folklore.

Die einzigartige strategische Lage Maltas wurde von den verschiedenen Mächten frühzeitig erkannt, die in unserer langen Geschichte nach der Vorherrschaft strebten und auf unserer Insel Fuß zu fassen suchten. Tatsächlich wird derjenige, der die Geschichte Maltas studiert, dem Aufstieg und Fall dieser Mächte folgen, welche das Meer beherrschten. Beim Verfolgen dieser historischen Ereignisse wird er erkennen, daß Malta ein Bollwerk und einen Hafen darstellte, ein Symbol und eine Synthese für das Meer, das Malta teils nährte, teils beinahe strangulierte. Die Phönizier, die Karthager, die Römer, die Araber, die Normannen, die Spanier, der Johanniterorden, die Franzosen unter Napoleon (es wird berichtet, daß aus Furcht kaum ein Schuß fiel, als Napoleon 1798 in Malta landete - der Johanniterorden hatte die Insel seit 268 Jahren beherrscht und befand sich im Niedergang), die Briten blieben in Malta 164 Jahre, genauer gesagt bis 1964 - trotz Napoleons Warnung an dic Briten, daß „Frieden oder Krieg von Malta abhängen".

Malta ist historisch berühmt durch die siegreich überstandene Große Belagerung von 1565. Der türkische Befehlshaber Mustafa Pascha, der seinem Sultan Süleyman dem Prächtigen geschworen hatte, den „verfluchten Felsen" einzunehmen, wurde durch die Malteser und die Ritter unter Führung von Großmeister La Valette geschlagen. Einige Historiker machen geltend, daß die Türken ohne diese Niederlage - die Türken erlitten dann 1571 bei Lepanto eine weitere Niederlage, die ihr Schicksal besiegelte - Europa womöglich überrannt hätten.

Während des Zweiten Weltkrieges stand Malta im Kreuzfeuer. Die ersten Bomben fielen am 11. Juni 1940, ungefähr 30.000 Häuser wurden während mehr als 3000 Luftangriffen zerstört. In einer Botschaft an Malta erklärte Winston Churchill:

> „Die Augen Großbritanniens betrachten Malta bei seinem täglichen Ringen, und wir sind überzeugt, daß Ruhm und Erfolg Eure Anstrengungen belohnen werden."

König Georg VI. zeichnete Malta im April 1942 mit dem Georgskreuz aus, „um den Heroismus und die Hingabe an die Pflicht zu bezeugen, die auf lange hinaus in der Geschichte berühmt sein werden". Präsident Roosevelt übersandte eine Botschaft folgenden Wortlauts: „An die Insel Malta, einsam, aber furchtlos, eine winzige Flamme in der Dunkelheit." Vor einiger Zeit sagte Jacques Delors in einem Interview mit der Zeitung „Libération" im September 1992:

> „Es gibt ein Land, das wir manchmal vergessen, aber das als Symbol sehr wichtig ist: Malta. Wir dürfen Europa

nicht so stark nach Norden verrücken, während wir den Süden vergessen: wir würden hierbei riskieren, unsere Empfänglichkeit für die Mittelmeerwelt zu verlieren, die unsere Welt ist, aber welche im Augenblick Gefahren für alle von uns hervorbringt."

Bis 1971 war Malta das Hauptquartier der Alliierten Seestreitkräfte Südeuropa und wurde häufig von den Schiffen der amerikanischen Sechsten Flotte besucht. Es war die Zeit des Kalten Krieges, und sowjetische und amerikanische Schiffe jagten einander im Mittelmeer hinterher. Nach dem Fall der Berliner Mauer und der Auflösung des Warschauer Paktes reduzierte die US Navy ihre Präsenz im Mittelmeer, aber neue Aufgaben entstanden, die, so wird bekräftigt, noch immer die Stationierung von Kriegsschiffen in der Region erfordern. Ein Sprecher der amerikanischen Marine hat erst kürzlich erklärt, daß die Hauptaufgabe der US Navy darin besteht, den Alliierten bei der Wahrung der Stabilität in der Region zu helfen und humanitäre und Peacekeeping-Aktivitäten zu unterstützen.

Heute bewahrt Malta enge und freundliche Verbindungen mit allen Ländern. Es stützt sich nicht länger auf militärische Erfordernisse als Grundlage seines Wohlstandes. Seit der Erlangung der Unabhängigkeit im Jahr 1964 wurde die Wirtschaft überholt. Der Seehafen wurde privatisiert, Leichtindustrie wurde auf die Insel gezogen, heute existieren 38 exportorientierte deutsche Fabriken auf Malta, von denen einige über zwanzig Jahre hinweg erfolgreich arbeiten; und es wurden Pläne gemacht, das touristische Potential Maltas auszuschöpfen. Besonders während der letzten neun Jahre ist die Wirtschaft des Landes modernisiert worden. Neue Gesetze ermutigten private Initiative, beendeten Subventionen und Beschränkungen, gaben die Zinsen frei, liberalisierten Handelskontrollen, um einer modernen freien Marktwirtschaft den Weg zu bereiten und Malta mit der Europäischen Union zu harmonisieren. Als Ergebnis davon ist Malta heute ein wirkliches Finanz- und Dienstleistungszentrum, das Länder am Rand des Mittelmeers und darüber hinaus bedient: Telekommunikation, Banken, Schiffswesen, Segeln, exportorientierte High-Tech-Fabriken, Seeverladung (der Freihafen Malta ist einer der größten und erfolgreichsten im Mittelmeer) und Tourismus sind eine Erfolgsstory geworden.

In der Folge ist unser jährliches Pro-Kopf-Einkommen auf rund 9000 Dollar angestiegen, was bereits höher ist als dasjenige von mehreren EU-Staaten, unsere Arbeitslosigkeit beträgt lediglich 3,6 Prozent, und die Inflation (teilweise bedingt durch die Einführung der Mehrwertsteuer im Januar 1995) liegt bei 3,9 Prozent, wenig höher als das Maastricht-Kriterium. In den letzten neun Jahren ist die Wirtschaft durchschnittlich um 5 Prozent real gewachsen, unser Haushaltsdefizit beträgt 3,4 Prozent des Bruttosozialprodukts, unsere öffentliche Gesamtverschuldung weniger als 35 Prozent des Bruttosozialprodukts. Um von den verbesserten Lebensverhältnissen eine Anschauung zu geben: von tausend Bewohnern Maltas besitzen mehr als 600 einen eigenen Wagen, mehr als 440 Telefonanschlüsse und über 400 ein Fernsehgerät. Natürlich beruht die gesunde Wirtschaftslage zu einem großen Teil auf Anstrengung und harter Arbeit. Seit 1987 haben wir reichlich in unsere Infrastruktur investiert. Neue Stromerzeugungseinrichtungen wurden gebaut, Wasserentsalzungsanlagen, ein neuer Flughafen, ein hochmodernes Telefonsystem, und es wurde erheblich in die Informationstechnologie investiert - Computer an den Schulen wurden bereits zu einem sehr frühen Zeitpunkt eingeführt - und in das Erziehungssystem (unsere Universität ist allen Studenten geöffnet, die über Mindestqualifikationen verfügen, ohne Beschränkung durch irgendeinen Numerus clausus).

Vermutlich sind es unsere strategische Lage und die Instabilität der uns umgebenden Region, welche uns mehr als alles andere dazu veranlaßten, die Mitgliedschaft in der EU anzustreben. Die Verankerung in Europa entspringt Maltas

Wunsch und seiner europäischen Berufung. Unser Land verzeichnet das größte Wirtschaftswachstum in der Region, und seine Lebensqualität übersteigt diejenige seiner Nachbarn. Darüber hinaus besitzen wir alle Vorzüge, um zu den Anstrengungen der Union beizutragen, die politische, soziale und wirtschaftliche Stabilität in unserer Region zu erhöhen. Malta ist ein stabiles Land und stützt sich auf demokratische Institutionen und eine ungetrübte Bilanz bei der Wahrung der Menschenrechte, mit jahrhundertealten christlichen Werten, die bis auf das Jahr 60 nach Christus zurückgehen, und einem Rechtssystem in der römischen Tradition. Unsere aktive Teilnahme an internationalen Foren (z.B. Europarat oder UNO) ist wohlbekannt. Vor allem denken wir, zu Europas Mittelmeerdimension beizutragen und einen Brückenkopf nach Nordafrika zu bilden. Maltas Beitritt wird auch die Sicherheit Europas stärken, weil Europa über einen zusätzlichen Stützpunkt verfügen wird, von dem der Erfolg der euromediterranen Partnerschaft abhängt. Die nichteuropäischen Partner werden die EU-Süderweiterung als weitere Garantie für Europas Verpflichtung begrüßen, eine langfristige Mittelmeerpolitik zu betreiben. In den Worten unseres Premierministers Edward Fenech Adami:

> „Malta strebt nicht danach, das Mittelmeer zu ‚europäisieren', sondern sich in das Haus Europa zu begeben, mit Türen, die in das Mittelmeer führen."

Der Europäische Rat hat auf seinen beiden Treffen im Jahr 1995 in Cannes und Madrid bekräftigt, daß Verhandlungen mit Malta und Zypern innerhalb von sechs Monaten nach Abschluß der Maastricht-Folgekonferenz beginnen werden. Wir gehen davon aus, daß die Beitrittsverhandlungen nicht viel Zeit in Anspruch nehmen werden, weil wir uns gut vorbereitet und hart gearbeitet haben. Der Beitritt wird den Beginn eines neuen Kapitels in der Geschichte Maltas einläuten. Die europäischen und westlichen Institutionen haben ein wachsendes Interesse am Mittelmeerraum bekundet. Auf ihrer Brüsseler Erklärung vom Januar 1994 erklärte die NATO, daß der Durchbruch im Nahen Osten die Gesamtsituation im Mittelmeerraum positiv beeinflusse und es ermögliche, nach Wegen Ausschau zu halten, um den Dialog, das Verständnis und die Vertrauensbildung zwischen den Ländern in der Region zu fördern. Die NATO ermutigte „alle der Stärkung regionaler Stabilität förderlichen Anstrengungen". Die WEU betonte auf ihrer Kirschberg-Erklärung von 1994 „die Bedeutung von Sicherheit und Stabilität im Mittelmeerbecken für die Sicherheit Europas und [war] sich weiterhin einig, den bereits eingeleiteten Dialog mit den Maghrebländern zu entwickeln, ihn nach Ägypten und schrittweise zu anderen Nicht-EU-Mittelmeerstaaten auszudehnen". Die OSZE stimmte auf ihrem Budapester Gipfel 1994 darin überein, wirksame Schritte zur Förderung des Dialogs mit den nichtteilnehmenden Mittelmeerstaaten zu ergreifen.

Die konkreteste und entwicklungsfähigste Initiative ist bislang jedoch der Prozeß gewesen, der mit der Euro-Mediterranen Konferenz von Barcelona im November 1995 eingesetzt hat. Malta hat nicht nur an einigen der Foren aktiv teilgenommen, sondern auch eigene Beiträge geleistet. Im vergangenen Jahr unterstützten wir den erfolgreichen Beginn des Crans-Montana-Mittelmeerforums, das wenige Tage vor Beginn der Dayton-Verhandlungen Regierungsvertreter Bosnien-Herzegowinas, Kroatiens und Serbiens zusammenbrachte und diesen ermöglichte, den wirtschaftlichen Wiederaufbau dieser verwüsteten Region zu erörtern. Im November 1995 war Malta Gastgeber der zweiten Mittelmeerkonferenz der Interparlamentarischen Union, auf der die Delegation Maltas die Gründung einer Vereinigung von Mittelmeerstaaten vorschlug. Diese Initiative sieht ein dem Europarat vergleichbares Organ vor, auf dem der regelmäßige Dialog sowohl auf Minister- als auch auf parlamentarischer Ebene das Bewußtsein gemeinsamer Mittelmeerinteressen und -sorgen wecken würde, ebenso wie den gemeinsamen Willen, sie anzugehen. Es würde sich auf die sozialen, kulturellen und wirtschaftlichen Aspekte der Kooperation konzentrieren. In dem Vorschlag eines Mittelmeerrates erblickt Malta die Schaffung eines parlamentarischen Mechanismus, einen wirtschaftlichen Anreiz und eine Möglichkeit, die Menschenrechtssituation in der Region zu beobachten und einen gemeinsamen Ansatz zur Solidarität zu fördern.

In Barcelona selbst schlug Malta die Schaffung eines Mittelmeer-Stabilitätspakts vor. Diese Initiative (welche bei dieser Gelegenheit die Unterstützung Frankreichs besaß, das auf der gleichen Konferenz einen ähnlichen Vorschlag vorgelegt hatte) wurde kürzlich von den Außenministers des Mittelmeerforums am 12. Mai 1996 in Ravello (Italien) diskutiert. In dem Abschlußdokument des Forums hieß es, daß die Minister entschieden hätten, Grundlinien, Form und Struktur eines feierlichen Aktes zur Stärkung von Frieden, Stabilität und Sicherheit in der gesamten Region zu erkunden. Wir wollen den Vorteil nutzen, daß Malta den Vorsitz des Mittelmeerausschusses des Europarates innehat, um diese Initiative weiter zu verfolgen. Der Stabilitätspakt ist als Testfall präventiver Diplomatie gedacht, vor allem als Testfall für die Mittelmeerpartnerschaft mit dem gemeinsamen Ziel, eine Zone des Friedens und der Stabilität in der Region zu schaffen. Er würde Instrumente für einen Krisenmechanismus und die Abwendung der Eskalation von Konflikten einrichten. Er würde versuchen, Unterschiede und Dispute zwischen Mittelmeerländern friedlich und in Übereinstimmung mit zuvor geschaffenen Modalitäten beizulegen. Er würde eine Reihe vereinbarter Maßnahmen vorsehen, die zur fortschreitenden Minderung von Spannung beitragen und zum Aufbau gegenseitigen Vertrauens und Verständnisses unter den Mittelmeerstaaten führen würden. Die Agenda könnte einschließen: vereinbarte Prozeduren und einen Verhaltenskodex zur Regelung der Beziehungen zwischen den regionalen Staaten; Maßnahmen zur Konfliktprävention; Prozeduren zur friedlichen Beilegung von Streitigkeiten; vertrauensbildende Maßnahmen; eine Überprüfung der bereits vorhandenen Initiativen, um spezifische Probleme zu lösen; das Ausmachen von Spannungsursachen im Mittelmeerraum auf wirtschaftlichem, sozialem, kulturellem und ökologischem Gebiet und eine Untersuchung der Art und Weise, wie diese gegenseitig aufeinander einwirken und Instabilität verursachen.

Es ist wichtig, einige neuere und aktuelle Initiativen meines Landes zu erwähnen - abgesehen von den bereits erwähnten -, die auf den Mittelmeerraum gerichtet sind. Vorher möchte ich die Tatsache unterstreichen, daß man sich aus maltesischer Sicht immer an die Schlußakte von Helsinki erinnern wird, stellte sie doch zum ersten Mal auf Initiative Maltas hin eine Verbindung zwischen der Sicherheit und Kooperation in Europa und der Sicherheit und Kooperation in der Mittelmeerregion her. Vor mehr als zwanzig Jahren, in einer vom Kalten Krieg dominierten Welt, anerkannte die Konferenz für Sicherheit und Zusammenarbeit in Europa (obgleich zögernd) die Notwendigkeit, die Entwicklung gutnachbarlicher Beziehungen mit den nichtteilnehmenden Mittelmeerstaaten zu fördern. In der Tat ist diese sicherheitspolitische Verbindung von Helsinki I (1975) bis Helsinki II (1992) stets wiederholt worden. Nun aber zur Auflistung von Maltas Initiativen:

1. Seit seiner Gründung im Juli 1994 nimmt Malta aktiv am Mittelmeerforum teil. Der stellvertretende Premierminister und Außenminister Maltas diskutierten auf dem im Mai 1996 abgehaltenen Treffen über Mittelmeerthemen, darunter vor allem Frieden und Stabilität in der Region.
2. Auf Initiative Maltas stimmten die vertragsschließenden Parteien der Barcelona-Konvention von 1976 im Juni 1995

dem Vorschlag zu, eine Mittelmeerkommission für nachhaltige Entwicklung zu schaffen.

3. Malta nahm am Treffen des Mittelmeerforums in Tabarka (Tunesien) am 29. Juli 1995 teil und betonte die Notwendigkeit, die Strukturen der Sicherheit und Kooperation im Mittelmeerraum sowohl auf bilateralem wie multilateralem Niveau zu verstärken.
4. Maltas einzigartige Rolle bei der Errichtung der Mittelmeerdimension im Kontext der OSZE wurde vor einigen Monaten durch den OSZE-Generalsekretär unterstrichen. Malta regte erfolgreich eine neuartige Statusbeschreibung für Mittelmeer-Kooperationspartner an.
5. Am 12. und 13. Mai 1996 wurde ein zweitägiges euro-mediterranes Industrieforum durch die italienische Industrievereinigung in Malta ausgerichtet, das von Industrievertretern aus der EU und den Mittelmeerländern besucht wurde. Während des Forums wurde die Euro-Mediterrane Freihandelszone, die auf der Barcelona-Konferenz vorgeschlagen wurde, erörtert. Die Konferenz behandelte vorrangig Aspekte der industriellen Zusammenarbeit, Energie, Transport und Telekommunikation, Projektfinanzierung, die Entwicklung von Industrieverbänden und Unternehmenstraining.
6. Eine internationale Konferenz über die Entwicklung der Humanressourcen im Mittelmeerraum wird derzeit in Malta abgehalten. Die Teilnehmer untersuchen hierbei die Möglichkeit, ein Trainingszentrum für Humanressourcen auf Malta zu entwickeln.
7. Ein Treffen der Tourismusminister der EU und der übrigen Mittelmeerländer wird im November 1996 auf Malta abgehalten, um nach Wegen zur Tourismusförderung zu suchen.
8. Malta war zwischen dem 20. und 24. Mai 1996 Gastgeber des Mittelmeer-Solargipfels, der neue Empfehlungen für Energiesparmaßnahmen in der Region aussprach.

Wir können heute im Mittelmeerraum von zwei Regionen ausgehen. Die relativ problemfreie und wohlhabende Region des nördlichen Mittelmeers, die eigentliche südliche Flanke der EU, welche bestrebt ist, durch eine gemeinsame Währung, die Gemeinsame Außen- und Sicherheitspolitik und eine gemeinsame Justiz- und Sozialpolitik die Integration zu vertiefen und zugleich bei der Erweiterung der EU mitzuwirken. Die andere Mittelmeerwelt umfaßt Nordafrika und die östliche Flanke. Sie wird durch wachsenden Bevölkerungsdruck, zunehmende Urbanisierung und Umweltprobleme und fallende Sozialstandards heimgesucht. Der Norden dagegen hat es mit einer fallenden Geburtenrate zu tun und mit der wachsenden Notwendigkeit, die Zuwanderung von der anderen Seite zu erhöhen. Der zurückgebliebene Süden scheint keine andere Wahl zu haben, als dem Druck aus dem Norden nachzugeben und im weiteren Verlauf zu verarmen. In diesem Teufelskreis wird das demographische Problem mit der sich verschlechternden Wirtschaftssituation verknüpft, ebenso wie mit dem wissenschaftlich-technologischen Abstand und dem Fehlen eines Ressourcenmanagements.

Um dies alles ins rechte Licht zu rücken, werde ich sie mit einiger Statistik konfrontieren. Diese verdeutlicht die schreienden Unterschiede zwischen den nördlichen und südlichen Mittelmeerländern. Schätzungsweise beträgt das jährliche Pro-Kopf-Durchschnittseinkommen des nördlichen Mittelmeerraums 18.000 Dollar, im Süden dagegen nur 700 Dollar pro Kopf. Die von der Barcelona-Konferenz in Aussicht gestellten 4,6 Milliarden ECU zur Finanzierung euro-mediterraner Initiativen während der kommenden fünf Jahre fallen geringer aus als die im gleichen Zeitraum für Hilfen für Mittel- und Osteuropa vorgesehenen 7,4 Milliarden ECU. Dort zählt die Bevölkerung 96 Millionen Menschen im Gegensatz zu den 230 Millionen des Mittelmeerbeckens - dessen Bevölkerung, wie angenommen wird, bis zum Jahr 2000 auf 440 Millionen ansteigen wird. Statistiken der Weltbank hinsichtlich der Gesamtbevölkerungszahlen des Mittelmeerbeckens rechnen 22 Prozent den östlichen Mittelmeerstaaten zu, 42 Prozent den EU-Mittelmeerstaaten und 36 Prozent Nordafrika. Im Jahr 2010, so wird geschätzt, wird der Bevölkerungsanteil des östlichen Mittelmeerraums bei 22 Prozent stabil bleiben, aber die Gewichte zwischen den Nord- und Südufern des Mittelmeers kehren sich um, die südeuropäischen Staaten werden dann 34 Prozent der Gesamtbevölkerung umfassen und Nordafrika 44 Prozent.

Die Maghrebländer führen zwei Drittel ihres Handels mit der EU durch. Von diesen zwei Dritteln wiederum werden ungefähr zwei Drittel mit den drei südlichen EU-Ländern Frankreich, Italien und Spanien durchgeführt. Im Gegensatz dazu repräsentiert der Maghreb gerade 3 Prozent des EU-Außenhandels. Während der letzten 20 Jahre verdoppelten die EU-Länder ihr Bruttosozialprodukt pro Kopf, während sich dasjenige der nordafrikanischen Länder um ungefähr 40 Prozent verringerte. Das Bruttosozialprodukt der vier EU-Mittelmeerländer umfaßt 88 Prozent aller Staaten der Region. Dieses Ungleichgewicht geht mit komplizierten Problemen einher: ökonomische Unterentwicklung, Bevölkerungsexplosion und Migration, hohe Arbeitslosigkeit (bis zu 40 Prozent in einigen Ländern), ethnische Spannungen, intoleranter Fundamentalismus, Eskalation eines krankhaften Nationalismus, ein unkontrollierbarer Waffenhandel, die Mißachtung internationalen Rechts, ein Mangel an demokratischen politischen Systemen, überhöhte Auslandsschulden und ein ökologischer Niedergang. Darüber hinaus verbergen die nationalen Egoismen innere soziale Konflikte und behindern die Entwicklung regionaler Kooperation sowie sozialer und demokratischer Verhältnisse. Das Ergebnis davon ist das Entstehen instabiler Gesellschaften. Diese sind anfällig für ein anwachsendes Potential für illegalen Waffen- und Drogenhandel, Gewalt und Terrorismus, extremen Fundamentalismus und Nationalismus, der Auswirkungen bis zum europäischen Festland hat.

Obgleich jede Form des Extremismus und Fanatismus zu verurteilen ist, darf niemals die Tatsache außer acht gelassen werden, daß es sich oft um die Folge von Ungleichgewichten und Ungerechtigkeit handelt. Soziales Ungleichgewicht in seiner akuten Form, Armut und Elend, Arbeitslosigkeit, unmenschliche Lebensbedingungen, der Mangel an Grundbedürfnissen sind der natürliche Nährboden und die Folge von extremistischen Gedanken und Handlungen. Es ist aber Vorsicht geboten. Nach meiner Auffassung kann ein in kleinen Dosen verabreichter Nationalismus gelegentlich von Nutzen sein, Minderwertigkeitskomplexe zu beseitigen und ein nationales Gemeinschaftsgefühl zu fördern. Wenn wir von Fundamentalismus sprechen, müssen wir uns davor hüten, dieses große Konzept des Islam, eine Religion des Verständnisses, der friedlichen Koexistenz und der Unterwerfung unter den Willen Gottes mit denjenigen zu identifizieren, die ihn für politische Zwecke instrumentalisieren. Der Fundamentalismus ist in den meisten Fällen nicht die Ursache der in einigen Mittelmeerstaaten vorhandenen Probleme, sondern das Symptom der Krankheiten: Bevölkerungsexplosion, Disparitäten der wirtschaftlichen Entwicklung, Schuldenlast, Arbeitslosigkeit und ein gravierendes demokratisches Defizit sind die wirklichen Krankheiten.

Das Interesse der Europäischen Union am Mittelmeerraum entspringt in seiner Wurzel nicht zuletzt dem Eigeninteresse. Die EU hängt von der Stabilität ihrer südlichen Flanke ab und hat beträchtliche ökonomische Interessen in der Region. So importiert die EU beispielsweise Erdgas zu 32 Prozent und Erdöl zu 27 Prozent aus den Mittelmeerländern. Das zunehmende Mittelmeerbewußtsein der EU wird teilweise durch die Furcht vor politischer Instabilität und deren Konsequenzen ausgelöst. Es sei nur Algerien erwähnt, wo unerträglicher Fundamentalismus Wurzeln geschlagen hat, und der Konflikt im ehemaligen Jugoslawien, der die westliche Politik vor drängende Aufgaben stellt.

Die bereits erwähnte Barcelona-Erklärung ist ein konkreter Schritt in Richtung von Frieden, Stabilität und Wiederaufschwung in der Region. Die im November 1995 abgehaltene Euro-Mediterrane Konferenz bestätigte die strategische Bedeutung der Mittelmeerregion für die Stabilität Europas und den Weltfrieden. Neue Formen der Partnerschaft werden hoffentlich eine neue Ära heraufziehen lassen. In der Barcelona-Erklärung wurden drei Hauptaspekte hervorgehoben: Verstärkung des politischen Dialoges; die Entwicklung der wirtschaftlichen und finanziellen Kooperation; die Förderung der sozialen, kulturellen und menschlichen Dimension. In der Barcelona-Erklärung bekundeten alle Seiten den Wunsch, zur Schaffung einer Zone geteilten Wohlstandes beizutragen. Die Teilnehmer verpflichteten sich im einzelnen zu folgenden langfristigen Zielen: Beschleunigung einer nachhaltigen sozioökonomischen Entwicklung; Verbesserung der Lebensbedingungen der Menschen, Erhöhung der Erwerbstätigenrate und die Verminderung des Entwicklungsgefälles innerhalb der euro-mediterranen Region, Ermutigung regionaler Kooperation und Integration. Diese langfristigen Ziele sollen durch eine wirtschaftlich-finanzielle Partnerschaft erreicht werden, die auf der Schaffung einer Freihandelszone um das Jahr 2010 basiert. Andere Prioritäten betreffen den Transfer von Technologie, die Infrastrukturentwicklung (einschließlich Transport), Informationstechnologie und Telekommunikation. Diese interessanten Vorschläge ergänzt ein direktes Hilfspaket von 4,6 Milliarden ECU für den Zeitraum von 1995 bis 1999.

Zweifelsohne ist dies ein ausgezeichneter Anreiz für die betroffenen Länder, Initiativen zu ergreifen und hehre Worte in die Tat umzusetzen. Es bleibt abzuwarten, wie weit die Realität an die Fiktion heranreicht und sich die guten Gelegenheiten auszahlen werden. Erste Schritte sind gemacht, die

Angebote sind da. Sie müssen mit Eile ergriffen werden: Zeit ist das Wesentliche. Wenn nicht wirksame Aktion der Barcelona-Konferenz folgt, wird die Initiative bald zur verpaßten Gelegenheit anstelle eines Schritts nach vorn - ein Schritt nach vorn hin zu engeren wirtschaftlichen und politischen Beziehungen als konkreter Ausdruck der erforderlichen praktischen Kooperation. Die anstehenden Probleme können jedenfalls nur durch eine kollektive Anstrengung gelöst werden, durch Kooperation unter den Staaten der Region und mit Unterstützung der Europäischen Union.

Jede Lösung für die Probleme des Mittelmeers, die gefunden wird, muß eine Reihe von Tatsachen beharrlich im Auge behalten: Die Mittelmeerregion hat mit drei großen Religionen zur Weltzivilisation beigetragen - Judentum, Christentum und Islam - , die bis heute von einer großen Zahl von Bewohnern der Region praktiziert werden. Obwohl es eine ausgeprägte arabische wie europäische Identität gibt, ist eine Mittelmeeridentität nicht wirklich vorhanden, doch existieren gemeinsame Interessen und Anliegen, ein gemeinsames Erbe. Der nördliche Teil der Region nimmt an einem hohen Lebensstandard teil und ist technologisch und wissenschaftlich hochentwickelt, während der südliche Teil, obgleich arm und heruntergekommen, reich ist an mineralischen Ressourcen. Verbotene Waffen und Rüstungen nehmen in der Region überhand. Zwei Staaten der Region sind schließlich von einem Sanktionspaket der UNO betroffen. Ohne irgendwie vermessen klingen zu wollen, möchte ich aussprechen, worin nach meinem Dafürhalten die praktischen Prioritäten für den Wiederaufschwung der Mittelmeerregion bestehen.

1. Das Mittelmeer muß eine voll entwickelte Region werden, die ihrem vergangenen goldenen Zeitalter gerecht wird.
2. Die bilaterale Kooperation zwischen den EU-Ländern und den Nichtmitgliedern sollte intensiviert ebenso wie die regio-

nale Kooperation der Mittelmeerländer untereinander gefördert werden.

3. Die EU muß die Wirtschaftsentwicklung und -kooperation in der Region unterstützen, Handelsbeschränkungen abbauen und Märkte für Güter und Agrarerzeugnisse der Region öffnen. Die Einrichtung einer Regionalen Entwicklungsbank und einer Regionalagentur für Industrieentwicklung zählen zu den erforderlichen ökonomischen Strategiemaßnahmen. Überhaupt sollten politische, wirtschaftliche und finanzielle Strukturen für einen permanenten Dialog zwischen Nord und Süd eingerichtet werden.
4. Hilfe sollte den südlichen Mittelmeerländern auf den Feldern Verwaltung, Finanzen und Wirtschaft zuteil werden.
5. Es sollten grenzüberschreitende Projekte (z.B. Wasser und Elektrizität, Transport, grenzüberschreitende Eisenbahnen, regionale Straßennetze, See- und Flughäfen usw.) angeregt und die Anstrengungen auf neue wirksame Technologien gerichtet werden.
6. Die Hochschul- und Berufsausbildung ist zu verbessern, der Austausch von Studenten, Lehrern und Akademikern auszuweiten und die Humanressourcen kontinuierlich zu entwickeln. Sinnvoll im Sinne des besseren Verstehens wäre außerdem ein Austausch von Journalisten.
7. Der Weg zur Demokratie, die Grundsätze des Verfassungsstaates, Menschen- und Minderheitenrechte, die Vielfalt der Meinungen und Glaubensrichtungen sind zu fördern.
8. Die Umweltpolitik muß ein integrierter Bestandteil der Politik auf allen Feldern werden. Alte Technologien belasten die Umwelt und sollten abgebaut werden.
9. Es sollte eine effektive Kontrolle und Verminderung atomarer, biologischer und chemischer Waffenarsenale geben, eine gemeinsame Politik zur Kontrolle der konventionellen Waffen.
10. Ein abgestimmter Tourismusplan - in Verbindung mit professionellen Marketingplänen - zur Werbung für Kultur, Ge-

schichte, Denkmäler und historische Plätze sollte das Ziel verfolgen, das Interesse für die Mittelmeerländer und -völker wachzurufen.

Da ich elf Jahre lang als Geschäftsmann in einem nordafrikanischen Land gearbeitet habe, kenne ich die Probleme der Region aus erster Hand und wurde oft mit ihnen konfrontiert. Die Region hat aus meiner Sicht ein großes Potential, die Menschen sind intelligent und verfügen über ein angeborenes Geschick für Handel und Geschäft. Verborgene Talente müssen natürlich angemessen ausgenutzt werden, ohne nationale Empfindlichkeiten zu verletzen. Ich weiß, daß die bevorstehenden Aufgaben ernüchternd wirken. Doch mit Fleiß und Anstrengung können die schlafenden Elemente in der Region in eine große Kraft zur Erreichung weitreichender Ziele umgewandelt werden. Auf jeden Fall sind Geduld, Zeit und grimmige Entschlossenheit erforderlich, um aus Konflikten Chancen entstehen zu lassen, Vertrauen einzuflößen, wo Mißtrauen herrscht, auf schwer zugänglichem Terrain zu investieren und dort Anleitung zu geben, wo Vorurteile und Fanatismus gereift sind. Nichts Geringeres verlangen jedoch Frieden und Stabilität, die - prekär und zerbrechlich, wie sie sind - in einem dynamischen Prozeß ständig am Leben erhalten werden müssen.

Fünfzig Jahre ist es her, seit Winston Churchill im September 1946 seine berühmte Rede in Zürich gehalten hat, in der er die europäische Völkerfamilie aufrief, sich eine Ordnung des Friedens, der Sicherheit und der Freiheit zu geben. Die kleinen Nationen, sagte er, zählten hierbei so viel wie die größeren und könnten durch ihren Beitrag zu der gemeinsamen Sache Respekt erlangen. Wenn dem so ist, hat Malta Grund zum Stolz, haben wir doch, gemessen an unserer Größe, mit zahlreichen Initiativen im Rahmen der UNO, des Europarates und anderer internationaler und Mittelmeerforen aufgewartet. Wir leben in einem unruhigen Meer. Unser unermüdlicher Außenminister sprach treffend von einer „Zeitbombe mit immer kürzerer Zündschnur". Durch unsere geographische Lage am Schnittpunkt des Mittelmeers und die Last der Geschichte fühlen wir uns zu all diesen Anstrengungen verpflichtet. Wenn man Churchill Glauben schenken kann, darf ich deshalb mit aller Bescheidenheit sagen, daß Malta im Vergleich zu seiner Größe und Bevölkerungszahl geradezu als internationales Schwergewicht einzustufen ist.

Vor wenigen Jahren wurde anläßlich des Gipfeltreffens der Präsidenten Bush und Gorbatschow im Dezember 1989 auf Malta das Ende des Kalten Krieges besiegelt. Der damalige sowjetische Außenminister Schewardnadse schrieb in seinen Erinnerungen: „Mit dem Treffen auf Malta ging der Kalte Krieg inmitten eines Mittelmeersturms ruhig zu Ende." Das Zeitalter der Konfrontation ist inzwischen tot und begraben. Dennoch müssen wir achtgeben, daß die frühere Ost-West-Spannung nicht durch eine ebenso gefährliche Kluft zwischen Nord und Süd abgelöst wird. Der französische Staatspräsident Jacques Chirac erklärte in seiner Rede vor der Universität Kairo am 8. April 1996:

> „Frankreich will das Mittelmeer in eine politische Brücke verwandeln. Es will es in einen essentiellen Gegenstand des Ehrgeizes der Europäischen Union verwandeln. Nach der Zerstörung der Mauer zum Osten muß Europa nunmehr eine Brücke in den Süden bauen."

Abschließend sei daran erinnert, daß Bundeskanzler Helmut Kohl am 3. Februar 1996 in einer Rede in München in gleichem Sinne auf die Bedeutung der Stabilität der Mittelmeerregion und speziell des Nahost-Friedensprozesses verwies und einen Marshallplan für den Wiederaufbau des befriedeten Nahen Osten vorschlug. Dies ist sehr ehrgeizig, und ich hege den kühnen Gedanken, daß ein solcher Marshallplan idealerweise auf alle unterentwickelten Mittelmeerländer ausgedehnt werden sollte.

Mohamed Karboul
Botschafter der Tunesischen Republik
(18. Juni 1996)

Das Mittelmeer wird heute meistens als eine Zone von zahlreichen Trennlinien zwischen seinen Nord- und Südseiten bezeichnet. Es wird dabei gern übersehen, daß das Mittelmeer - Wiege der drei großen monotheistischen Religionen - über alle Zeiten hinweg ein Raum der Begegnung, des Dialogs, des Austausches und der gegenseitigen Befruchtung gewesen ist, so daß es als Schnittpunkt der Zivilisationen und der Kulturen gilt. Ich freue mich, als Botschafter eines mediterranen Landes des wachsende Interesse festzustellen, das dieser Region in den letzten Jahren zuteil wird, insbesondere im vereinigten Deutschland als einem der tragenden Pfeiler der Europäischen Union.

Der Zusammenbruch des Ostblocks und die Umwälzungen, die sich auf der europäischen und internationalen Bühne abgespielt haben, vermochten unserer Ansicht nach nicht, in die Beziehungen zwischen Europa und dem südlichen Mittelmeer die erwarteten Veränderungen einzubringen. Vielmehr hat Europa, das zu Recht um die Stabilisierung der mittel- und osteuropäischen Staaten bemüht war, den Eindruck vermittelt, seine Südflanke zeitweilig zu vergessen, mit dem Risiko, daß die Kluft der Mißverständnisse noch größer wird. Angesichts ihrer geopolitischen Situation und strategischen Interessen dürfen aber die Länder der Europäischen Union das Interesse an ihren Nachbarn im östlichen und südlichen Mittelmeerraum nicht verlieren. Diese notwendige Solidarität ergibt sich unseres Erachtens vor allem aus dem intensiven menschlichen Austausch und der Verzahnung der wirtschaftlichen Interessen. Angesichts eines Handelsaustausches von einer Gemeinde maghrebinischer Herkunft von rund vier Millionen eingebürgerter oder legal niedergelassener Personen in den Mitgliedstaaten der EU ist eine um Ausgleich bemühte Kooperation nicht als eine Frage der Gefühle, sondern des gegenseitigen Interesses zu verstehen.

Zwei Gegebenheiten prägen heute mehr denn je die euro-mediterranen Beziehungen: Die Prosperität der Südseite, und insbesondere des Maghreb, soll erstens als unabdingbares Element des zukünftigen Wohlstands seiner europäischen Partner gesehen werden. Nur ein prosperierender Maghreb kann Europa zusätzliche Absatzmärkte bieten und zur Verminderung der Einwanderung beitragen. Sollte das Mittelmeer zweitens ein Raum der Komplementarität, der gegenseitigen Befruchtung, der gemeinsamen Interessen und nicht der Raum der Antagonismen und der Konfrontation werden, so ist es notwendig, die geeigneten Wege und Mittel zur Linderung der wirtschaftlichen und sozialen Diskrepanzen, die sich verschärft haben und alle Bemühungen um eine nachhaltige Entwicklung belasten, aufzuzeigen.

Wenn wir aber die Bilanz der euro-mediterranen Kooperation seit 1969 ziehen, müssen wir leider feststellen, daß diese Beziehungen, insbesondere was den Maghreb betrifft, von einer merkantilistischen Vision geprägt wurden, die sich hauptsächlich auf die Handelsbeziehungen und die finanzielle Zusammenarbeit richtete.

Das Fehlen einer globalen und klaren Strategie, die die wohlverstandenen Interessen der östlichen und südlichen Anrainerstaaten miteinbezieht, hat dazu beigetragen, das Entwicklungsgefälle zu vergrößern. Die Europäische Gemeinschaft hat diesen Trend zur Zuspitzung der Ungleichgewichte selbst erkannt. Denn nach Überprüfung ihrer Mittelmeerpolitik ist die Europäische Kommission zu dem Schluß gekommen, im Mai 1990 unter dem Titel „Erneuerte Mittelmeerpolitik“ eine neue Vorgehensweise anzukündigen. Zur Begründung erklärte die Kommission, daß „die Verschärfung der wirtschaftlichen und sozialen Gegensätze zwischen dem Europa der Zwölf und den Mittelmeerdrittstaaten seine eigene Sicherheit im weitesten Sinn aufs Spiel setzen würde". In ihren Schlußfolgerungen hat die Kommission ausdrücklich hervorgehoben, daß „aufgrund der geographischen Nähe und der Intensität der vielschichtigen Beziehungen zwischen der EG und den Mittelmeerdrittstaaten (MDS), die Stabilität und die Prosperität der letzteren wesentliche Elemente für die EG selbst darstellen".

Auf Initiative Spaniens wurde im März 1992 eine Freihandelszone zwischen der EG und den Maghrebstaaten vorgeschlagen, worauf im Juni desselben Jahres der Ministerrat der EU in Lissabon erklärte, daß der Maghreb die Südgrenze der Union darstelle und seine Stabilität auch im Interesse der Union liege. Demnach hat die EU bei ihren Gipfeln von Korfu (März 1994), Essen (Dezember 1994) und Cannes (Juni 1995) die „strategische Bedeutung" des Mittelmeers wiederholt bekräftigt und der Barcelona-Konferenz den Weg geebnet. Diesem langen Prozeß wurde im November 1995 eine glänzende Bestätigung zuteil, als die Teilnehmer dieser historischen Konferenz sich in der Schlußerklärung einer globalen euro-mediterranen Partnerschaft verpflichteten. In dieser Hinsicht hofft Tunesien, daß Libyen als wichtiges Land in der Region an der Nachfolgekonferenz von Barcelona - um die sich mein Land als Gastgeberland beworben hat - beteiligt sein wird. Für Tunesien soll dieser euro-mediterranen Partnerschaft die Überzeugung zugrunde liegen, daß der Frieden und die Sicherheit im Mittelmeerraum nicht nur von militärischen Faktoren abhängig sind, sondern vielmehr durch wirtschaftliche, politische, soziale und kulturelle Parameter bedingt werden. Für uns bleibt die Sicherheit im Mittelmeerraum global und unteilbar; es liegt daher im Interesse aller Anrainerstaaten, einen Raum des Friedens, der Prosperität und der Stabilität zu schaffen.

Tunesien hat es in dieser Hinsicht nicht versäumt, frühzeitig zahlreiche Initiativen zu ergreifen, um die euro-mediterrane Zusammenarbeit zu stärken. Schon in den siebziger Jahren plädierte Tunesien für die Erarbeitung eines „wahren Entwicklungsvertrages“ zwischen den Mittelmeerdrittstaaten und der EG. Im April 1990 wurde der EG-Kommission ein Memorandum über die Gestaltung einer neuen Politik mit dem Ziel einer „gleichberechtigten Entwicklung im Mittelmeerraum“ vorgelegt. Staatspräsident Ben Ali forderte im Juni 1993 vor dem Europäischen Parlament in Straßburg die Schaffung eines „gemeinsamen wirtschaftlichen und politischen euro-mediterranen Raumes“ und schlug dazu die Erarbeitung eines „Vertrags des Fortschritts und der Solidarität zwischen beiden Gemeinschaften“ vor. Schließlich hat Tunesien als erster Mittelmeerdrittstaat mit nachdrücklicher Unterstützung der deutschen und französischen EU-Präsidentschaften am 17. Juli 1995 ein Kooperations- und Partnerschaftsabkommen der neuen Generation mit der Europäischen Union unterzeichnet. Im selben Monat wurde Tunesien auch Gastland für ein Außenministertreffen im Rahmen des Mittelmeerforums als Auftakt zu der Barcelona-Konferenz.

Die Frage, ob es den beiden Seiten des Mittelmeers als Partnern in dieser „Interessen- und Schicksalsgemeinschaft“ gelingen wird, ihrer Kooperation und ihren Beziehungen neue qualitative Sprünge zu verleihen, wird sich anhand folgender Parameter beantworten lassen: die dringend erforderliche Einbindung der Volkswirtschaften der südlichen Anrainerstaaten in die europäischen und internationalen Märkte sowie die Berücksichtigung der Belange der Umwelt im Sinne einer „nachhaltigen Entwicklung“; ein regelmäßiger politischer Dialog zur Festigung der Sicherheit und der Stabilität im gesamten Mittelmeerraum sowie zur Förderung der Demokratie und der Menschenrechte im weitesten Sinne; ein auf gegenseitigem Respekt basierender interkultureller Dialog mit dem Ziel, die friedliche Koexistenz mit den ausländischen Gemeinden in den EU-Staaten sowie unter den verschiedenen Kulturkreisen des Mittelmeers zu fördern.

Ich möchte nun aus tunesischer Sicht nacheinander die Herausforderungen in bezug auf die wirtschaftliche Kooperation, den politischen und den interkulturellen Dialog darstellen. Was die erste Ebene betrifft, sind die Wirtschaftsbeziehungen aller südlichen Anrainerstaaten zu ihren nördlichen Partnern trotz aller Differenzierung durch ein Entwicklungsgefälle gekennzeichnet, das mehrere Ursachen hat:

1. Bevölkerungswachstum. Trotz rückläufiger Zahlen in den südlichen Mittelmeerländern seit 1989 bleibt die Demographie ein gravierendes Problem, das die realen Wachstumsraten der Wirtschaft belastet. Dadurch verschärfen sich sowohl die Arbeitslosigkeit, insbesondere unter den Jugendlichen, als auch der Auswanderungsdruck nach Europa.
2. Einkommen. Das Verhältnis des Pro-Kopf-Einkommens zwischen den Nord- und Südseiten des Mittelmeers beträgt zur Zeit eins zu zehn. Nach pessimistischen Schätzungen der Europäischen Kommission könnte sich dieses Gefälle bis zum Jahre 2010 auf ein Verhältnis von eins zu zwanzig verschlechtern. Um das Einkommensgefälle zu veranschaulichen, möchte ich noch diesen Vergleich anführen: Das Bruttosozialprodukt Nordafrikas (Marokko, Algerien, Tunesien, Libyen und Ägypten) entspricht weniger als der Hälfte des Bruttosozialprodukts von Baden-Württemberg (ca. 148 gegen 348 Milliarden Dollar), bei einer Bevölkerungszahl von ca. 130 Millionen in Nordafrika gegenüber 10 Millionen in Baden-Württemberg.
3. Auslandsverschuldung. Die südlichen Anrainerstaaten leiden nicht nur unter einem chronischen Handelsdefizit gegenüber der Europäischen Union, sondern auch unter einer Gesamtaußenverschuldung von derzeit 200 Milliarden Dollar. Die wirtschaftliche Entwicklung der betroffenen Länder wird dadurch belastet, da der Schuldendienst einen großen Teil der Exporterlöse auf Kosten der Investitionen umleitet. Unserer Meinung nach könnte die Last der hohen

Verschuldung durch eine Ummünzung zugunsten von berufsbildenden Projekten - deren Förderung für die Anpassung der Wettbewerbsfähigkeit der südlichen Volkswirtschaften unerläßlich ist - sowie zugunsten des Umweltschutzes erfolgen. Hierzu zählt ein verstärkter Schutz des Mittelmeers aufgrund des hohen Erdöltransits, die Bekämpfung der Desertifikation, die Sicherung der Wasserressourcen usw. Tunesien befürwortet diese Forderung um so mehr, da es zwischen 1986 und 1993 Nettokapitalexporteur geworden ist, und dies trotz der erfolgreichen Verminderung seiner Auslandsschulden, die ohne Umschuldung erfolgt ist.

4. Handelsaustausch. Die Assoziierungsabkommen von 1976 zwischen den Mittelmeerdrittstaaten und der EG waren von Protokollen über die Technische und Finanzielle Zusammenarbeit sowie von Präferenzen für die Einfuhr von Agrarprodukten (Olivenöl, Zitrusfrüchte) flankiert. Die EG-Süderweiterung im Jahr 1986 hat den Absatz für Agrarprodukte auf dem europäischen Markt erheblich erschwert. Die durch die neuen Partnerschaftsabkommen vorgesehene Schaffung einer Freihandelszone stellt zweifelsohne die größte Herausforderung dar, die die Mittelmeerdrittstaaten je zu bewältigen hatten. Diese Herausforderung wird noch dadurch verschärft, daß die Liberalisierung zuerst nur Industrieprodukte betrifft, während die landwirtschaftlichen Erzeugnisse weiterhin Beschränkungen unterliegen. Europa verzeichnet derzeit einen Handelsüberschuß von 12 Milliarden Dollar gegenüber seinen Partnern des südlichen und östlichen Mittelmeers, wobei die letzteren einem Gesamthandelsdefizit von rund 25 Milliarden Dollar gegenüberstehen. Die Länder des Maghreb wickeln zwei Drittel ihres Außenhandels mit Europa und fünfzig Prozent allein mit den südeuropäischen Ländern ab, Umgekehrt beträgt ihr Anteil an den europäischen Aus- und Einfuhren nur zwei bis drei Prozent. Vor dem Hintergrund

des Inkrafttretens des Freihandelsabkommens hat Tunesien ein Modernisierungsprogramm verabschiedet, das über die Vorbereitung tunesischer Unternehmen auf die europäische Konkurrenz hinaus eine tiefgreifende Anpassung des gesellschaftlichen Umfelds vorsieht. In der Tat wird die stufenweise Schaffung dieser Freihandelszone zwei unmittelbare Konsequenzen für Tunesien haben: erstens einen Fehlbetrag im Zuge der Aufhebung der Einfuhrzölle von umgerechnet 700 Millionen Dollar für den Staatshaushalt (ca. zehn Prozent); zweitens die Beendigung der Abschirmung vor ausländischer Konkurrenz für tunesische Unternehmen. Laut Studien werden von den etwa 8000 Firmen 2000 den Wettbewerb wahrscheinlich nicht überleben können, was sich auf sozialem Gebiet in einer Verschärfung der Arbeitslosigkeit niederzuschlagen droht (derzeit 15 Prozent der Erwerbstätigen).

5. Regionale Integration. Aufgrund ihrer politischen und ökonomischen Leistung sowie ihrer langen Erfahrung kann die EU zur Förderung der vertikalen und horizontalen Integration eines Wirtschaftsraumes beitragen, der noch nie zuvor in dieser Größe geschaffen wurde. Dieser Raum, dessen Nationaleinkommen 1993 um 40 Prozent dasjenige der mittel- und osteuropäischen Staaten überstieg und der über umfangreiche Energie- und Humanressourcen verfügt, wird im Jahr 2010 eine Bevölkerung von über 300 Millionen Einwohnern und Verbrauchern aufweisen. Die EU könnte die Entstehung dieses für alle Seiten nützlichen freien Marktes dadurch begünstigen, daß sie die Volkswirtschaften der südlichen Anrainerstaaten und die Niederlassung europäischer Unternehmen aktiv unterstützt. Der Anteil der europäischen Direktinvestitionen in dieser Region macht trotz der nennenswerten Liberalisierungsbemühungen der betreffenden Länder derzeit leider nur zwei Prozent der gesamten Auslandsinvestitionen der EU-Mitgliedstaaten aus. Es ist daher unerläßlich, die Direktinvestitionen im Rah-

men einer vielschichtigen Partnerschaft zwischen beiden Ufern des Mittelmeers konsequent zu fördern und einen echten Technologietransfer zu ermöglichen. Des weiteren könnte die EU zur Verwirklichung von Projekten mit regionalem Charakter, vor allem im Bereich Infrastruktur und Energie, einen maßgeblichen Beitrag leisten.

Ich komme jetzt zu der politischen Ebene der Kooperation. Aufbauend auf der anfangs geäußerten Überzeugung, daß die Sicherheit im Mittelmeerraum unteilbar ist, hat sich Tunesien immer aktiv an allen Ansätzen zur Institutionalisierung einer euro-mediterranen sicherheitspolitischen Zusammenarbeit beteiligt. Tunesien hat Anfang der neunziger Jahre den „Fünf-plus-Fünf-Dialog“ unterstützt, an dem einerseits die fünf Maghrebländer und andererseits Frankreich, Spanien, Italien, Portugal und Malta teilnahmen. Tunesien beteiligt sich ebenfalls zusammen mit anderen Mittelmeerdrittstaaten an einem Dialog mit der NATO, der WEU und der OSZE. Selbstverständlich ist Tunesien auch mit seinen maghrebinischen und arabischen Nachbarn verbunden, nämlich durch seine Mitgliedschaft in der seit 1989 bestehenden Union des Arabischen Maghreb und in der Liga der Arabischen Staaten. Ohne die konjunkturellen Schwierigkeiten beider Organisationen zu leugnen, gibt Tunesien die Hoffnung nicht auf, daß die innermaghrebinische und innerarabische Zusammenarbeit sich durchsetzen wird, und arbeitet in diesem Sinne darauf hin, daß sich beide Regionen als zuverlässige Partner der Europäischen Union behaupten.

Der vom tunesischen Staatspräsidenten seit 1989 vorgeschlagene „Friedenspakt“ an die Adresse aller Anrainerstaaten des Mittelmeers zielt darauf ab, über die Ausarbeitung der notwendigen Instrumentarien einer präventiven Diplomatie hinaus auch Mechanismen für Konfliktprävention, Konfliktmanagement und Konfliktlösung zu entwickeln. Tunesien hat kürzlich ein entsprechendes Vorhaben dem Rat der Arabischen Liga vorgelegt. Ebenfalls tritt Tunesien unaufhörlich dafür ein, daß alle Vertragsparteien des Vertrages zur Nichtverbreitung von Kernwaffen sowie der Übereinkommen über chemische und biologische Waffen greifbare Maßnahmen treffen, und zwar nicht nur zu deren Nichtverbreitung, sondern auch zu deren Vernichtung.

Die oben beschriebene schwierige wirtschaftliche Situation bietet immer und überall auf der Welt einen Nährboden für Extremismus, Terrorismus, Intoleranz und Ablehnung der Modernität. Aus eigener Erfahrung sind wir in Tunesien der Meinung, daß das gemeinsame Wirken gegen Terrorismus nur dann effizient sein kann, wenn es langfristig von politischen Maßnahmen flankiert wird, die dieses Phänomen an der Wurzel packen. Dank einer strikten Anwendung der Gesetze und einer auf die Entwicklung gerichteten Strategie, die sich unter anderem auf die Bekämpfung der Armut und der sozialen Ungleichheiten sowie die Förderung der Frau und der Erziehung konzentriert, ist es Tunesien gelungen, dem in den achtziger und Anfang der neunziger Jahre erlebten wachsenden Einfluß islamistischer Bewegungen Einhalt zu gebieten.

Die positiven Entwicklungen bezüglich der Beilegung von Konflikten im Mittelmeerraum, vor allem im Nahen Osten, sind ein Schlüsselfaktor für den Aufbau eines stabilen und prosperierenden gemeinsamen Raumes. In der Tat kommt der Regelung des Nahostkonflikts angesichts dessen Dauer, Komplexität und der Vielzahl der betroffenen Parteien eine herausragende Bedeutung zu. Ich erlaube mir daran zu erinnern, daß Tunesien als eines der wenigen südlichen Mittelmeerländer in keine territorialen Auseinandersetzungen involviert ist und als erstes arabisches Land öffentlich zugunsten einer politischen Lösung des israelisch-arabischen Konflikts aufgerufen hat. Unser damaliger Präsident Bourguiba hatte diesen Appell an alle unsere arabischen Partner schon 1965 - und überdies in Jericho - gerichtet. Tunesien hat seit 1982 als Sitz der Organisation für die Befreiung Palästinas (PLO) maßgeblich dazu beigetragen, die palästinensische Führung zur Mäßigung zu bewegen. Um so mehr sind wir stolz darauf, daß die palästinensischen „Friedenskarawanen“ sich von unserem Boden aus in Richtung Gaza und Jericho in Gang gesetzt haben.

Der Friedensprozeß wird leider zur Zeit durch Rückschläge behindert, die auf die sich verschleppende Umsetzung des Osloer Abkommens zurückzuführen sind, sowie auf die Verhängung von Kollektivstrafen über die palästinensischen autonomen Gebiete, die ihrerseits dem Terrorismus und Extremismus weitere Nahrung liefern. Es ist daher lebensnotwendig, daß der bei der Madrider Friedenskonferenz 1991 und mit der Beteiligung unter anderem des damaligen israelischen Regierungschefs Yitzhak Schamir vom Likud-Block eingeleitete Versöhnungsprozeß auf der Ebene des internationalen Rechts und gegenseitiger Konzessionen fortgesetzt wird. Das Hauptinteresse Tunesiens ist, daß die Regierung Netanjahu die vom Staat Israel eingegangenen Verpflichtungen einhält. Die Verwirklichung eines gerechten, dauerhaften und globalen Friedens erfordert die Fortsetzung der Bemühungen um die Regelung der jetzt zur Verhandlung anstehenden Hauptfragen. Diese betreffen die Errichtung eines palästinensischen Staates, die Regelung des Jerusalem-Status, das Rückkehrrecht der palästinensischen Flüchtlinge und die Zukunft der israelischen Siedlungen, aber auch die Rückgabe der syrischen Golanhöhen und den Abzug der israelischen Armee aus dem Südlibanon.

Aufgrund der im Rahmen der Barcelona-Konferenz eingegangenen Verpflichtungen sowie der verschiedenen internationalen Abkommen mißt Tunesien der Förderung der Demokratie und der Menschenrechte eine außerordentlich große Bedeutung bei. Dennoch pochen wir darauf, daß alle Partner das Recht jedes einzelnen Staates anerkennen, sein eigenes politisches, wirtschaftliches, soziales und kulturelles System frei zu wählen und zu entwickeln. Unserer Meinung nach sollen Demokratie und Menschenrechte von ihrem sozialen Inhalt nicht entleert werden. Dies bedeutet im Klartext das Recht auf Entwicklung für alle Staaten dieser Erde sowie das Recht auf wirtschaftliche und soziale Selbstverwirklichung des Individuums. Wir sind der Ansicht, daß Demokratie und Menschenrechte einen langfristigen Prozeß darstellen und nicht als Fertigprodukte, die man ohne weiteres importieren kann, betrachtet werden sollten. Aus diesem Grund arbeitet Tunesien seit langen Jahren hart daran - angesichts bescheidener Ressourcen -, eine stabile Grundlage für den Demokratisierungsprozeß zu schaffen. Im folgenden möchte ich die wichtigsten Stützpfeiler des Demokratisierungsprozesses darstellen:

Dank einer zielorientierten Politik, die sich auf die Bekämpfung der Armut, die Stärkung des Bildungswesens sowie auf eine vernünftige Familienplanung konzentriert hat, und aufgrund einer ausgewogenen Wirtschafts- und Sozialpolitik ist es Tunesien gelungen, die Mittelschicht zu konsolidieren (sechzig Prozent der Bevölkerung) und die Armut einzudämmen (sechs bis sieben Prozent der Bevölkerung leben unter der Armutsgrenze). Daraus entsteht eine gut verankerte Zivilgesellschaft, die ihre Stärke in der Entwicklung einer sozialen Partnerschaft (starke Gewerkschaften und Arbeitgebervereinigungen) und in der Existenz zahlreicher Nichtregierungsorganisationen, darunter auch die älteste Menschenrechtsliga in der arabisch-islamischen Welt, findet. Dadurch wird eine echte Beteiligung der Bevölkerung an den politischen, wirtschaftlichen und sozialen Entscheidungsprozessen gesichert. Dabei wäre auch die in der arabisch-islamischen Welt einzigartige Stellung der Frau zu erwähnen, die dank des Personenstandgesetzes von 1956 und der darauffolgenden zahlreichen Förderungsmaßnahmen eine volle Gleichberechtigung und Chancengleichheit genießt (43 Prozent der Hochschulabsolventen, 43 Prozent der Ärzteschaft, 23 Prozent der Richter und 33 Prozent des Lehrpersonals sind Frauen).

Das Verständnis für Demokratie ist in Tunesien kein Erzeugnis des 20. Jahrhunderts, denn im Jahr 1721 hat Tunesien als erstes islamisch-arabisches Land, obwohl unter mittelbarer Herrschaft des osmanischen Kalifats, ein Parlament gekannt, das mit zahlreichen Reformen bis tief ins 19. Jahrhundert aktiv war und die Geschicke des Landes maßvoll mitgelenkt hat. Diese Reformen gipfelten in der Etablierung der ersten tunesischen Verfassung, genannt „Zeitalter des Friedens und der Sicherheit" im Jahr 1861. Unser Ziel ist es, eine Konsensdemokratie zu schaffen. Denn Demokratie kann nur in einem Klima des Konsenses, an dem alle Parteien beteiligt werden, entstehen und vor allem weiterexistieren. Aus diesem Grund wurde nach der politischen Wende vom 7. November 1987 eine ausführliche Debatte zum Thema „Ethik der politischen Beziehungen" unter Mitwirkung aller Gruppierungen der Zivilgesellschaft geführt. Diese Verhandlungen wurden 1989 mit der Verabschiedung einer „Nationalcharta" abgeschlossen, die von allen politischen Parteien sowie von wichtigen nationalen Interessenverbänden unterzeichnet wurde.

Die Nationalcharta fungiert als Verhaltenskodex, der eine bestimmte Anzahl von Werten und Prinzipien definiert und Grenzen festlegt, innerhalb derer sich jeder frei entwickeln kann, ohne dabei die gemeinsamen Errungenschaften zu verletzen und einen vernünftigen politischen Wettstreit zu stören. Tunesien zählt heute sechs zugelassene Oppositionsparteien, die relativ jung sind, da sie mit Ausnahme der Erneuerungspartei (ex-kommunistische Partei) erst nach der Wende entstanden sind. Als Ergebnis der Parlamentswahlen von März 1994 ist die Opposition erstmals seit der Unabhängigkeit mit 19 Mandaten in der tunesischen Abgeordnetenkammer vertreten. Diese Parteien werden oft vom Staatspräsidenten konsultiert und sind weitgehend am politischen Geschehen beteiligt, und zwar durch die Übertragung von bestimmten Posten an die Opposition, die Entsendung von Delegationen ins Ausland und die Vertretung Tunesiens bei internationalen

Organisationen und Konferenzen, die Bildung von nationalen Untersuchungskommissionen und die Vertretung in bestimmten Gremien wie dem Wirtschafts- und Sozialrat.

Zu diesem Demokratisierungsprozeß gehört unbedingt die Wahrung der Menschenrechte, die allerdings in ihrem realistischen Rahmen betrachtet werden sollen. So gesehen ist es für uns als souveräner Staat inakzeptabel, daß unter dem Deckmantel der Menschenrechte oder der Pressefreiheit unsere Gesetze und deren Anwendung von Außenstehenden untergraben werden. Menschenrechte werden leider überall auf der Welt verletzt, und dies auch in den Industriestaaten. Im Falle Tunesiens werden Einzelfälle von Menschenrechtsverletzungen hochstilisiert und instrumentalisiert, um Tunesien in Verruf zu bringen und seine Errungenschaften zu verleugnen. Unserer Meinung nach sollen Menschenrechte in ihrem politischen und sozialen Kontext betrachtet werden. Der universelle Charakter der Menschenrechte bedeutet nicht, daß Vergleiche mit Ländern gezogen werden, die Jahrhunderte gebraucht haben, um Menschenrechte in ihrem politischen System zu integrieren.

Nun unternimmt Tunesien sehr große Anstrengungen, um die Menschenrechte zu fördern und in seiner Gesellschaft fest zu verankern. Unser Hauptanliegen bleibt die Verwirklichung der wirtschaftlichen und sozialen Entwicklung. Die Sicherung der wirtschaftlichen, sozialen und kulturellen Rechte ist für die Menschenwürde unabdingbar. Diese Vorgehensweise wird von zahlreichen Maßnahmen flankiert, um die Gesetze und Institutionen zum Schutz der Menschenrechte zu stärken. Zielsetzung hierbei ist die Konsolidierung der Zivilgesellschaft und deren Schutz gegen Extremismus und Intoleranz. Zu diesen Maßnahmen gehören die Gründung eines Hohen Komitees für Menschenrechte und Grundfreiheiten sowie des Amtes des Beraters beim Präsidenten der Republik zu Menschenrechtsfragen und die Errichtung von Sonderabteilungen für Menschenrechte bei verschiedenen Ministerien (Justiz-, Innen- und Außenministerium).

Diese effektiven Maßnahmen können allerdings nicht verhindern, daß Einzelfälle von Menschenrechtsverletzungen in Tunesien stattgefunden haben. Doch die Verantwortlichen wurden mit der Kraft der Gesetze alsbald zur Rechenschaft gezogen. Der von dem oben erwähnten Hohen Komitee für Menschenrechte und Grundfreiheiten jährlich veröffentlichte Nationale Bericht ist ein klarer Beweis dafür, daß Tunesien willens ist, die Rechtsstaatlichkeit in seinem System zu festigen, die Menschenrechte zu schützen und deren Verletzungen mit der ganzen Härte des Gesetzes zu ahnden. Die dauerhafte Verankerung der Menschenrechte setzt unseres Erachtens voraus, daß das Bewußtsein jedes einzelnen Bürgers geschärft wird. In diesem Geiste hat Tunesien beachtliche Maßnahmen getroffen, um die Entstehung einer „Kultur der Menschenrechte" zu fördern. Neben verschiedenen Maßnahmen zur Sensibilisierung der Bevölkerung wurde großer Wert darauf gelegt, einen Unterricht über Demokratie und Menschenrechte in die Lehrpläne des gesamten Bildungswesens einzufügen. Des weiteren wurde an der human- und sozialwissenschaftlichen Fakultät der Universität Tunis ein Lehrstuhl für Menschenrechte eingerichtet. Diese Fachrichtung wurde ebenfalls auf die Polizeischulen und das Institut für die Richterausbildung ausgedehnt.

Nunmehr komme ich zur Ebene des menschlichen Austausches. Das Mißverhältnis im Bereich Entwicklung wird unglücklicherweise durch ein Verständnisdefizit verschärft, das geschürt wird durch fragwürdige Thesen, wie diejenigen des amerikanischen Politologen Samuel Huntington, der einen „Kampf der Kulturen" zwischen dem christlichen Okzident und dem islamischen Orient prophezeit. Angesichts dieser Kluft von Verständnislosigkeit wäre es vielleicht von Nutzen, einige Tatsachen ins Gedächtnis zurückzurufen: Die Einheit des Mittelmeerraums in kultureller Hinsicht ist, trotz der Religionsunterschiede, durch mehrere Studien und Forschungen, von denen die des französischen Historikers Fernand Braudel wahrscheinlich die bekanntesten sind, bestätigt worden. Niemand wird übersehen können, daß der Islam ein Teil der europäischen Identität ist; historisch, weil er die europäische Zivilisation bereichert hat, aber ebenso geographisch: Bosnien, Albanien, der Kosovo, geschweige denn die Türkei und ein sehr großer Teil Rußlands sind islamische Gebilde im Herzen Europas. Dies gilt ebenso für das Christentum, das seine Wiege ebenfalls im Orient hat und das teilweise weiterhin der Zivilisation mehrerer Länder des südlichen Mittelmeers seinen Stempel aufdrückt (Libanon, Syrien, Palästina, Ägypten).

Das bestehende Mißverständnis wird dadurch verstärkt, daß der Islam zu Unrecht mit religiöser Intoleranz, Unterdrükkung der Frau und aggressivem Fundamentalismus gleichgesetzt wird. Auf diese Karikatur des Islam, die - und dies muß leider zugegeben werden - von bestimmten islamistischen Bewegungen gefördert wird, gibt es keine bessere Antwort als die Worte des europäischen Kommissars Manuel Marin, wonach „der Islam ebensowenig auf den Fundamentalismus reduziert werden kann, wie seinerzeit das Christentum mit dem Wort Inquisition zusammengefaßt werden konnte". Die arabisch-islamische Kultur war ein Schmelztiegel, in dem verschiedene Minderheiten, vor allem Christen und Juden, sich äußern und entfalten konnten und wo deren Rechte durch die Obrigkeit geschützt waren. Ist es deshalb notwendig, zum Beispiel den Namen des großen Denkers des Judentums zu nennen: Maimonides, der in Andalusien, im Maghreb und danach in Ägypten im Exil lebte und den wesentlichen Teil seines Werkes in arabischer Sprache verfaßte; oder Alexandrien, Antiochien, Jerusalem und Konstantinopel als Hauptzentren des orthodoxen Glaubens auf islamischem Boden?

Wir möchten, daß der Dialog zwischen unseren Kulturen und Religionen - am Beispiel des Besuches von Papst Johannes Paul II. in Tunis vom April 1996 - dazu beiträgt, unseren Austausch neu zu konzipieren und die Schranken der Mißverständnisse abzubauen - Schranken, die aus den Wechselfällen der Geschichte und einer verfälschten Wahrnehmung des gegenseitigen Beitrags und der Interaktion unserer Kulturen gewachsen sind. Die beste Garantie gegen religiösen Fanatismus, Fremdenhaß und Rassismus ist Toleranz. In diesem Zusammenhang erlaube ich mir, an die von der UNESCO im April 1995 in Tunis organisierte internationale Konferenz zum Thema „Pädagogik der Toleranz" zu erinnern. Beim Abschluß dieser Konferenz wurde der „Pakt von Karthago über die Toleranz" verabschiedet, der von den Vereinten Nationen als Bezugsdokument für den politischen Dialog über Demokratie und Menschenrechte betrachtet wird.

Es kann nicht über den Austausch zwischen den Völkern des Mittelmeers und den notwendigen interkulturellen Dialog gesprochen werden, ohne die in den Ländern der Europäischen Union lebenden Einwanderer-Gemeinden zu erwähnen. Es ist unserer Meinung nach von größter Wichtigkeit, daß diese Gemeinschaften vor den Nachteilen geschützt werden, die auf dem Boden von Fremdenhaß und Instrumentalisierung der illegalen Einwanderung gedeihen. Auch die strengsten europäischen Gesetze werden die Zuwanderungsströme nie in den Griff bekommen, solange nicht gemeinsam das Problem an der Wurzel gepackt wird, indem so viel wie möglich in arbeitsplätzeschaffende Projekte investiert wird. Im übrigen besteht das Risiko, daß die Angleichung der Ausländerpolitik der EU-Mitgliedstaaten zu einer sehr restriktiven Visapolitik führt. Hierdurch könnten die auf der Barcelona-Konferenz proklamierten Bekundungen zugunsten einer multidimensionalen Zusammenarbeit zur Makulatur werden. Eine vielfältige Kooperation ist für uns das unabdingbare Fundament einer engen regionalen Zusammenarbeit. Deshalb befürwortet Tunesien das Abstecken eines flexiblen institutionellen Rahmens zur Intensivierung des Austausches in verschiedenen Bereichen wie Kultur, Religion, aber auch Information und Medien, Wissenschaft und Hochschulen, sowie Bekämpfung des Fanatismus und Entwicklung einer Pädagogik der Toleranz.

Am Schluß meines Vortrags zitiere ich aus dem zweiten „Policy Paper“ der Stiftung Entwicklung und Frieden zum Thema „Global Governance - Herausforderungen an die deutsche Politik an der Schwelle zum 21. Jahrhundert“:

> „Aus der Vermehrung von Risiken, die alle Gesellschaften betreffen, ergeben sich gemeinsame Interessen an Sicherheit, wirtschaftlicher und sozialer Entwicklung sowie globaler Umweltpolitik. Das Problembewußtsein hinsichtlich der globalen Interdependenzen war nie so groß wie heute, wie die in den letzten Jahren abgehaltenen Weltkonferenzen, und insbesondere die Verabschiedung der Agenda 21, demonstriert haben.“

Tunesien, gestärkt durch seine traditionell guten Beziehungen zu Deutschland, hat immer der Meinung widersprochen, daß eine Aufgabenverteilung innerhalb der EU erfolgen sollte, wonach die Zusammenarbeit mit den Mittelmeerdrittstaaten vorrangig in die Zuständigkeit der südeuropäischen Länder fallen müßte. Aufgrund seiner internationalen Rolle sind die Interessen Deutschlands mehr denn je „verflochtene Interessen“. Wie einige Abgeordnete des Deutschen Bundestages geschrieben haben, „ist heute Deutschlands Zukunft wie die aller seiner europäischen Partner nur in einer prosperierenden Umwelt - im Süden so gut wie im Osten - gesichert“. Erlauben Sie mir auch, die anläßlich der Barcelona-Konferenz von Bundesaußenminister Klaus Kinkel gesprochenen Worte ins Gedächtnis zu rufen:

> „Eine ausgewogene und aktive Nachbarschaftspolitik der EU muß gleichermaßen auf enge Partnerschaft mit den Nachbarn im Osten wie im Süden ausgerichtet sein. Beide suchen die engere Bindung an die EU und beide sind für uns wichtige und bevorzugte Partner.“

Unserer Meinung nach steht die wirtschaftliche Entwicklung an erster Stelle der Prioritäten. Die wichtigen sicherheitspolitischen Probleme sollten dieses Ziel nicht vergessen lassen. Die Unterentwicklung ist weder eine Schicksalsfügung noch ein unüberwindbares Hindernis. Wie Japan, das schon sehr früh seine Nachbarländer (Südkorea, Singapur, Hongkong und Taiwan) in seine wirtschaftliche Strategie miteinbezogen hat - indem es dort anwendbare Technologien transferiert hat -, kann die EU nur dann wirklich Nutzen aus den Absatzmärkten ziehen, die ihr die euro-mediterrane Freihandelszone bieten wird, wenn sie wesentlich zur wirtschaftlichen Entwicklung ihrer Partner beiträgt. Wenn der freie Handel nicht von den notwendigen Korrekturen flankiert wird, könnten sich die unvermeidlichen strukturellen Auswirkungen, die er auf das Produktionssystem und den Arbeitsmarkt ausüben wird, als unzumutbar und die Gewinne als unbedeutend für die Mittelmeerdrittstaaten herausstellen. In diesem Zusammenhang hat die EU ihre Finanzhilfe für die Länder des östlichen und südlichen Mittelmeers erhöht (4,7 Milliarden ECU für die drei nächsten Jahre). Es muß jedoch festgestellt werden, daß diese Hilfe im Durchschnitt kaum mehr als 0,2 Prozent des Bruttosozialprodukts der betreffenden Länder ausmacht. Was, pro Einwohner berechnet, dreimal weniger ist als die Hilfe, die den mittel- und osteuropäischen Staaten gewährt wird.

Für Tunesien hat das Freihandelsabkommen mit Europa eine hohe politische Bedeutung, da es das Festhalten unseres Landes an den universellen Werten von Freiheit, Toleranz und Öffnung zum Ausdruck bringt. Trotz der noch nie dagewesenen Herausforderungen, denen Tunesien sich bei Öffnung seiner Märkte gegenüber der Konkurrenz stellen muß, ist dieses Abkommen auch eine strategische Wahl, die als logische Fortsetzung der gelungenen wirtschaftlichen Strukturanpassung zu verstehen ist. Außerdem bietet das Abkommen Tunesien eine weitere günstige Gelegenheit, das wirtschaftliche Wachstum anzukurbeln, den Lebensstandard seiner Bevölkerung zu verbessern sowie seine Volkswirtschaft stärker in die Weltmärkte einzubinden. Abschließend möchte ich betonen, daß der Erfolg vor allem von unseren eigenen Anstrengungen abhängen wird, aber auch von dem politischen Willen der Europäischen Union. Dieser Wille muß sich vor allem in einem größeren Anreiz für private europäische Direktinvestitionen sowie in einer Verstärkung der öffentlichen Hilfe ausdrücken. Die EU müßte ihrerseits sehr an dem Erfolg dieses Abkommens mit Tunesien interessiert sein, da es das erste einer Reihe von Abkommen darstellt, die sie mit ihren südlichen Nachbarn abzuschließen beabsichtigt, vor allem mit Algerien, Ägypten, dem Libanon und Syrien.

Avraham Primor
Botschafter des Staates Israel
(25. Juni 1996)

Das Thema „Die Europäische Union und der Mittelmeerraum“ ist nicht ganz genau mein Thema. Ich möchte mich eher auf unsere Seite des Mittelmeerraumes konzentrieren, auf den Nahen Osten und besonders auf Israel. Im Mittelmeerraum und speziell im Nahen Osten hat man jahrelang die Bedeutung und Wichtigkeit der Europäischen Gemeinschaft nicht ganz verstanden, aber in diesem Sinne war der Mittelmeerraum keine Ausnahme. Wer in der Welt hat schon die Europäische Gemeinschaft und anfangs die Europäische Union eigentlich verstanden?

Wir waren eine Ausnahme, als wir 1958, nachdem die Römischen Verträge unterzeichnet waren, darum gebeten haben, diplomatische Beziehungen aufzunehmen. Diplomatische Beziehungen mit der EG waren damals eine Ausnahme. Es waren damals drei Länder in der ganzen Welt, die mit so einem Gebilde überhaupt Kontakte aufnehmen wollten. Es waren die Vereinigten Staaten, die eigentlich diplomatische Beziehungen mit allem, was sich bewegt, aufnehmen wollen. Das war Griechenland - die Griechen haben wahrscheinlich schon damals Ideen gehabt, sich irgendwann der Gemeinschaft anzuschließen - und das waren wir. Wir haben schon 1959 diplomatische Beziehungen mit der EG, mit dem „Markt“, wie man damals noch sagte, aufgenommen, und erstrebten sofort eine Freihandelszone mit der EG. Wir haben 1964 einen Handelsvertrag mit der EG unterzeichnet und 1975 auch ein Abkommen über eine Freihandelszone. In diesem Sinne waren wir eine Ausnahme, weil nicht nur die Welt damals die EG nicht verstanden hat, ich würde sagen, daß es die Europäer auch nicht begriffen haben, bestimmt nicht die, die heute schon Mitgliedstaaten sind, aber damals die EG noch bekämpft haben. Wenn Sie daran denken, diese Organisation, die sich EFTA nannte, wurde eigentlich gegründet, um die EG zu verhindern. Das war zum Beispiel damals das Ziel Englands. Ich weiß nicht, ob es sich bis heute grundsätzlich geändert hat, aber die Engländer haben sich trotzdem der Union angeschlossen. Tatsache ist, daß die meisten Staaten, die damals keine Mitglieder der EG waren, nicht einmal Beziehungen mit der EG haben wollten.

Wir haben Beziehungen zur EG angestrebt, weil wir verstanden, daß die Europäische Gemeinschaft irgendwie, irgendwann in unserer Zukunft eine Hauptrolle spielen soll und will. Es ist wahr, daß wir auch andere Gründe hatten. Wir waren und sind noch immer ein Staat, der mit seinen Nachbarstaaten noch nicht in Frieden lebt, nicht mit allen, und der jahrelang belagert und eingekesselt war, keine Kontakte zu seiner Umgebung haben konnte. Darüber hinaus haben wir unter Boykott gelitten, nicht nur wirtschaftlichem, sondern auch diplomatischem und politischem Boykott. Wir suchten deshalb jeden Kontakt, den wir nur möglicherweise aufnehmen konnten. Kontakte, die vorhanden waren, waren nicht so zahlreich. Das hätte schon ein Grund sein können, um sich der EG anzuschließen, mit ihr diplomatische Beziehungen anzustreben. Aber die Freihandelszone, die wir mit der EG haben wollten, hatte natürlich einen ganz anderen Grund. Wir verstanden, daß ein kleiner Staat sich nicht langfristig selbständig entwickeln kann, wenn er nicht mit irgendeiner größeren Organisation, einem größeren Rahmen verbunden ist. Nicht jeder hat es damals verstanden. Der Nationalstaat ist heute in der Welt immer noch ein vielleicht sogar heiliger Begriff, auch für uns, aber wir haben es irgendwie überwunden, und wenn auch nicht die ganze Bevölkerung in Israel, dann haben es die Leute, die sich Staatsmänner nennen, schon damals verstanden.

Dieser Vorsprung hat uns am Anfang viele Vorteile verschafft. Er führte zu dem schon erwähnten Handelsvertrag mit der EG von 1964 und später, was noch viel wichtiger war, im Jahr 1975 zum Freihandelszonen-Abkommen. Das waren Vorteile, die wir normalerweise vielleicht nicht erzielt hätten, wenn wir nicht unter den ersten gewesen wären, die Kontakte zur EG anstrebten. Normalerweise kann man nicht sagen, daß Israel in der Lage ist oder besonders damals war, der EG viel zu bieten: ein sehr kleines, ein belagertes Land, das mit seiner Umgebung im Kriegszustand lebte, das unter arabischem Boykott lebte. Eine große Kundschaft für europäische Güter gab es in Israel nicht, damals waren wir ein armes Land mit etwa zwei Millionen Einwohnern. Was konnte schon die EG wirtschaftlich von Israel erwarten? Der Grund, weshalb man uns doch so viele Vorteile eingeräumt hat, weshalb man so entgegenkommend war, war eigentlich politisch. Im Grunde genommen bestanden und bestehen bis heute die Beziehungen zwischen Israel und der EU aus politischen Gründen. Die Quellen der Verbesserung oder der Verschlechterung der Beziehungen zwischen Israel und der EU sind nach wie vor politisch. Ich sage das, weil man das in Israel nicht immer versteht, weil man in Israel immer der Meinung war, daß wir bereits ein wichtiger wirtschaftlicher Partner seien, und zwar ein Partner, der Ansprüche haben soll.

Tatsache ist, daß wir seit dem Freihandelszonen-Abkommen unseren Handel mit den Europäern beträchtlich entwikkelt haben. Wir unterzeichneten das Abkommen im Jahr 1975, schon 1977 betrieben wir 40 Prozent unseres Handels mit der EG. Damals war dies ausgewogen: 40 Prozent unserer Einfuhr kam aus der EG, 40 Prozent unserer Ausfuhr ging in Richtung der EG. Anfang der achtziger Jahre sah es leider schon ganz anders aus. Damals betrug unsere Einfuhr aus der EG etwa 50 Prozent der Gesamteinfuhr Israels, aber lediglich 30 Prozent unserer Ausfuhr ging nach Europa. Daraus entstand für uns ein Nachteil, den wir nicht so gut verdauen konnten und der sich mit der Zeit noch verschlechterte. Nicht nur, weil wir ein immer größeres Handelsdefizit mit der Union erlitten, sondern auch - und das war vielleicht noch schlimmer - weil wir nach Europa fast nur Landwirtschaftsgüter einführten. Wenn man die israelische Wirtschaftslage anschaut, sieht man, daß wir in den frühen Jahren des Staates hauptsächlich unsere Landwirtschaft entwickelten, deren Anteil mit der Zeit aber immer geringer geworden ist. Andererseits nahm die entwickelte Industrie, die High-Tech-Industrie allmählich einen größeren Teil unseres Bruttosozialprodukts ein. Wenn wir heute unseren Handel mit dem Ausland betrachten, dann sehen wir, daß wir abgesehen von Dienstleistungen eine Güterausfuhr von beinahe 20 Milliarden Dollar pro Jahr haben.

Mit der EU sieht es so aus: 14 Milliarden Dollar für Güter aus der EU nach Israel, während Güter für kaum 7 Milliarden Dollar nach Europa gehen, das ist etwa die Hälfte. Diese Lücke ist für uns natürlich eine Belastung, die wir nicht lange ertragen können. Da sagen wir, wenn es so aussieht, dann sind wir doch ein wichtiger Kunde für die Europäer, wir sind ein Kunde, auf den man nicht verzichten kann, und das verleiht uns natürlich ein großes Gewicht. Das hat z.B. Ministerpräsident Rabin immer wiederholt. Er sagte, wir dürfen auf den Tisch klopfen, wir haben Ansprüche, wir können verlangen, wir sind ja diejenigen, die in Europa kaufen, wir tragen zu der Europäischen Gemeinschaft bei, und wir können uns natürlich leisten, auch politische Vorteile zu verlangen. Die Tatsachen sehen aber etwas anders aus. Was bedeuten die 14 Milliarden Dollar der israelischen Ausfuhr für die EU. Wenig! Wenn man die Ausfuhr der Europäer richtig ausrechnet, das heißt, was jedes Land separat für sich ausführt, dann sind diese 14 Milliarden nicht mehr als etwa ein halbes Prozent der Ausfuhr der Europäer. Damit können wir keinen großen Eindruck in Europa machen. Und diejenigen bei uns - das ist eigentlich ein Argument für die Israelis und nicht für die Europäer - , die glauben, daß wir mit unserer wirtschaftlichen Macht einen Eindruck auf die Europäer machen können, irren sich natürlich.

Es bleibt nach wie vor ein politischer Grund, der unsere Beziehungen mit der EU verbessern oder verschlechtern kann, und so war es auch in der Geschichte. Bis 1975 etwa waren unsere Beziehungen zu den Europäern mehr oder weniger in Ordnung. Das war nicht so mit jedem Land, das war nicht so zu jeder Zeit, aber im Grunde genommen waren die Beziehungen gut. Auf jeden Fall waren sie es bis 1967, dann haben sie sich allmählich etwas verschlechtert, aber richtig schwierig sind sie erst in den achtziger Jahren geworden. Das lag an der Lage im Nahen Osten. 1967, nach dem Sechstagekrieg, hat sich unser Ansehen im allgemeinen etwas verändert. Nach dem Jom-Kippur-Krieg 1973, dem Oktoberkrieg, wie er in Ägypten heißt, sah es noch schlimmer aus, u.a. wegen des Ölboykotts. Das war eigentlich ein Grund für die Europäer, eine allmähliche Wende in ihren Beziehungen zu Israel herbeizuführen. Nicht sofort, nicht auf einer Stufe, aber nach und nach in den achtziger Jahren haben sich die Beziehungen verschlechtert. Das hat auch dazu geführt, daß unser Abkommen mit den Europäern, das Freihandelszonen-Abkommen, allmählich überholt worden ist. Dies hat unsere Möglichkeiten in den Handelsbeziehungen verschlechtert und dazu geführt, daß die Lücke, die Diskrepanz in unseren Handelsbeziehungen immer größer geworden ist. Es kam so weit, daß wir 1990 sogar aus politischen Gründen unter Strafmaßnahmen der EG litten.

All dies hat sich allmählich wieder gebessert, sobald der Friedensprozeß begonnen hat. Als der Golfkrieg begann, ist langsam klar geworden, daß es im Nahen Osten nach diesem Krieg irgendwie zu einem Friedensprozeß kommen würde, weil die internationale Politik nichts anderes mehr dulden würde. Israel benahm sich während des Golfkrieges so, daß wir ein wenig, was soll ich sagen, unser Raufbold-Ansehen verloren - wir wurden vom Irak aus einer Entfernung von etwa 1000 Kilometern mit Raketen beschossen und haben nichts erwidert, was bei uns eine Ausnahme war! Diese Tatsache führte dazu, daß man zu dem Verständnis gelangte, daß man mit Israel vielleicht auch einmal verhandeln soll und kann.

Natürlich hat sich diese Lage, seit die Arbeiterpartei im Jahr 1992 an die Macht kam, noch wesentlich verbessert. Der Friedensprozeß, der schon 1991 mit einer Konferenz in Madrid begonnen hatte, wurde fortgesetzt, als sie die Regierung übernahm. Natürlich war das bekannteste Abkommen dasjenige mit der PLO und die gegenseitige Anerkennung Israels und der PLO in Oslo im Sommer 1993. All dies hat unsere Beziehungen zur Europäischen Gemeinschaft wesentlich verbessert, so daß wir größere Chancen erhielten, unsere Handelsbeziehungen zu verbessern. Dies ist jedoch nicht das Hauptthema. Handel kann man treiben, auch wenn er nicht ausgewogen ist, damit kann man, wenn man anderswo Überschüsse hat, leben. Wir haben immer gejammert, daß wir eine Lücke in unseren Handelsbeziehungen mit der EU haben, aber in Wirklichkeit hat es unsere Wirtschaft bisher aushalten können, denn Überschüsse hatten wir gegenüber den Vereinigten Staaten, mit anderen Teilen der Welt, seit der Wende auch mit Osteuropa. Wir haben ganz gute, ausgewogene Handelsbeziehungen mit Japan, eine Ausnahme! Die Japaner kaufen unsere High-Tech-Güter, womit wir in Europa Schwierigkeiten haben.

Die wirkliche Frage für uns ist nicht der Handel, die wirklichen Fragen für uns sind die langfristigen Beziehungen mit der EU. Wir mußten als erste Stufe die Errungenschaften der Vergangenheit, die teilweise überholt waren, à jour bringen. Das haben wir nach längeren Verhandlungen im November 1995 insofern geschafft, daß wir unser Freihandelszonen-Abkommen von 1975 nicht nur aktualisiert, sondern auch erweitert haben. Wir haben in das Abkommen einen neuen Vertrag einbezogen, nämlich über die Zusammenarbeit in den Bereichen Wissenschaft und Forschung. Dies ist für uns ein Hauptthema, und ich möchte erklären, warum und weshalb.

Ich gehe davon aus, daß wir einen Friedensprozeß in Gang haben, auch nach den Wahlen in Israel, der heute schon unumkehrbar geworden ist. Ich gehe davon aus, daß der Friedensprozeß unumkehrbar ist, weil es ganz schlicht und einfach keine Alternative dafür gibt. Das sieht jeder vernünftige Staatsmann, das sieht auch die Mehrheit der Bevölkerung im Nahen Osten ein. Natürlich gibt es auf allen Seiten Extremisten, die den Friedensprozeß bekämpfen. Es gibt heute auch Schwierigkeiten, nachdem wir eine neue Regierung bekommen haben, und es wird einige Zeit dauern, bis sie den richtigen Weg finden wird, um den Friedensprozeß wieder aufzunehmen, aber eine Alternative gibt es nicht.

Wie Sie wissen, hat der Likud, die Opposition, die jetzt die Wahlen gewonnen hat, den Friedensprozeß ununterbrochen bekämpft. Es gab Kundgebungen, Demonstrationen aus manchen außerparlamentarischen Kreisen, sogar Gewalttätigkeit, bis hin zum Attentat auf Rabin, um den Friedensprozeß zu verhindern. Diese Leute wollten die besetzten Gebiete behalten, die sie als unser Vaterland, als unser biblisches Kernland betrachten, da sie der Meinung sind, daß wir nicht das Recht haben, darauf zu verzichten. Darüber hinaus war es für uns auch eine unentbehrliche Sicherheitsfrage. Das hat die Opposition ununterbrochen geäußert, das hat Netanjahu, der Spitzenkandidat der Opposition, in allen seinen Reden betont bis vor ein paar Monaten. Etwa Anfang Januar hat er begonnen, den Friedensprozeß zu unterstützen, versprach, ihn fortzusetzen und das Oslo-Abkommen anzuerkennen, obwohl er es nach wie vor als ein schlechtes Abkommen betrachtete. Aber Netanjahu sagte, das Abkommen wäre nun eine Tatsache, die man anerkennen, mit der man leben sollte. Mittlerweile kam Netanjahu zu der Schlußfolgerung, daß der Friedensprozeß, wenn er auch, wie er von der Arbeiterpartei geführt worden war, seinen Vorstellungen nicht entsprach, schon so weit fortgeschritten sei, daß man, wenn man den Frieden haben wolle, den Prozeß fortsetzen müsse. Ein Teil der israelischen Bevölkerung ist zwar nach den Terroranschlägen im Februar und März 1996 in bezug auf den Friedensprozeß etwas unsicher geworden, wollte ihn aber in einer „verbesserten" Version trotz allem nach wie vor haben. Infolgedessen versprach Netanjahu, den Friedensprozeß fortzusetzen, aber weitaus mehr auf die Sicherheit zu achten.

Mit Syrien besteht natürlich noch immer ein Problem. Wie Sie wissen, nimmt Netanjahu Syrien gegenüber eine harte Position ein. In dieser Haltung wird er von der Mehrheit der Bevölkerung unterstützt, und warum? Weil keiner Präsident Assad für glaubwürdig hält. Nicht in Israel. Ein Mann, der uns bisher nicht treffen wollte, der auch seinen Bevollmächtigten nicht das Recht gegeben hat, Israelis zu treffen. Was für einen Friedensprozeß haben wir eigentlich mit den Syrern jemals geführt? Daß zwei Botschafter in Washington miteinander gesprochen haben, der israelische Botschafter und der syrische Botschafter, das ist kein Friedensprozeß. Das kann lediglich den Weg zum Friedensprozeß klären, nicht ihn ersetzen. Tatsache ist, daß für die Mehrheit in Israel Assad in seinem sogenannten Friedensprozeß überhaupt nicht ehrlich ist, er bietet uns keinen Friedensprozeß an, sondern vielleicht einen geschmückten Waffenstillstand. Und dafür soll er die Golanhöhen bekommen? Die Golanhöhen, die für die Mehrheit der israelischen Bevölkerung eine strategische, für unsere Verteidigung unentbehrliche Position einnehmen, darauf soll man verzichten, ohne den echten, dauerhaften Frieden zu bekommen? Kommt gar nicht in Frage! Und wenn in diesem Zusammenhang Netanjahu hart ist und sagt, „da werde ich keine Zugeständnisse erlauben", wird er von der Mehrheit der Bevölkerung unterstützt. Wie würde es aussehen, wenn sich Assad morgen anders benimmt? Wenn er sich zum Beispiel so benimmt wie Sadat zu seiner Zeit, das heißt, würde er uns die Hand reichen? Er müßte nicht einmal nach Jerusalem kommen, wie Sadat es seinerzeit getan hat. Aber wenn Assad irgendwo, sagen wir in Genf, Netanjahu treffen würde, dann, glaube ich, wird die Politik Israels sich ändern müssen, und sei es auch nur, weil die Stimmung in der Bevölkerung bei uns anders sein wird. Aber bis dahin kann sich der neue Ministerpräsident leisten, Syrien abzulehnen.

Ich gehe davon aus, daß sich nicht nur bei uns die Lage so geändert hat, nicht nur wir keine Alternative zum Frieden haben, sondern daß es unseren Nachbarstaaten und den Palästinensern genauso geht. Auch sie haben keine Alternative, können auch keine Politik führen außer diejenige, die wir in den letzten Jahren hatten, das heißt, den Friedensprozeß. Syrien kann noch zögern, wird aber schließlich auch zur Vernunft kommen müssen, weil auch die Syrer keine Alternative haben aus verschiedenen anderen Gründen, die nicht nur mit Israel zu tun haben, sondern auch mit syrischen Beziehungen zu anderen Ländern. Die Palästinenser haben bestimmt keine Alternative, es sei denn, sie wollen die Autonomie, die sie jetzt endlich haben, ganz zerstören. Jordanien hat bestimmt kein Interesse, in den vergangenen Kriegszustand zurückzukehren, und ich glaube, Ägypten auch nicht. Deshalb gehe ich davon aus, daß der Friedensprozeß unumkehrbar geworden ist. Und wenn es so ist, dann stellt sich wieder die Frage: Wo steht die EU, und was soll ihre Rolle im Friedensprozeß im zukünftigen Nahen Osten sein?

Wie wir wissen, ist der Friedensprozeß eng mit den Vereinigten Staaten verbunden, die die Macht sind, die den Friedensprozeß unterstützen und fördern, die den Friedensprozeß eigentlich ermöglichen. Ich glaube nicht, daß man heute politisch in einen Wettbewerb mit den Vereinigten Staaten treten soll, das kann nur verheerend sein. Man soll den Amerikanern die Hauptrolle im Friedensprozeß lassen, das soll man anerkennen, ich glaube übrigens, daß man das auch tut. Bedeutet das, daß die EU überhaupt keine Rolle im Nahen

Osten spielen kann und soll? Das glaube ich überhaupt nicht. Wenn wir von dem heutigen Friedensprozeß sprechen, in dem die Vereinigten Staaten die Hauptrolle spielen, dann sprechen wir eigentlich von einem Prozeß, der meiner Meinung nach zu einem Friedensabkommen führen soll und wird.

Die Frage ist nun, was bedeutet ein Friedensabkommen? Bedeutet es auch einen Frieden? Eben nicht. Ein Friedensabkommen ist lediglich ein Ansatzpunkt. Erst wenn man ein Friedensabkommen geschlossen hat, hat man die Möglichkeit, einen Frieden, einen echten Frieden auf- und auszubauen. Wenn das Abkommen ein richtiges Abkommen ist, dann kann man die Hoffnung haben, daß man langfristig oder mittelfristig auch einen dauerhaften, lebendigen Frieden errichten wird. Frieden bedeutet nicht ein Friedensabkommen, Frieden bedeutet eine Änderung, eine Wende der Realität in der ganzen Region. Das bedeutet einen anderen Alltag, das bedeutet eine Zusammenarbeit, das bedeutet ein Treffen zwischen Völkern, das bedeutet gemeinsame Interessen, die die Partner zusammen aufbauen sollen. Wie schafft man so etwas, wie macht man das? Natürlich kann man sagen, wie Assad nun sagt: Ich unterzeichne ein Friedensabkommen, und dann geht jeder wieder zurück nach Hause und dann sehen wir uns nicht mehr. Aber so ein Frieden ist natürlich nur ein vorübergehender Zustand, damit können wir nicht leben.

Wir sagen, Frieden, das bedeutet Kontakte, das heißt vor allem diplomatische Beziehungen, das heißt offene Grenzen, das heißt Tourismus, Flugverkehr und alles, was Kontakte zwischen Ländern, besonders Nachbarstaaten ermöglicht. Aber auch dies reicht noch nicht. Wir müssen zwei Hauptpunkte gewährleisten: zunächst einmal eine wirtschaftliche Entwicklung. Heute haben unsere Nachbarstaaten, obwohl wir das etwas übertrieben finden, vor uns wirtschaftlich Angst. Sie sagen: „Wenn wir auch keinen Krieg mehr mit Israel führen, wenn wir auch die israelische Armee nicht mehr fürchten müssen, müssen wir jedoch die israelische

Wirtschaftsmacht fürchten, die im Frieden eine imperialistische Macht im Nahen Osten werden kann." Warum? Also nehmen Sie einmal das Bruttosozialprodukt Israels, das heute schon über 90 Milliarden Dollar pro Jahr beträgt, das ist mehr als das Bruttosozialprodukt aller unserer Nachbarstaaten zusammen. Libanon, Syrien, Jordanien, die Palästinenser und Ägypten haben insgesamt ein kleineres Bruttosozialprodukt als wir. Darüber hinaus haben sie auch sehr wenig High-Tech-Industrie, die bei uns heute den Hauptanteil an der Wirtschaft hat. Wenn wir so fortschrittlich sind und ein Wirtschaftswachstum von jährlich etwa 7 Prozent haben, dann kann man verstehen, daß, obwohl wir ein kleines Land mit fünfeinhalb Millionen Einwohnern sind, unsere Nachbarstaaten, die zwanzigmal so groß sind, trotzdem Angst haben. Diese Lage muß man verändern, wir müssen dazu beitragen, daß unsere Nachbarstaaten auch eine wirtschaftliche Entwicklung genießen können, die nicht nur ihren Lebensstandard, sondern ihre gesamte Wirtschaft so weit entwickelt, daß der Abstand zwischen Israel und seinen Nachbarn ständig geringer wird, sonst kann der Friede nicht gewährleistet werden.

Wie bringt man es aber zu einer wirtschaftlichen Entwicklung? Wir sind der Meinung, daß wir dies gemeinsam tun sollen. Wir sollen es gemeinsam tun, weil man erst dadurch wirksam Mißtrauen abbauen und die Zukunft sichern kann, indem man gemeinsame Interessen aufbaut. Dann hat keiner Interesse daran, Kriege zu führen. Deshalb sind wir von Anfang an davon ausgegangen, daß es zwei Arten von Verhandlungen geben sollte, einerseits die politischen Verhandlungen, wobei die Amerikaner die Rolle der Vermittler spielen, um ein Friedensabkommen zu erzielen, und parallel dazu multilaterale Verhandlungen, an denen wir alle zusammen teilnehmen: Israel, seine Nachbarstaaten, Westeuropa, die Vereinigten Staaten, Japan, Kanada und noch andere, um überregionale Entwicklungspläne zu entwerfen, die unsere gemeinsame Wirtschaft entwickeln in Bereichen, in denen wir kleinen Staaten nicht allein Fortschritte erzielen können.

Ich kann Ihnen eine ganze Reihe von Plänen nennen, die wir heute erörtern. Es gibt Pläne, bei denen man das gemeinsame Interesse sehr schnell und einfach sehen kann. Sehen Sie zum Beispiel die Stadt Eilat im Süden Israels, gegenüber gibt es eine jordanische Stadt, Akaba. Andererseits gibt es schon ägyptische Tourismusorte wie Taba, und jeder Ort hat einen eigenen Flughafen. Wir sind voneinander, Taba, Eilat und Akaba, nicht mehr als vierzig Kilometer entfernt. Innerhalb dieser vierzig Kilometer befinden sich drei Flughäfen, und keiner davon ist ausreichend. Alle sind heute zu klein. Jeder für sich hat schon Pläne für einen neuen, größeren, modernen Flughafen. Warum können wir eigentlich nicht einen gemeinsamen Flughafen bauen? Das wäre doch für uns alle günstiger. Also mit den Jordaniern erörtern wir diese Frage schon, wir haben uns die Flughäfen von Basel und Genf als Modell genommen, wo ein Flughafen zwei oder sogar drei Ländern dienen kann, der zwei oder drei Ein- und Ausgänge hat, und das möchten wir eigentlich auch. Es gibt aber auch einen Seehafen in Eilat und es gibt einen Seehafen in Akaba. Warum können wir nicht, zwanzig Kilometer voneinander entfernt, einen gemeinsamen Hafen haben? Auch das wurde schon erörtert. Wir wollen zum Beispiel eine neue moderne Eisenbahn vom Roten Meer in den Norden bauen, die können wir doch gemeinsam, entlang der Grenze zwischen Israel und Jordanien, bauen. Auch das sind einfache Sachen. Wichtiger und komplizierter sind Fragen wie zum Beispiel die Entwicklung von Wasservorräten. Weder Israel noch Jordanien, Syrien oder Ägypten können ihre jeweiligen Wasservorräte allein entwickeln, wir sind alle zu klein dazu, und die notwendigen Investitionen sind viel zu groß. Wasser kann man übrigens nicht entwickeln, Wasser muß man ganz einfach erzeugen, das heißt Meerwasser entsalzen, und das bedarf einer riesengroßen Investition. Das können wir nur gemeinsam machen. Übrigens ist die Wassererzeugung eine Produktion. Wasser, das sind Güter, Wasser kann man verkaufen. Infolgedessen geht es um eine kommerzielle Investition.

Tourismus, ein anderes Beispiel - ich lese in den Zeitungen, daß 60 Millionen Touristen pro Jahr nach Frankreich kommen, und die Franzosen sind unzufrieden, sie möchten 90 Millionen pro Jahr haben. Warum kann der Nahe Osten nicht 90 Millionen haben statt eineinhalb Millionen? Der Nahe Osten hat sehr viel zu bieten, viel Geschichte, viel gutes Wetter, viel Strand. Aber das kann man nicht allein entwikkeln. Kein Japaner wird nur nach Israel fliegen, das ist ihm zu weit, zu teuer, man sieht Israel auf der Landkarte überhaupt nicht, zu klein. Er wird auch nicht nach Jordanien fahren, kaum nach Ägypten oder nach Syrien. Aber würde man ihm ein Paket anbieten für den ganzen Nahen Osten, dann macht er es. Auch nach Europa fährt er nur so, ein europäisches Land allein ist für ihn zu klein. Das ist aber nicht nur bei den Japanern so, das ist eigentlich mit allen so. Die Leute wollen jetzt vieles auf einmal machen, und man muß heute, um Tourismus zu entwickeln, Pakete anbieten. Das können wir nur gemeinsam machen.

Um Pakete anzubieten, müssen wir Verkehrsmittel im Nahen Osten entwickeln, denn heute gibt es sie im Nahen Osten nicht ausreichend. Es gibt kaum Eisenbahnen, auch die Straßen reichen nicht mehr aus. Wie kann man denn in ein solches Projekt investieren, wenn es nur um kleine Länder geht? Wenn wir Israel als Knotenpunkt betrachten, und dann eine Eisenbahn, die es schon einmal gegeben hat, die von der Türkei über Syrien und Libanon quer durch Israel und Ägypten führt, oder von Ägypten quer durch Israel nach Jordanien und Syrien, oder von Syrien nach Saudi-Arabien usw., das ist ein Projekt, das günstig sein kann, das rentabel sein kann, darin kann man investieren.

Wenn es um Umweltprobleme geht, da können bekanntlich kleine Länder wirklich fast gar nichts tun. Auch gegen Seuchen können kleine Länder nicht allein kämpfen. Wir müssen für eine Lösung all dieser Probleme und noch vieler anderer gemeinsam arbeiten. Das erörtern wir tatsächlich schon im Rahmen der multilateralen Verhandlungen, die natürlich erst dann erfolgreich sein können, wenn auch die bilateralen Verhandlungen erfolgreich gewesen sind, das heißt nachdem wir ein politisches Friedensabkommen unterzeichnen werden. Vorbereiten muß man dies jedoch schon heute. Aber wenn man schon einmal einen Entwurf hat oder sogar mehrere Entwürfe hat, dann sieht es zwar sehr schön aus und hört sich sehr gut an, aber wer bezahlt das alles? Keiner im Nahen Osten besitzt die Möglichkeiten für solche Investitionen. Das müssen Investoren aus dem Ausland tun, und die können im Grunde genommen nur überwiegend aus Europa kommen.

Wir sprechen heute schon mit den Europäern über Investitionen für überregionale Entwicklungspläne wie Industrieparks. Es geht um die Wirtschaft in den Autonomiegebieten der Palästinenser. Angesichts der Sicherheitslage sind diese Gebiete sehr oft abgeriegelt, die Menschen dort haben keine Arbeit, die Wirtschaftslage hat sich seit den erzielten politischen Fortschritten eher verschlechtert, und das ist natürlich ein Pulverfaß. Das kann so nicht weitergehen. Was schlagen wir vor - natürlich nicht Israelis nach Gaza zu schicken, um dort zu investieren. Auch mit Arbeit in Israel sollen die Palästinenser nicht ewig rechnen können. Es ist nicht gesund, wenn eine Wirtschaft ganz auf eine andere angewiesen ist. Sie müssen ja auch etwas für sich haben, müssen eine eigene Entwicklung und eine Industrialisierung anstreben. Da haben wir vorgeschlagen, Industrieparks entlang der Grenzen, zwischen Israel und Gaza, zwischen Israel und der Westbank, zwischen Israel und Jordanien usw. aufzubauen. Industrien sollen an den Grenzen und auf arabischem Boden entstehen und schließlich Teil der arabischen Wirtschaft werden, uns aber die Möglichkeit geben, daran teilzunehmen, ohne daß wir unter der Strapazierung des Grenzübergangs leiden müssen, uns nicht innerhalb der arabischen Bevölkerung befinden. Den erfahrenen arabischen Arbeitern sollte dies ermöglichen, in ihrem eigenen Land zu arbeiten und doch mit den Israelis zusammenzuarbeiten. Aber darüber hinaus kann dies Investoren aus Europa auch die Möglichkeit bieten, die sie eigentlich immer suchen: Industrien aufzubauen, die einerseits von der Infrastruktur eines entwickelten Landes profitieren und andererseits von billigen Arbeitern aus der Dritten Welt, aber dies erfahrenen Arbeitern, ebenfalls profitieren.

Natürlich zögern die Investoren aus Europa etwas wegen der Sicherheitslage, der heiklen politischen Lage, aber im Grunde genommen sprechen wir doch von einem Nahen Osten, der zukünftig friedlich sein wird und das soll man schon heute vorbereiten. Schließlich würde ich sagen, daß es unentbehrlich ist für die Europäer, in den Nahen Osten zu investieren, nicht nur in Industrieparks, sondern auch in die Wasserentwicklung, in die Verkehrsentwicklung, in den Tourismus, in alle möglichen Bereiche, weil sie dadurch verschiedene Ziele erreichen werden. Einerseits werden sie den Frieden fördern und gewährleisten, andererseits werden sie der Hauptfaktor im Nahen Osten werden, was zunächst einmal für ihre eigene Wirtschaft günstig sein wird, weil der friedliche Nahe Osten, der sich entwickeln wird, Kunde der europäischen Industrie sein wird. Zweitens wird es der EU auch mittelfristig die politische Hauptrolle im Nahen Osten zusichern, denn der, der den größten Einfluß in der Wirtschaft hat, hat auch den größten Einfluß in der Politik.

Das ist die Rolle, die ich für die EU und für den Nahen Osten voraussehe. Für Israel sieht es noch ein wenig anders aus. Ich habe schon gesagt, daß wir uns der EU stärker anschließen wollen, mit der EU institutionell verbunden sein wollen. Wenn wir in den kommenden Jahren Frieden haben werden, die multilateralen Verhandlungen erfolgreich sind und die Investoren aus dem Ausland angezogen werden, dann wird der Nahe Osten anders aussehen.

Aber was wird dann aus uns? Wir werden Frieden mit unseren Nachbarstaaten haben, wir werden mit unseren Nachbarstaaten kooperieren, wir werden alles mögliche tun, um mit ihnen gemeinsame Interessen und eine gemeinsame Wirtschaft aufzubauen, wir werden alles mögliche tun, um in jedem nur möglichen Bereich mit unseren Nachbarstaaten zusammenzuarbeiten. Aber werden wir auch in den Nahen Osten integriert werden? Werden wir wirklich ein Glied des nahöstlichen Volkes sein? Das glaube ich nicht. Zunächst, weil wir dies nicht wollen. Weil wir unsere Identität, unsere Kultur, unsere Sprache, unsere Religion, und unsere Tradition bewahren. Und unsere Nachbarn werden, so glaube ich, auch nicht bereit sein, uns in ihren inneren Kreis einzubeziehen. Das sind ja Länder, die sehr vieles miteinander gemeinsam haben, sie haben eine gemeinsame Sprache, eine gemeinsame Kultur, und wir sind nicht Teil davon. Also werden weder unsere Nachbarstaaten uns in ihre Familie einbeziehen, noch werden wir es wollen, die wir unsere Identität behalten wollen. Dann stellt sich die Frage, wie ein kleines Land, wenn es einmal in engem Kontakt mit seiner größeren Umgebung steht, seine Einheit bewahren kann. Darauf gibt es nur eine Antwort: wenn wir unser Niveau im kulturellen und wissenschaftlich-technologischen Bereich bewahren können - und das können wir nur, wenn wir als sehr kleines Land nicht allein stehen, sondern Teil eines Wirtschaftsriesen der Welt werden. Der EU können wir uns nicht anschließen, weil wir geographisch nicht zu Europa gehören. Wir wollen aber unsere Verbundenheit mit der EU so vertiefen, daß sie institutionalisiert wird. Leicht wird dies nicht sein, aber zumindest wissen wir, daß die deutsche Bundesregierung uns dabei hilft. Sie hat auch ihre Hilfe für die Zukunft versprochen unter der Voraussetzung, daß der Friedensprozeß nicht scheitert.

Werner Hoyer
Staatsminister im Auswärtigen Amt
(2. Juli 1996)

Die notwendige politische und wirtschaftliche Stabilisierung der Staaten Mittel- und Osteuropas nach dem Ende des Kalten Krieges und die Suche nach dauerhaft stabilen Strukturen in Gesamteuropa unter Einbeziehung Rußlands als zentrale Aufgaben der Europäischen Union dürfen nicht darüber hinwegtäuschen, daß die Union im Süden vor Herausforderungen von ähnlicher strategischer Bedeutung steht. Die Anbindung der südlichen und östlichen Mittelmeerregion gehört nicht nur wegen der geographischen Nähe, sondern auch wegen der engen ökonomischen und soziokulturellen Verflechtungen zu den außenpolitischen Prioritäten der EU.

Europa und seine südlichen und südöstlichen Nachbarn rund ums Mittelmeer verbindet eine wechselvolle Geschichte. Im Mittelmeerraum und im Nahen Osten stand die Wiege der europäischen Kultur. Die prägenden Religionen unseres Kulturkreises haben dort ihren Ursprung. Europäische Philosophie, Kunst und Literatur sind dort geboren. Nicht umsonst haben schon die Römer das Mittelmeer als „mare nostrum“, als „unser Meer“ bezeichnet. Die 60.000 Kilometer Küste des Mittelmeers werden von drei Kontinenten und 22 Staaten umschlossen. Kaum eine andere Region in der Welt ist kulturell und ethnisch so vielfältig und politisch so fragmentiert wie der Mittelmeerraum. Ein Staat wie die Türkei beispielsweise, innerhalb dessen Staatsgrenzen knapp fünfzig Minderheiten leben, sieht sich selbst als Teil Europas, ist aber gleichzeitig tief im islamischen Nahen Osten verwurzelt.

Für die EU hat der Mittelmeerraum beträchtliche strategische Bedeutung. Die NATO-Mitglieder Türkei und Griechenland bilden die Südostflanke der Allianz. Griechenland ist zusätzlich Mitglied der EU; die Türkei ist ihr durch Assoziationsabkommen und Zollunion ganz eng verbunden. Beide sind Mitglieder des Europarates. Die südlichen Mittelmeeranrainer sind für die EU der drittgrößte Absatzmarkt auf der Welt. Die Ausfuhren der EU in diese Region in Höhe von 55 Milliarden ECU (1994) entsprechen 10,2 Prozent der EU-Gesamtexporte. Die EU ist mit Abstand der größte Importeur von Produkten aus der Region. 1994 bezog sie Waren und Dienstleistungen im Wert von 42,6 Milliarden ECU aus den Mittelmeerdrittstaaten, das sind 7,8 Prozent der Gesamtimporte der EU. Die Ölvorkommen der Region sind für uns von vitaler Bedeutung. Jedes Jahr durchfahren rund 220.000 Schiffe das Mittelmeer, darunter 250 bis 300 Öltanker, die 30 Prozent der Welttonnage an Erdölfracht durch den Suezkanal oder von den nordafrikanischen Förderzentren zu den europäischen Häfen transportieren.

Die europäischen Anrainer des Mittelmeers, ob sie EU-Mitglieder sind, wie Griechenland, Spanien, Portugal, Frankreich und Italien, oder nicht, wie die Türkei, sind an Stabilität in den angrenzenden Regionen interessiert, die in unterschiedlicher Weise von Instabilität geprägt oder bedroht sind. Auch die übrigen EU-Mitgliedstaaten haben längst das Bewußtsein dafür entwickelt, daß sie politisch, wirtschaftlich und kulturell Mittelmeeranrainer geworden sind und daß ihr Schicksal untrennbar mit dem der Mittelmeerregion verbunden ist.

Die Liste der Faktoren, die Europa und die übrigen Mittelmeerstaaten verbinden, ja sogar einen, ist lang. In der Vortragsreihe der Bonner Universität ist sie von ihren verschiedenen Seiten beleuchtet worden. Die Länder an der Südküste des Mittelmeers leiden unter gewaltigen Problemen, die - werden sie nicht dort bewältigt - schnell den Weg zu uns finden. Eines davon ist das Ungleichgewicht in der wirtschaftlichen und sozialen Entwicklung zwischen Nord und Süd. Wirtschaftswachstum, Wohlstand und Beschäftigung sind in den arabischen Staaten des Mittelmeerraumes im Durchschnitt der letzten fünfzehn Jahre zurückgegangen; die nördlichen Randstaaten hatten demgegenüber im Durchschnitt ein stetiges Wachstum von Wirtschaft und Wohlstand zu verzeichnen.

Es liegt im vitalen eigenen Interesse der EU und ihrer Mitgliedstaaten, die Entwicklung der Mittelmeerregion mit größter Aufmerksamkeit und im Geiste selbstverständlicher Solidarität zu begleiten. Denn die Grundgleichung zwischen Bevölkerungswachstum und wirtschaftlichem Wachstum geht immer weniger auf. Algerien zum Beispiel hatte 1960 10 Millionen Einwohner, im Jahr 2000 werden es 33 Millionen sein. Dies trägt zur Krise der Städte, der Beschäftigung, der Umwelt bei. Die Bevölkerungsentwicklung in der Mittelmeerregion verläuft sehr unterschiedlich: 1950 lebten von der gesamten Bevölkerung des Mittelmeerraumes mehr als zwei Drittel in den nördlichen Anrainerstaaten und nur knapp ein Drittel in den südlichen. Heute hat sich das Zahlenverhältnis schon fast umgekehrt. Etwa 60 Prozent der Bevölkerung lebt jetzt an der Südküste des Mittelmeers. Und dieser Trend wird sich fortsetzen. Daraus resultiert ein enormes passives Migrationspotential, d.h. der Auswanderungsdruck im Süden des Mittelmeers in Richtung EU wird weiter zunehmen. Die Arbeitslosigkeit in vielen südlichen Mittelmeeranrainerstaaten ist sehr hoch. Insbesondere die junge städtische Elite ist davon betroffen. Sie ist in vielen Fällen ohne Perspektiven. Infolgedessen entschließen sich diese jungen Leute, den Weg nach Norden in die reichen Länder an der Nordküste des Mittelmeers einzuschlagen.

Ein weiteres Problem ist die Umweltbelastung. Das Mittelmeer ist auf dem Weg, ein gigantisches Abwasserbecken zu werden. Rasante Bevölkerungsentwicklung, Industrialisierung und der starke Schiffsverkehr tragen zu dieser Umweltkatastrophe bei. Jedes Jahr werden wohl etwa 10 Millionen Tonnen Abfälle - das heißt eine Tonne alle drei Sekunden - ins Mittelmeer gekippt. Darüber hinaus schütten Umweltsünder

650.000 Tonnen giftige Ölrückstände - das entspricht noch einmal der Menge von 30.000 Tanklastern oder einer ununterbrochenen Schlange von Hamburg nach München - illegal ins Mittelmeer. Im kriminellen Drogenhandel nimmt die Mittelmeerregion einen Platz als Produzenten- und Transitland ein. Die Türkei spielt eine zentrale Rolle bei der Umwandlung von Rohopium in das finanziell lukrativere Heroin; in Marokko wird in großem Umfang Haschisch hergestellt.

Viele Länder wenden schließlich trotz der wirtschaftlichen und sozialen Probleme sehr hohe Mittel für militärische Zwecke auf. Syrien und Jordanien verwandten 1991 über 10 Prozent ihres Bruttosozialprodukts für Militärausgaben, die Türkei, Israel, Libyen zwischen 5 und 10 Prozent. Zum Vergleich: Die meisten EU-Staaten, darunter auch Deutschland, liegen bei 2 bis 5 Prozent des Bruttosozialprodukts. Die hohen Rüstungsausgaben schränken die Möglichkeiten der Staaten ein, in die wirtschaftliche und soziale Entwicklung zu investieren. Neben einem konventionellen Rüstungswettlauf besteht die Gefahr der Proliferation von Massenvernichtungswaffen und ihrer Trägermittel. Regionale und innerstaatliche Konflikte halten die Region seit Jahrzehnten unter Dauerspannung. Ich nenne nur die zwei Stichworte Nahostkonflikt und Zypern. Fundamentalismus in seiner militanten Ausprägung ist eine große Herausforderung. Die ungünstige wirtschaftliche, soziale und demographische Entwicklung, das Unvermögen vieler Staaten, die politischen und wirtschaftlichen Erwartungen ihrer Völker zu erfüllen, erzeugt soziale Spannungen und den Nährboden für Extremismus.

Die genannten gewaltigen Probleme im Mittelmeerraum haben zu einem gefährlichen Mix von politischer Instabilität, wirtschaftlichen und sozialen Krisen, hohen Rüstungsausgaben in vielen Staaten sowie steigender Gewaltbereitschaft einzelner Gruppen geführt. Wir können uns im Zeichen der Globalisierung und Interdependenz von diesen Problemen nicht abschotten. Das Mittelmeer hat nichts Trennendes mehr, es ist im wahren Sinne „mare nostrum". Seine Anrainer sind nicht nur Nachbarn, sie sind auch Partner Europas geworden. Die Probleme des Mittelmeerraumes sind auch unsere Herausforderung. Sie steht von Art und Größe der Aufgabe in Mittel- und Osteuropa in nichts nach.

Es sind deshalb keinesfalls nur die Mittelmeerländer in der EU, die eine solche Politik fordern. Auch für die deutsche Außenpolitik ist dies eine große Herausforderung. Erwartungen oder Befürchtungen, daß das vereinte Deutschland sich ausschließlich nach Osten orientieren werde, treffen deshalb nicht zu. Wir tun alles, um unseren Nachbarn in der Mitte und im Osten bzw. Südosten Europas zu helfen, aber es wäre töricht, die Potentiale und Gefahren im Süden nicht zu erkennen. Eines muß jedoch bei aller Gleichrangigkeit der Europäischen „Ost-" und „Südpolitik" klar sein: Die mittel- und wohl auch langfristigen Zielsetzungen bleiben unterschiedlich. Geht es in Mittel- und Osteuropa unter Einschluß der baltischen Staaten darum, die Voraussetzungen für eine Integration in die Europäische Union zu schaffen, bleibt im Süden mit Ausnahme von Malta und Zypern, sowie gegebenenfalls der Türkei, die enge Anbindung das Ziel der Zusammenarbeit. Vielleicht läßt sich hier am ehesten ein Vergleich mit der Gemeinschaft Unabhängiger Staaten (GUS), der ehemaligen Sowjetunion, ziehen. Auch diese Staaten können und wollen voraussichtlich nicht der EU beitreten. Sie sollen aber durch ein enges und umfassendes Vertragsnetz so angebunden werden, daß sich insgesamt ein System stabiler und gleichgewichtiger Partnerschaft ergibt, zum Vorteil aller Beteiligten. Dabei fördert die Union, gemäß der seit langem geltenden Maxime ihrer Außenpolitik - intraregionale Zusammenarbeit durch interregionale Kooperation - auch den Zusammenschluß in der Region, falls möglich bis hin zu einer dem europäischen Integrationsstand vergleichbaren Organisationsstufe.

Deutschland ist nicht nur mit 28 Prozent an den finanziellen Engagements, sondern auch aktiv an der Konzeption der Politik beteiligt. Deutsche und europäische Mittelmeerpolitik sind aufs engste miteinander verbunden. Es war kein Zufall, daß die Union 1994 unter deutscher Präsidentschaft auf dem Europäischen Rat in Essen den Beschluß gefaßt hat, die Mittelmeerländer zu einer Konferenz nach Barcelona einzuladen. Es gehört zu den großen politischen Leistungen der EU, gemeinsam eine Ost- und Südpolitik entwickelt zu haben in dem Bewußtsein, daß Stabilität an der Süd- und an der Ostflanke zwei Seiten einer Medaille sind. Ein Beispiel dafür, daß die EU im Bewußtsein gemeinsamer Verantwortung handeln kann.

Die Mittelmeerpolitik der EU und früher der EG reicht bis in die siebziger Jahre zurück. Bei den damals geschlossenen Kooperationsabkommen handelte es sich im wesentlichen um Handelsabkommen, da die EG im Rahmen der gemeinsamen Handelspolitik hier eine eigene Zuständigkeit besaß. Die EG hatte bereits 1963 Assoziationsabkommen mit der Türkei sowie 1971 und 1973 mit Malta und Zypern geschlossen. Ergänzt wurde die europäische Zusammenarbeit von Beginn an durch Finanzprotokolle, mit denen die EG in Form von Zuschüssen und Darlehen die wirtschaftliche Entwicklung im Mittelmeerraum förderte. In diesem Rahmen sind an die Mittelmeerländer insgesamt 4,4 Milliarden ECU an Zuschüssen geflossen sowie Darlehen in Höhe von 6,6 Milliarden ECU durch die Europäische Investitionsbank (EIB) vergeben worden.

Mit der voranschreitenden Integration der EG und dann der EU wurde die Zusammenarbeit im Süden ausgebaut, bis zu den neuen sogenannten EU/Mittelmeer-Assoziationsabkommen, die in den letzten Jahren geschlossen wurden oder über die zum Teil noch verhandelt wird. Angesichts der beschriebenen Entwicklungen in der Region war es notwendig, die bilaterale Orientierung der Mittelmeerpolitik der EU durch einen regionalen Ansatz zu ergänzen. Die grundlegenden Ziele der erneuerten europäischen Politik in der Mittelmeer-Region sind schnell umrissen: Förderung der wirtschaftlichen, militärischen und politischen Stabilität; Stärkung der Demokratie; Beitrag zur Entwicklung von Wohlstand; Sicherung von Rohstoffen; Begrenzung der Wanderungsbewegungen. Alle diese Ziele hängen miteinander zusammen und bedingen einander.

Im November 1995 haben die EU-Mitglieder zusammen mit ihren zwölf assoziierten Partnern die Erklärung von Barcelona zur euro-mediterranen Partnerschaft verabschiedet. Diese acht Seiten lange Erklärung und das ebenso umfangreiche Arbeitsprogramm zur konkreten Umsetzung ist der ehrgeizige Versuch, die Beziehungen dieser fast dreißig Länder mit einer halben Milliarde Menschen zukunftsweisend zu gestalten. Zum ersten Mal saß die EU mit ihren zwölf assoziierten Partnern aus der Mittelmeerregion an einem Tisch. Syrien und Libanon nahmen erstmals außerhalb der Vereinten Nationen gemeinsam mit Israel an einer Konferenz teil. Ein weiteres wichtiges Novum ist, daß die Barcelona-Erklärung kein einseitiges Politikangebot der EU an die südlichen Mittelmeerländer ist, sie wurde vielmehr gemeinsam mit ihnen ausgehandelt. Der Bauplan für einen Raum des Friedens und der Stabilität im Mittelmeer für das nächste Jahrtausend beruht auf folgenden Prinzipien:

1. Grenzüberschreitende Probleme in den Bereichen Umwelt, Terrorismus, Migration, Bevölkerungswachstum, Drogenhandel und internationale Kriminalität erfordern gemeinsames Handeln.
2. Demokratie und wirtschaftliche Entwicklung müssen innerhalb der Staaten und zwischen den Staaten konvergieren, wenn Stabilität erreicht und erhalten werden soll.
3. Barcelona soll die bilateralen Abkommen der EU mit einzelnen Staaten nicht ersetzen, sondern um eine regionale

Dimension ergänzen. Die bilateralen Abkommen regeln die Errichtung von Freihandelszonen zwischen der EU und dem jeweiligen Land, die Barcelona-Erklärung die Zusammenarbeit der EU mit der Gesamtheit der Länder. Barcelona bildet den Rahmen für eine Verschmelzung der bilateralen Abkommen zu einer großen Freihandelszone Mittelmeer.

Bereits 1992 wurden in einer ersten Stufe die bilateralen Verhandlungen über eine Euro-Maghreb-Partnerschaft aufgenommen. Mit Tunesien und Marokko wurden sie 1995 erfolgreich mit einem Assoziierungsabkommen abgeschlossen. Darin wird jeweils über 12 Jahre die schrittweise Errichtung einer Freihandelszone vertraglich festgelegt. Mit Algerien sollen die Verhandlungen bald aufgenommen werden. Die zweite Stufe betraf das östliche Mittelmeer, den Maschrek. Ziel ist es, zwischen der Union, Israel und den arabischen Nachbarn einen Nahost-Wirtschaftsraum zu schaffen. Das im November 1995 unterzeichnete Assoziierungsabkommen EU-Israel ist der erste Baustein für diese neue Architektur. Entsprechende Verhandlungen mit Ägypten, Jordanien und dem Libanon sind weit fortgeschritten. Mit den palästinensischen Gebieten, gegebenenfalls auch mit Syrien, sollen in Kürze Verhandlungen aufgenommen werden. Mit der Türkei, dem wichtigsten Handelspartner der EU im Mittelmeerraum, ist am 1. Januar 1996 die Zollunion bereits in Kraft getreten. Malta und Zypern sind wegen ihrer Beitrittsperspektive Sonderfälle.

In der dritten Stufe entstand schließlich im Oktober 1994 das Konzept einer umfassenden Partnerschaft, die alle Mittelmeeranrainer und alle europäischen Staaten umfaßt und die sich nicht auf Handel und Finanzen konzentriert, sondern ausdrücklich auch gemeinsame Ansätze in der Sicherheits-, Kultur- und Gesellschaftspolitik einschließt. Die Barcelona-Erklärung beruht auf drei Säulen oder, in der Sprache der früheren KSZE, drei Körben: einer politischen Sicherheitspartnerschaft, einer wirtschaftlichen und finanziellen Partnerschaft und einer Partnerschaft im kulturellen und sozialen und menschlichen Bereich.

Im politischen Teil der Partnerschaft sind beide Seiten weitreichende Verpflichtungen bezüglich der Achtung der Menschenrechte, zu Demokratie und Rechtsstaatlichkeit, zu Pluralismus und Toleranz eingegangen. Damit sind natürlich nicht alle Auffassungsunterschiede in diesen Fragen aufgehoben. Aber angesichts der großen Unterschiede in der Staatenpraxis kann das Zustandekommen dieser Erklärung nicht hoch genug eingestuft werden. In Sicherheitsfragen bekennen sich beide Seiten zur Achtung der territorialen Integrität, zum Gewaltverzicht und der friedlichen Beilegung von Streitigkeiten. Sie betonen die Notwendigkeit der Zusammenarbeit im Kampf gegen Terrorismus, organisierte Kriminalität und Drogen. Sie bekräftigen ihre Verpflichtung, die in bezug auf Abrüstung und Nichtverbreitung eingegangenen internationalen Verpflichtungen nach Treu und Glauben zu erfüllen. Im Kontext der Sicherheitspolitik steht auch die Mittelmeer-Initiative der NATO von 1994. Es ist ein ergänzendes Dialogangebot, um auch in der Sicherheitspolitik den unterschiedlichen kulturellen Gegebenheiten Rechnung zu tragen. Ziel dieses Dialogs ist das Bemühen, auf beiden Seiten Feindbilder abzubauen.

In diesem Zusammenhang komme ich um eine Bemerkung zum Verhältnis von NATO und EU nicht herum. Es hat mich schon immer gewundert und in letzter Zeit zunehmend geärgert, daß zwei der für unsere Außenpolitik wichtigsten Institutionen mit dem Sitz in Brüssel räumlich so nahe beieinander angesiedelt sind und daß doch zwischen beiden so gut wie keine Kommunikation stattfindet, obwohl sie sich häufig mit denselben Fragen beschäftigen müssen. Vielleicht wird es ja in dieser Beziehung eine Änderung durch den neuen NATO-Generalsekretär geben. Xavier Solana hat ja den umgekehrten Weg gewählt wie ich: Während ich vom Sicherheitspolitiker im Bundestag durch mein Amt als Staatsminister zu den Europathemen gekommen bin, ist er nach seiner Zeit und seinen Erfahrungen als Außenminister und Vorsitzender des Rates der EU nun bei der Verteidigungspolitik gelandet. Hoffentlich wird es jedenfalls unter seiner Führung zu einer Beseitigung dieser anomalen Sprachlosigkeit kommen und die Arbeit von NATO und EU künftig eng miteinander verzahnt sein.

Europa bietet den Mittelmeerpartnern auch seine Erfahrungen im Bereich vertrauensbildender und rüstungskontrollpolitischer Maßnahmen an, die diesem Raum bisher weitgehend fremd sind. Unser Ziel ist es, daß alle Staaten der Region den globalen Übereinkommen zur Nichtverbreitung, Abrüstung und Rüstungskontrolle beitreten und ihre daraus erwachsenden Verpflichtungen erfüllen. Vertrauensbildung und präventive Diplomatie sind wichtige Erfahrungen, die wir im Laufe des KSZE/OSZE-Prozesses gemacht haben. Wir wollen sie einbringen, um das Spannungspotential abzubauen. Auch deshalb unterstützen wir die französische Initiative für einen Mittelmeerpakt.

Im wirtschaftlichen Bereich der Barcelona-Erklärung soll bis zum Jahre 2010 eine euro-mediterrane Freihandelszone geschaffen werden. Dies setzt die Bewältigung eines schwierigen Reformprozesses voraus mit der schrittweisen Abschaffung aller Zölle und anderer Handelshemmnisse auf industrielle Erzeugnisse. Durch gezielte Förderung grenzüberschreitender Projekte der Wasser- und Stromversorgung und Verkehrsinfrastruktur will die Union einen Beitrag zur intraregionalen Verflechtung leisten. Der Handel innerhalb der Region ist bisher kaum entwickelt und bietet ein beträchtliches Wachstumspotential. Die EU hat sich verpflichtet, den Mittelmeerländern Finanzhilfe in Höhe von fast 5 Milliarden ECU für den Zeitraum 1995 bis 1999 in Form von Zuschüssen bereitzustellen. Dazu kommt ein etwa gleichgroßer Betrag in Form langfristiger Kredite seitens der Europäischen

Investitionsbank. Leider blockiert zur Zeit Griechenland aus sachfremden Gründen die zweckgemäße Verwendung dieser Mittel.

Mit dem Übergang zu einer großen Freihandelszone werden weitreichende Veränderungen einhergehen. Die Zollgesetzgebung wird transparenter, die Länder müssen in Richtung auf Konvertibilität ihrer Währung arbeiten, technische Normen werden internationalen Standards angepaßt werden müssen, das Steuersystem muß reformiert werden. Die Realisierung des Konzeptes bis zum Jahr 2010 verlangt Anstrengung auf beiden Seiten. Für eine Reihe von Partnerländern im Mittelmeerraum weckt die Perspektive eines großen Wirtschaftsraums mit freiem Waren- und Dienstleistungsverkehr Ängste vor einem Verdrängungswettbewerb. Innerhalb der EU besteht die Sorge vor negativen Auswirkungen auf die Agrarpolitik oder vor massiver illegaler Einwanderung. Ein wichtiges Element im Konzept ist auch die Zusammenarbeit Süd-Süd, die bisher sehr schwach ausgebildet ist. Um so erfreulicher ist es, daß kürzlich Israel und die Türkei ein Freihandelsabkommen miteinander abgeschlossen haben. Die Mittelmeerpolitik ist kein kurzfristig angelegtes Geschäft. Es entspringt einer strategischen Planung. Im Zuge des weltweiten Regionalismus sollte die Aussicht, daß die EU, die mittel- und osteuropäischen Staaten und die Mittelmeeranrainer einmal einen Freihandelsmarkt von 700 Millionen Verbrauchern bilden können, ein großer Ansporn sein. Ich sehe die Realisierungschancen sehr optimistisch.

Die Partnerschaft im kulturellen, sozialen und menschlichen Bereich ist von besonderer Bedeutung. In diesem Bereich soll neben Bildung und Ausbildung auch der Kontakt der gesellschaftlichen Gruppen gefördert werden. Hier sind im besonderen die Universitäten, die Forschung, die Medien, die Gewerkschaften und die privaten und öffentlichen Unternehmen angesprochen. Die Einbeziehung solcher gesellschaftlicher Gruppen ist für viele arabische Staaten ein Novum. Im Rahmen der kulturellen Partnerschaft wurde auch der Dialog der Kulturen und Zivilisationen ausdrücklich vereinbart. Der Stellenwert dieses Dialogs wird vor dem Hintergrund der Thesen des amerikanischen Politologen Huntington deutlich, der uns den „Kampf der Kulturen" prophezeit und eine intensive Diskussion in Gang gesetzt hat.

Ich stimme Huntingtons Thesen nicht zu. Der Kampf der Kulturen ist nicht unausweichlich. Dialog, Zusammenarbeit und Verständnis können ihn, müssen ihn vermeiden. Dies ist die Aufgabe von Politik. Gerade im Mittelmeerraum sehe ich vielmehr den Konflikt innerhalb von Gesellschaften als die große Herausforderung an. Hier liegt auch für uns eine große praktische Aufgabe, die Verständigung zwischen Christen und Muslimen zu fördern. Im Nahen Osten leben noch rund fünfzehn Millionen Christen, und in den letzten dreißig Jahren sind über zehn Millionen Muslime nach Westeuropa eingewandert. 2,3 Millionen davon leben in Deutschland, geschätzte vier Millionen in Frankreich. Wir müssen diese zunächst fremden Kulturen und Religionen in unsere Gesellschaft integrieren. Diese Zuwanderer sind für uns ein Gewinn und keine Bedrohung. Es ist verständlich, daß sich in diesen Bevölkerungsgruppen die politischen Probleme ihrer Heimatländer widerspiegeln. Wir dulden es aber nicht, daß hier Konflikte gewaltsam ausgetragen oder einzelne Gruppen für politische Interessen der Heimatländer eingesetzt werden.

Die euro-mediterrane Partnerschaft fördert die Durchdringung des europäisch-christlichen mit dem orientalisch-islamischen Kulturkreis. Wir müssen uns deshalb verstärkt mit dem politischen Islam auseinandersetzen, der von vielen hier in Deutschland als eine Bedrohung empfunden wird. Islam als Religion und islamischer Fundamentalismus als politische Ideologie sind zwei grundverschiedene Dinge. Islamistische Bewegungen sind in erster Linie nationale Oppositionsbewegungen, die sich gegen die Zustände im eigenen Land richten. Militante Gruppen finden auch in ihren Ländern nur eine begrenzte Anhängerschaft. Moderate Islamisten sprechen mit ihrer Verheißung von mehr sozialer Gerechtigkeit dagegen sehr wohl die Bevölkerung an, vor allem dann, wenn sie im sozial-karitativen Bereich tätig sind.

Europäische, westliche Politik darf sich in bezug auf den Fundamentalismus nicht in ein Dilemma bringen. Radikalismus und Gewalt sind zu verurteilen. Wir wissen auch ebenso wie viele Muslime, daß der dogmatische Diskurs radikaler Islamisten in die Sackgasse führt, daß Islam als politische Ideologie nicht die Lösung der Probleme bringt. Dies zeigen die sechzehn Jahre Erfahrung mit den Revolutionen im Iran und auch im Sudan. Aber wir dürfen die Bewegungen auch nicht dämonisieren. Die Ursachen für das Entstehen islamischer Oppositionsbewegungen sind real. Wenn es den Regierungen nicht gelingt, die Krisen zu bewältigen, wird es wahrscheinlich weitere Beteiligungen von Islamisten an der Macht geben. Maßstab unserer Politik den moderaten Islamisten gegenüber wird die Beachtung demokratischer Prinzipien, der Menschen- und Minderheitenrechte, die Bereitschaft zur friedlichen Lösung von Konflikten sein.

Ohne eine dauerhafte Friedensregelung im Nahen Osten ist eine gedeihliche Entwicklung im gesamten Mittelmeerraum unvorstellbar. Deshalb kommt dem Erfolg des Nahost-Friedensprozesses aus unserer Sicht eine zentrale Bedeutung zu. Er muß auch von der neuen israelischen Regierung fortgesetzt werden, ein längerer Stillstand wäre gefährlich. Die offenen Fragen über den Status von Jerusalem, die Autonomie der Palästinenscr, die Rückkehr der Flüchtlinge müssen weiter verhandelt werden. Mit Syrien und dem Libanon muß ein Abkommen erreicht werden. Nur so können Frieden und Sicherheit, die die Menschen in Israel und in den palästinensischen Gebieten herbeisehnen, dauerhaft gemacht werden. Die Parteien im Nahen Osten haben keine vernünftige Alternative zur Fortsetzung des Friedensprozesses, auch wenn es immer Rückschläge geben wird. Die Verantwortlichen in der Region sind in gewisser Weise zum Erfolg verurteilt. Die EU hat schon immer ihre Politik gegenüber dem Nahen Osten besonders eng abgestimmt. Schon in der Venedig-Erklärung von 1980 hat sie die noch heute gültigen Grundprinzipien niedergelegt und sich seither in wachsendem Umfang engagiert auch wenn sie im Friedensprozeß selbst formell nicht die Rolle eines Ko-Sponsors übernommen hat, leistet sie einen überdurchschnittlichen Beitrag zum Friedensprozeß. Die EU kann dabei nicht die Vermittlerrolle der USA übernehmen, aber sie kann, will und soll bei der Förderung des Friedensprozesses hilfreich sein.

Ein für die Union besonders schwieriges Konflikt-Kapitel in der Region ist die Lage in Zypern. Einerseits ist die Insel faktisch zwischen der griechischen und der türkischen Bevölkerungsgruppe geteilt. Andererseits ist die Union bei den Zyprioten im Wort: Sechs Monate nach Abschluß der Regierungskonferenz sollen die Beitrittsverhandlungen mit Zypern beginnen. Die Lage wird durch die türkisch-griechische Dimension des Konflikts kompliziert. Griechenland ist EU-Mitglied und folglich an allen Entscheidungen der Union in dieser Frage unmittelbar beteiligt. Die Türkei hingegen ist zwar bevorzugter Partner der EU, sitzt aber nicht am Ratstisch. Die gleichzeitige Mitgliedschaft beider Länder im nordatlantischen Bündnis macht die strategische Dimension des Problems deutlich. Die EU unterstützt die Bemühungen des Generalsekretärs der Vereinten Nationen, eine dauerhafte und gerechte Lösung der Problematik zu erreichen.

Ich habe versucht, Ihnen einen Überblick über die politischen Herausforderungen, Chancen und Gefahren zu verschaffen, die sich im Mittelmeerraum für Deutschland und Europa ergeben. Unsere politische Antwort ist ein umfassendes Angebot von Zusammenarbeit und Hilfe. Das Gelingen der neuen Mittelmeerpolitik ist naturgemäß von vielen Randbedingungen abhängig. Aber es gilt die Erfahrung, daß buchstäblich seit Tausenden von Jahren die Menschen am Nord-

und am Südrand des Mittelmeers im engsten wirtschaftlichen, kulturellen und politischen Kontakt stehen. Wann immer sie miteinander kooperiert haben, entstanden blühende Kulturen, Wohlstand und Frieden. Die Mittelmeerpolitik Europas läßt sich von dieser Erfahrung leiten. Die Beschlüsse von Essen und Barcelona waren der Beginn. Wir müssen auf dieser Grundlage sorgfältig und geduldig aufbauen.